DIREITO FUNDAMENTAL À COISA JULGADA: PROBLEMAS CONSTITUCIONAIS DE SUA RELATIVIZAÇÃO

COLEÇÃO FÓRUM DE
DIREITOS FUNDAMENTAIS

COLEÇÃO FÓRUM DE
DIREITOS FUNDAMENTAIS
Coordenador
ANDRÉ RAMOS TAVARES

Carolina de Albuquerque

DIREITO FUNDAMENTAL À COISA JULGADA: PROBLEMAS CONSTITUCIONAIS DE SUA RELATIVIZAÇÃO

Belo Horizonte

2010

INSTITUTO BRASILEIRO DE
ESTUDOS CONSTITUCIONAIS

COLEÇÃO FÓRUM DE
DIREITOS FUNDAMENTAIS
Coordenador
ANDRÉ RAMOS TAVARES

© 2010 Editora Fórum Ltda.

É proibida a reprodução total ou parcial desta obra, por qualquer meio eletrônico, inclusive por processos xerográficos, sem autorização expressa do Editor.

Conselho Editorial

Adilson Abreu Dallari
André Ramos Tavares
Carlos Ayres Britto
Carlos Mário da Silva Velloso
Carlos Pinto Coelho Motta
Cármen Lúcia Antunes Rocha
Clovis Beznos
Cristiana Fortini
Diogo de Figueiredo Moreira Neto
Egon Bockmann Moreira
Emerson Gabardo
Fabrício Motta
Fernando Rossi
Flávio Henrique Unes Pereira

Floriano de Azevedo Marques Neto
Gustavo Justino de Oliveira
Jorge Ulisses Jacoby Fernandes
José Nilo de Castro
Juarez Freitas
Lúcia Valle Figueiredo (in memoriam)
Luciano Ferraz
Lúcio Delfino
Márcio Cammarosano
Maria Sylvia Zanella Di Pietro
Oswaldo Othon de Pontes Saraiva Filho
Paulo Modesto
Romeu Felipe Bacellar Filho
Sérgio Guerra

Editora Fórum

Luís Cláudio Rodrigues Ferreira
Presidente e Editor

Coordenação editorial: Olga M. A. Sousa
Revisão: Adalberto Nunes Pereira Filho
Bibliotecária: Lissandra Ruas Lima - CRB 2961 - 6ª Região
Indexação: Clarissa Jane de Assis Silva CRB 2457 - 6ª Região
Capa e projeto gráfico: Walter Santos
Formatação: Derval Braga

Av. Afonso Pena, 2770 - 15º/16º andares - Funcionários - CEP 30130-007
Belo Horizonte - Minas Gerais - Tel.: (31) 2121.4900 / 2121.4949
www.editoraforum.com.br - editoraforum@editoraforum.com.br

A345d	Albuquerque, Carolina de
	Direito fundamental à coisa julgada: problemas constitucionais de sua relativização / Carolina de Albuquerque. Belo Horizonte: Fórum, 2010. (Coleção Fórum de Direitos Fundamentais, 6).
	250 p.
	Coordenador da coleção: André Ramos Tavares
	ISBN 978-85-7700-287-0
	1. Direito constitucional. I. Título.
	CDD: 341.2
	CDU: 342

Informação bibliográfica deste livro, conforme a NBR 6023:2002 da Associação Brasileira de Normas Técnicas (ABNT):

ALBUQUERQUE, Carolina de. *Direito fundamental à coisa julgada*: problemas constitucionais de sua relativização. Belo Horizonte: Fórum, 2010. 250 p. ISBN 978-85-7700-287-0. (Coleção Fórum de Direitos Fundamentais, 6).

Dedicatória

Aos meus pais Danilo e Lélia

Agradecimentos

A realização deste trabalho só foi possível graças à colaboração direta ou indireta de muitos. Manifesta-se a gratidão a todos e em particular: à Editora Fórum, pela edição; ao Professor Doutor André Ramos Tavares, pela coordenação da coleção e pelos ensinamentos; à Universidade Metodista de Piracicaba; à Coordenação de Aperfeiçoamento de Pessoal de Nível Superior (CAPES), pela bolsa de estudos; ao Professor Doutor Sérgio Resende de Barros, pela orientação; ao Professor Doutor Dimitri Dimoulis, pela orientação, ideias e paciência; ao Professor Doutor Gessé Marques Júnior, pela ajuda com os aspectos formais e ao Professor Mestre Lauro Swenson Joppert Júnior, pelas discussões e amizade.

Sumário

Apresentação
André Ramos Tavares 11

Introdução 15

Capítulo 1
Apontamentos históricos 19
1.1   Direito romano 21
1.2   Direito canônico 36
1.3   Direito português 39
1.4   Direito brasileiro 44
1.5   Crítica 52

Capítulo 2
Delimitação 55
2.1   Enfoque político 57
2.2   Enfoque jurídico 63

Capítulo 3
Coisa julgada inconstitucional 73
3.1   Argumentos favoráveis à relativização 75
3.1.1 Da negação do caráter constitucional 75
3.1.2 Dos Princípios da Legalidade e da Moralidade 81
3.1.3 Da sentença sem efeitos substanciais 85
3.1.4 Do homem comum 89
3.1.5 Da sentença inexistente 90
3.1.6 Da fungibilidade dos meios rescisórios 94
3.1.7 Do afastamento do trânsito em julgado 98
3.2   Críticas 100
3.3   Argumentos contra a relativização 112
3.3.1 Da constitucionalidade 112
3.3.2 Da cidadania processual 117
3.3.3 Da incerteza do resultado justo 120
3.3.4 Dos vícios transrescisórios 124
3.3.5 Argumento da preliminaridade 128
3.3.6 Do controle abstrato 130
3.3.7 Da proporcionalidade 136
3.4   Críticas 139
3.5   Aspectos positivos 142

Capítulo 4
Justiça e segurança jurídica 149
4.1   Justiça............150
4.2   Segurança jurídica 159
4.3   Crítica............170

Capítulo 5
Coisa julgada e Constituição 175
5.1   Constituição de 1988............178
5.2   Legislação infraconstitucional e doutrina 213
5.3   Crítica............224

Considerações finais 227

Referências............235

Legislação e jurisprudência 242

Índice de assuntos............245

Índice de legislação e atos normativos............249

Apresentação

A autora, Carolina de Albuquerque, desenvolve na presente obra — *Direito fundamental à coisa julgada*: problemas constitucionais de sua relativização — tema que, a despeito de sua longa tradição no Direito, ainda se apresenta, ao olhar atual, com diversificação doutrinária e jurisprudencial dignas de nota. A noção de *res iudicata*, os valores que a norteiam, bem como a (im)possiblidade de sua relativização constituem elementos que compõem o cerne do questionamento que permeia a doutrina jurídica dedicada a este direito fundamental.

A "natureza" da coisa julgada no Brasil, contudo, é invariavelmente desconsiderada por autores mais preocupados com o enfoque processual da matéria, salvo quando exsurge o temário específico da relativização da coisa julgada. Nesse sentido, a abordagem proposta pela autora prega fidelidade constitucional. Todas as dimensões da coisa julgada são subjugadas a partir de sua envergadura constitucional.

Assim, o olhar predominante que Carolina de Albuquerque destina ao tema específico da (im)possibilidade de relativização da coisa julgada não apresenta viés propositivo, de *lege ferenda*. Sua intenção é a de promover uma visão panorâmica da doutrina, cujas exposições teóricas serão testadas, criticamente, em face do Texto Constitucional.

Há, aqui, uma opção clara pela "constitucionalização" da coisa julgada, embora finde por atribuir a ela um eventual caráter institucional,[1] cujo escopo haverá de ser definido normativamente, tal como ocorre, por exemplo, com o direito fundamental à propriedade privada.[2]

---

[1] Tal como fizera Gilmar Mendes, em relação ao conceito constitucional de faturamento, cuja natureza institucional admitiria a conformação legislativa do instituto constitucional, com vistas a concretizá-lo (RE nº 346.048-6/PR, Min. rel. Ilmar Galvão, j. em 09.11.2005, *DJ*, p. 31, 1º set. 2006).

[2] Cf. MARTINS, Leonardo. Direito fundamental à propriedade e tratamento constitucional do instituto da propriedade privada. *Revista Brasileira de Estudos Constitucionais — RBEC*, Belo Horizonte, ano 1, n. 1, p. 219, 2007.

Além do questionamento constitucional das diversas contribuições existentes à problemática da relativização da coisa julgada, o estudo panorâmico destas e de seus autores revela instigantes suspeitas ou hipóteses de incoerência e contradições teóricas, que, invariavelmente, passam despercebida dos estudos mais singelos que povoam esse setor.

Tem-se, pelo lado da defesa da relativização da coisa julgada, o exemplo da doutrina da "não aceitação da sede constitucional da proteção à coisa julgada", que irrefletidamente lança mão de uma "ausência de efeitos substanciais da sentença", sendo certo que esta linha desenvolve seus argumentos exatamente em face da natureza constitucional do instituto da coisa julgada.

De outra banda, a autora sustenta o caráter insatisfatório de grande parte das teses contrárias à relativização, visto que não "resolvem o problema dos efeitos da declaração de constitucionalidade ou inconstitucionalidade da lei na sentença transitada em julgado", prescindindo de um "indispensável aprofundamento teórico".

Percebe-se, assim, que sua obra encontra-se permeada por uma instigante nota crítica e que ultrapassa o tom neutro usualmente empregado nos textos doutrinários, sem deixar de lado a desejável imparcialidade que há de nortear trabalhos acadêmicos de viés descritivo. Tanto as teses pró-relativização como as que lhe são contrárias têm apontado seus pontos falhos e seus elementos positivos.

Há que se destacar, porém, a opção pelo caminho crítico, "desconstrutivista" — como destaca a autora — e que aumenta a responsabilidade de seu proponente, especialmente quando o crítico assume, igualmente, a tarefa de apresentar ou revelar "o" ou "os" conceitos possíveis para a expressão "coisa julgada" e demais elementos que compõem o art. 5°, XXXVI, da CB, ainda que o legado exegético que se almeja alcançar seja o mais "amplo possível".

Pode-se, por exemplo, questionar se o âmbito de proteção da coisa julgada compreende apenas "ato advindo de regular processo legislativo" ou se, para além das espécies legislativas do art. 59, da CB, outros atos normativos primários, derivados diretamente da Constituição, estão compreendidos na redação do art. 5°, XXXVI, da CB.[3] É também plausível rediscutir o enquadramento, concedido pela autora, ao conceito de coisa julgada, nos limites de uma regra jurídica, de forma a elidir qualquer tentativa de ponderação de princípios, a despeito de sua proponente denominá-lo como um "conceito poroso" e sustentar uma "necessidade primordial de remeter a coisa julgada às normas infraconstitucionais", em razão da ausência de "parâmetro ou conceito básico" acerca do direito fundamental estudado. Seria plausível, ainda, indagar se há a possibilidade de se conjugar o princípio da eficiência com a proteção da coisa julgada, com vistas a limitar a autonomia do juiz.

De qualquer maneira, frise-se que tais contestações e questionamentos somente são possíveis em razão da ousadia de Carolina de Albuquerque, a qual merece ser reconhecida, e sua obra — corajosa e séria — deve ter lugar reservado nas reflexões sobre o tema. Com isso a coleção Fórum de Direitos Fundamentais ganha mais um aprofundado estudo constitucional sobre tema tão relevante e atual, avançando em seu propósito especial de qualificar as discussões jurídicas nacionais.

André Ramos Tavares
Pró-Reitor e Professor de Pós-Graduação da PUC-SP.
Diretor do Instituto Brasileiro de Estudos Constitucionais.

---

[3] *Vide*, nesse sentido, a interpretação dada nos votos dos Ministros Eros Grau e Gilmar Mendes acerca do escopo da reserva legal na ADC-MC nº 12-6/DF, Min. rel. Carlos Britto, j. em 16.02.2006, *DJ*, 1º set. 2006.

Introdução

A coisa julgada, apesar de objeto de vários estudos, sempre foi pensada nos termos do direito processual, sendo seus parâmetros constitucionais resgatados apenas na discussão atual de sua relativização. Pretendemos fazer um balanço do já escrito em relação ao tema para discuti-lo claramente em bases constitucionais. Não serão abordadas as possibilidades de *lege ferenda*, pelo objeto do trabalho se resumir ao possível dentro do sistema jurídico atual.

A Constituição Federal diz em seu artigo 5º, inciso XXXVI, que "a lei não prejudicará o direito adquirido, o ato jurídico perfeito e a coisa julgada" e na doutrina, a coisa julgada é tratada como direito fundamental. Apesar disso, refletiremos criticamente sobre o assunto, avaliaremos a veracidade destas afirmações e a amplitude da proteção constitucional conferida ao instituto sob enfoque.

A doutrina atual, principalmente processual, nesses últimos anos, defende que a coisa julgada no caso concreto, que estabeleceu situação injusta ou inconstitucional, deve ser relativizada, mesmo se transcorrido o prazo de dois anos para a proposição da ação rescisória. Para tanto, essas teorias utilizam vários argumentos como, por exemplo, o da inconstitucionalidade da proteção à coisa julgada viciada.

Como reação à publicação de vários livros e artigos nesse sentido, surgiu uma corrente doutrinária discordante que defende a impossibilidade de a coisa julgada ser relativizada, pois para tanto seria necessária uma lei para sua rescisão.

Dessa discussão participaram vários doutrinadores renomados de direito processual, porém, não existem muitos trabalhos sobre o tema em balizas constitucionais, ou que estudem o conceito de coisa julgada na Constituição em vigor e o alcance de sua proteção jurídica.

Dessa forma, abordaremos o tema em parâmetros diferentes dos utilizados até o momento, pois a coisa julgada está explícita na Constituição Federal e sua delimitação clara é necessária para sua efetividade.

Para isso, primeiramente, apresentaremos breves apontamentos históricos de institutos similares à coisa julgada atual na tentativa de determinar um conceito mínimo, histórico e fixo deste instituto, o qual será utilizado posteriormente como parâmetro da nossa investigação.

Estudaremos os três famosos procedimentos do direito romano, as compilações do direito canônico, as Ordenações do direito português e o direito brasileiro até o advento da Constituição de 1988.

Notamos que existem institutos similares à coisa julgada em todos esses ordenamentos e em cada um deles com uma forma diferente, dependendo dos recursos existentes, de quem decide, das instâncias judiciais etc. Porém, em todos estes ordenamentos, o instituto pesquisado possui o conteúdo de decisão judicial imutável. Assim, o que provoca as diferenças entre os institutos é o fato de os conceitos serem porosos e determináveis pelo ordenamento.

O enfoque deste estudo a partir do segundo capítulo é eminentemente jurídico e busca a conformação da coisa julgada no ordenamento brasileiro atual. Não nos preocupamos com aspectos políticos do instituto, como, por exemplo, sua finalidade.

No debate nacional atual, relativo à coisa julgada e à Constituição, apresentam-se várias teorias que pretendem determinar o sentido de coisa julgada e a possibilidade de sua inconstitucionalidade. Os argumentos dessas teorias serão separados em dois grandes grupos, os contra e os favoráveis à relativização do instituto, e elencados em categorias originais, para sua posterior interpretação com base constitucional, medindo-se sua compatibilidade com o sistema jurídico atual.

Consideramos esses argumentos insuficientes para fundamentar uma teoria relativa à coisa julgada e sua constitucionalidade, porém, cada bloco doutrinário possui um elemento fundamental, que são: a segurança jurídica, nas teorias contra a relativização, e a justiça, nas pró-relativização.

O método para a apreciação dos conceitos de segurança jurídica e justiça será o desconstrutivismo. Analisaremos as várias significações destes termos, retirando as ideias consideradas imprestáveis para a construção de um conceito final aproveitável, a ser utilizado como fundamento para uma teoria da coisa julgada. Obviamente, todos gostaríamos que esses dois valores incompatíveis fossem efetivos, porém não encontramos definição de justiça ou segurança jurídica, apesar da ampla utilização desses conceitos, viciados pelo seu uso subjetivo.

Utilizaremos como último parâmetro para a resolução do problema a Constituição Federal de 1988, pela importância do constitucionalismo e pela supremacia jurídica desse documento.

Examinaremos o conceito da coisa julgada citado na Constituição atual, clarificando a amplitude dessa proteção constitucional, sua menção como direito fundamental e consequente proteção como cláusula pétrea.

Apresentaremos os contornos infraconstitucionais do instituto e traremos para o texto noções tradicionais, como a divisão da coisa julgada em formal e material, além das disputas teóricas acerca da imutabilidade que a mesma confere à sentença, pois, apesar de a coisa julgada ser direito fundamental, ela é sempre determinada pelo direito processual.

Concluímos, portanto, que são protegidos constitucionalmente, como cláusulas pétreas: o conceito fixo de coisa julgada, a coisa julgada no caso concreto e a efetiva existência da coisa julgada, vedada a criação de inúmeros recursos de forma que esta deixe de existir, o que obsta a aceitação das teses pró-relativização, por pretenderem a modificação da coisa julgada em concreto. Sobre seus parâmetros infraconstitucionais, estes podem ser modificados pelo legislador de forma irretroativa, em razão da possível criação de nova lei para a solução da discussão atual.

Capítulo 1

Apontamentos históricos

Sumário: 1.1 Direito romano - **1.2** Direito canônico - **1.3** Direito português - **1.4** Direito brasileiro - **1.5** Crítica

Neste primeiro capítulo trabalharemos com o direito romano, pelo fato de alguns autores verem neste ordenamento o surgimento da coisa julgada. Após isso serão elencados alguns institutos do direito canônico, seguidos por ponderações sobre o direito português. Trataremos cada um desses complexos ordenamentos apenas em relação a institutos históricos similares ao da coisa julgada atual, com o intuito de demonstrar que há um certo conteúdo imutável tanto no conceito como na finalidade de pacificação social da coisa julgada, independente do ordenamento ou da época apreciada.

Essas linhas acerca da história não são um retrato fiel da época estudada e o instituto da coisa julgada não deve ser entendido como inserido em uma evolução histórica linear, pois não existem informações precisas acerca da legislação, doutrina e procedimentos utilizados nas épocas passadas.

Mesmo se houvesse a possibilidade de acesso a este material histórico, seria necessário estudá-lo relacionando-o à sociedade existente na época de sua vigência, pensando inclusive em sua efetiva aplicabilidade e nas variações de conteúdo das expressões utilizadas nos documentos coletados,[4] porém não é esta a finalidade do presente estudo.

---

[4] Cf. SABADELL, Ana Lúcia. Reflexões sobre a metodologia na história do direito. *Cadernos de Direito*, Piracicaba, v. 2, n. 4, p. 31, 36-37, 2003.

Afirmamos a vinculação do estudo feito com a mentalidade atual e assumimos a dificuldade em enxergar o passado sem os óculos do presente, porém tentamos explicitar o legislado à época e o descrito acerca dessa matéria com certa isenção valorativa, apesar de, em certos locais e momentos históricos, os ordenamentos guardarem grandes diferenças terminológicas e axiológicas com as legislações atuais.[5]

Como conceito inicial de coisa julgada utilizaremos a força que a sentença proferida por um poder jurisdicional possui de não ser modificada tanto por uma nova legislação que venha regular matéria já decidida, como por processo judicial ou ato administrativo que pretenda modificá-la, ou seja, situações em que percebemos a imutabilidade de decisões similares às atualmente chamadas jurisdicionais. Esta opção é feita também como justificativa à escolha dos institutos a serem relatados.

As discussões acerca da coisa julgada administrativa não serão objeto de análise, pois esta afasta apenas eventual revisão na esfera da administração, pois o decidido pode ser revisto judicialmente.[6] Quanto à legislação, esta pode ser modificada através do advento de lei hierarquicamente superior ou, no caso de similar patamar hierárquico, de legislação mais nova ou mais específica.[7] Portanto, apenas a sentença,[8] e nenhum outro ato do administrador, do legislador ou mesmo do juiz estabelece a situação entre as partes e o objeto de determinado processo com a inalterabilidade produzida pelo julgamento.[9]

---

[5] Ibidem, p. 36-37. Cf. GAZZI, Mara Sílvia. Os limites subjetivos da coisa julgada. *Revista de Processo*, v. 9, n. 36, p. 80, out./dez. 1984. "(...) Derivada do latim *res judicata*, a expressão 'coisa julgada' é por nós, hoje, utilizada com delimitação semântica bastante diversa à da sua origem (...)".

[6] Quanto à revisão de atos administrativos regidos por conveniência e oportunidade, cf. BRASIL. Superior Tribunal de Justiça. Recurso especial nº 493.811. Ministério Público do Estado de São Paulo e Município de Santos. Relator: Ministra Eliana Calmon. 15 de março de 2004. Disponível em: <https://ww2.stj.gov.br/revistaeletronica/ita.asp>. Acesso em: 06 jan. 2006, ementa: "1. Na atualidade, o império da lei e seu controle, a cargo do Judiciário, autoriza que se examinem inclusive as razões de conveniência e oportunidade do administrador (...)".

[7] Sobre conflito de leis no tempo, cf. DIMOULIS, Dimitri. *Manual de introdução ao estudo do direito*. São Paulo: Revista dos Tribunais, 2003. p. 225-239.

[8] As sentenças que não fazem coisa julgada serão examinadas no capítulo 5.

[9] SILVA, Ovídio A. Batista. *Curso de Processo Civil*: processo de conhecimento. 4. ed. São Paulo: Revista dos Tribunais, 1998. v. 1, p. 485.

O termo direito será considerado de forma ampla, abarcando as normas, doutrinas e decisões anteriores à conformação do Estado atual, em razão da dificuldade de determinação exata de seu conteúdo.[10] Por exemplo, consideramos como direito as instituições romanas.

As informações neste histórico foram compiladas e, apesar de pretendermos descrever os conceitos tal como eram nas sociedades apresentadas, sem a intenção deliberada de preencher as lacunas com o direito atual,[11] não pudemos ter o mesmo cuidado com os textos interpretativos citados.

Ressaltamos que o trabalho não é essencialmente histórico, pois seu enfoque são as discussões hodiernas dos próximos capítulos. Porém, antes de adentrar nesta discussão e de conceituar de forma mais complexa a coisa julgada, consideramos necessário apresentar as principais vicissitudes históricas relativas à delimitação atual do conceito sob enfoque.

1.1 Direito romano

No direito romano a *res judicata*, ou o bem julgado, era incontestável e sua finalidade advinha da necessidade prática de pacificação social, de segurança na disposição dos bens e certeza do termo final do processo.[12]

A *res judicata* consistia na nova relação jurídica existente entre as partes após um processo, considerando que o processo civil romano comportou três períodos, com suas respectivas formas

---

[10] Cf. SABADELL, op. cit., p. 35, "o conceito de direito, apesar de sua determinação impossível", deve ser limitado ao "direito contemporâneo das sociedades capitalistas", porém optamos neste estudo pela utilização de um conceito mais abrangente.

[11] Cf. Ibidem, p. 35, a ausência de subsídios históricos pode levar o estudioso à utilização de conceitos contemporâneos que não se aplicariam à realidade pelo mesmo descrita.

[12] CHIOVENDA, Giuseppe. *Instituições de direito processual civil*: as relações processuais, a relação processual ordinária de cognição. Tradução de J. Guimarães Menegale. Notas de Enrico Tullio Liebman. São Paulo: Saraiva, 1969. v. 1, p. 370.

típicas, o das *legis actiones*, o *agere per formulas* (754 a.C. a 209 a.C.)[13] e o *cognitio extra ordinem* (de 209 a.C. a 568 d.C.).[14]

O processo das ações da lei, ou das *legis actiones*,[15] anterior ao processo formular, era solene e extremamente formal, apesar de oral. Este procedimento obrigava as partes à obediência de rituais e palavras predeterminadas, porque um equívoco acerca da expressão a ser utilizada poderia acarretar a perda da lide.[16] Exemplo citado está nas *Institutiones* de Gaio,[17] comentário IV, 11, em que a troca do termo árvores por videiras pelo autor que as pleiteava acarretou-lhe a perda da ação, pois o termo a ser utilizado, conforme a lei, era árvores, apesar de as árvores no caso serem efetivamente videiras.[18]

---

[13] Não há especificação sobre a data do surgimento do processo formular pelo mesmo ter sido inicialmente utilizado sem embasamento legal, sendo posteriormente positivado (cf. KASER, Max. *Direito privado romano*. Tradução de Samuel Rodrigues, Ferdinand Hämmerle. Lisboa: Fundação Calouste Gulbenkian, 1999. p. 433).

[14] CRETELLA JÚNIOR, José. *Curso de direito romano*: o direito romano e o direito civil brasileiro. Rio de Janeiro: Forense, 1996. p. 408.

[15] Cf. BATISTA, Deocleciano. *Coisa julgada inconstitucional e prática jurídica*. Rio de Janeiro: América Jurídica, 2005. p. 40. As ações de lei tinham base legal nas Leis das XII Tábuas que datam 451 a.C. Cf. LOPES, José Reinaldo de Lima. *O direito na história*: lições introdutórias. São Paulo: Max Limonad, 2000. p. 423. Ocorre que, cf. GILISSEN, John. *Introdução histórica ao direito*. 4. ed. Lisboa: Fundação Calouste Gulbenkian, 2003. p. 86-87, a existência da Lei das XII Tábuas chegou a ser posta em dúvida, pois seu texto se perdeu, sendo sua existência auferida por citações de doutrinadores romanos, como Cícero, e comentários de Gaio e Labeo. Em sentido contrário, há posição que mesmo no tempo de Gaio não se sabia exatamente a origem das ações de lei, cf. ALVES, José Carlos Moreira. *Direito romano I*. 11. ed. Rio de Janeiro: Forense, 1998. p. 192.

[16] CRETELLA JÚNIOR, op. cit., p. 413.

[17] Cf. GILISSEN, op. cit., p. 91, essas institutas foram encontradas quase inteiramente apenas em 1816.

[18] Cf. GAIUS. *Gai Institutionum Commentarii Quatuor*. Disponível em: <http://www.gmu. edu/departments/fld/CLASSICS/gaius4.html>. Acesso em: 23 ago. 2005. 11: "Actiones, quas in usu ueteres habuerunt, legis actiones appellabantur uel ideo, quod legibus proditae erant, quippe tunc edicta praetoris, quibus conplures actiones introductae sunt, nondum in usu habebantur, uel ideo, quia ipsarum legum uerbis accommodatae erant et ideo immutabiles proinde atque leges obseruabantur. unde eum, qui de uitibus succisis ita egisset, ut in actione uites nominaret, responsum est rem perdidisse, quia debuisset arbores nominare, eo quod lex XII tabularum, ex qua de uitibus succisis actio conpeteret, generaliter de arboribus succisis loqueretur". Tradução em GAIUS. *Institutas do jurisconsulto Gaio*. Tradução de J. Cretella, Agnes Cretella. São Paulo: Revista dos Tribunais, 2004. p. 182-183. (Coleção Revista dos Tribunais de Textos Fundamentais, n. 9). "As ações empregadas pelos antigos denominavam-se ações da lei, ou pelo fato de se originarem da lei (pois, na época, não existiam ainda os editos do pretor, que mais tarde introduziram novas ações), ou por se adaptarem às palavras das próprias leis, conservando-se, por isso, imutáveis, como os termos das leis. Daí ter-se respondido que perdia a ação quem, agindo por causa de videiras cortadas, empregava o termo videiras (*vites*); pois a Leis das XII Tábuas, nas quais se fundamentava a ação por videiras cortadas, empregava a expressão árvores cortadas (*arboribus succisis*) em geral".

Este procedimento era bifásico e uma das partes "pedia" ao pretor a ação de lei, utilizando as palavras e gestos necessários para tanto, e a outra fazia o mesmo.[19] Assim, se tudo executado corretamente, o pretor encaminhava o julgamento a um juiz privado, frente ao qual as partes expunham a questão sem as formalidades anteriores, produziam provas e, ao final, o juiz condenava ou absolvia o réu, sem possibilidade de coação para fazer valer o decidido pelo juiz, pois este, por ser particular, não possuía o poder de *imperium*.[20]

O próprio pretor, antes de encaminhar ao juiz a lide para decisão, já conferia se os componentes do processo atual estavam presentes em ação de lei anterior. Se entendesse que sim, a matéria não seria sequer remetida ao juiz, em razão da impossibilidade de nova ação de lei para o mesmo caso.[21] Assim, a atuação do juiz privado era restrita,[22] pois vinculada à apreciação anterior do caso pelo pretor, além de ausente a repristinação da ação em face daquele.[23]

---

[19] Não havia a possibilidade de impetrar-se ação que não estivesse regulada legislativamente, cf. CRETELLA JÚNIOR, op. cit., p. 408. Cf. ALVES, op. cit., p. 196, havia cinco ações de leis, sendo que a *actio sacramenti* poderia ser utilizada na falta de procedimento especial, o que por si abarcaria os problemas outros que não possuíssem ações especiais. Além disso, cita que sobre a existência de outras ações de lei o tema é muito controvertido. A adstrição feita deve ser considerada em relação não à forma, mas ao conteúdo, que deveria obrigatoriamente ser protegido pelo *ius civile romanorum* para a utilização de uma ação. Cf. GAIUS, op. cit., *Commentarius Quartus*, 12: "Lege autem agebatur modis quinque: sacramento, per iudicis postulationem, per condictionem, per manus iniectionem, per pignoris capionem". e 13: "Sacramenti actio generalis erat. de quibus enim rebus ut aliter ageretur, lege cautum non erat, de his sacramento agebatur (...)". Tradução em GAIUS, op. cit., p. 183: "As ações de lei eram cinco: *sacramentum, iudicis, póstulatio, condictio, manus iniectus* e *pignoris capio*." e 13: "*Sacramentum* era uma ação geral, porque se utilizava o *sacramentum*, em todos os casos para os quais a lei não estabelecia um processo especial (...)".

[20] ALVES, op. cit., p. 194-196.

[21] Cf. GAIUS, op. cit., *Commentarius Quartus*, 108: "Alia causa fuit olim legis actionu, nam qua de re actum semel erat, de ea postea ipso iure agi non poterat; nec omnino ita, ut nunc, usus erat illis temporibus exceptionum." Tradução em GAIUS, op. cit., p. 209-210: "Antigamente, no tempo das ações de lei, a situação era diversa, pois a questão, uma vez decidida, não podia mais ser renovada, segundo o próprio direito civil. Não se interpunham, naquele tempo, como hoje, as exceções."

[22] AZAMBUJA, Carmen Luiza Dias de. *Rumo a uma nova coisa julgada*. Porto Alegre: Livraria do Advogado, 1994. p. 42 e NEVES, Celso. *Coisa julgada civil*. São Paulo: Revista dos Tribunais, 1971. p. 12-13.

[23] AZAMBUJA, op. cit., p. 42.

Neste procedimento, o que vinculava as partes à decisão judicial era a *litis contestatio*, que possuía força contratual apesar de não se tratar de um contrato, pois as intenções das partes de submissão à sentença eram feitas ao pretor, não entre si. Portanto, a efetividade da decisão advinha da própria vontade das partes, e no caso de descumprimento, as consequências eram similares à quebra do contrato da época.[24]

A força preclusiva do julgado advinha do próprio processo, da atuação das partes e do pretor que determinava a *litis contestatio*, após o que os atos executados estariam irremediavelmente findos ou instituídos.[25] Além disso, a revelia acarretava graves penas ao réu.[26]

Sobre a relação deste procedimento com a coisa julgada, o mais importante é como a formalidade acarretava alguns ônus aos litigantes, os quais não podiam esquivar-se de cumpri-los.[27] O autor não possuía poder para obrigar o réu condenado a cumprir com sua obrigação e, para executar o decidido, havia necessidade de impetrar uma nova ação da lei[28] executória, como a chamada

---

[24] KASER, op. cit., p. 445.
[25] TALAMINI, Eduardo. *Coisa julgada e sua revisão*. São Paulo: Revista dos Tribunais, 2005. p. 197-202.
[26] KASER, op. cit., p. 445.
[27] Cf. GAIUS, op. cit., *Commentarius Quartus*, 16: "Si in rem agebatur, mobilia quidem et mouentia, quae modo in ius adferri adduciue possent, in iure uindicabantur ad hunc modum: qui uindicabat, festucam tenebat; deinde ipsam rem adprehendebat, uelut hominem, et ita dicebat: HVNC EGO HOMINEM EX IVRE QVIRITIVM MEVM ESSE AIO SECVNDVM SVAM CAVSAM; SICVT DIXI, ECCE TIBI, VINDICTAM INPOSVI, et simul homini festucam inponebat. aduersarius eadem similiter dicebat et faciebat. cum uterque uindicasset, praetor dicebat: MITTITE AMBO HOMINEM, illi mittebant. qui prior uindicauerat, ita alterum interrogabat: POSTVLO, ANNE DICAS, QVA EX CAVSA VINDICAVERIS? ille respondebat: IVS FECI, SICVT VINDICTAM INPOSVI. deinde qui prior uindicauerat, dicebat: QVANDO TV INIVRIA VINDICAVISTI, QVINGENTIS ASSIBVS SACRAMENTO TE PROVOCO; aduersarius quoque dicebat similiter: ET EGO TE (...)". Tradução em GAIUS, op. cit., p. 184: "Se se tratasse de ações *in rem*, as coisas móveis e as semoventes, suscetíveis de serem levadas ou conduzidas a juízo, pleiteavam-se do seguinte modo; o autor reclamante, empunhando a varinha, tomava a coisa, um homem, por exemplo, dizendo: DIGO QUE ESTE HOMEM É MEU POR DIREITO DOS QUIRITES, SEGUNDO SUA SITUAÇÃO JURÍDICA. ASSIM, COMO DISSE, VÊ QUE O TOQUEI COM A VARINHA e, ao mesmo tempo, tocava o homem com a varinha. O réu dizia e fazia o mesmo. Quando as duas partes tinham pleiteado, o pretor dizia: LARGUEM AMBOS O HOMEM e eles largavam. O primeiro reclamante interrogava o reclamado assim: PEÇO QUE DIGAS A QUE TÍTULO VINDICASTE; e o segundo respondia: EXERCI MEU DIREITO TOCANDO COM A VARINHA. Em seguida o primeiro reclamante dizia: JÁ QUE PLEITEASTE INJUSTAMENETE, DESAFIO-TE AO *SACRAMENTUM* DE QUINHENTOS ASSES. O contratante dizia também o mesmo: E EU TE DESAFIO. (...)".
[28] ALVES, op. cit., p. 218.

Direito fundamental à coisa julgada: problemas constitucionais de sua relativização | 25

manus iniectio.[29] Não encontramos referências a recursos nesta forma procedimental.[30] As complexidades e formalidades são consideradas os motivos de as ações de lei serem substituídas pelo processo formular, o que ocorreu formalmente com a lei *Aebutia*, em 140 a.c., que descreveu este procedimento para alguns poucos casos, e a lei *Iuliae*, em 17 a. C.,[31] que o generalizou para abranger todos os tipos de ações.[32]

Sobre a aplicação do *agere per formulas* ou processo formular antes da sua positivação, há conjecturas acerca de sua utilização pelos pretores apenas para regularizar a aplicação do direito em face dos não-cidadãos, impedidos de utilizar as leis feitas para os cidadãos romanos. O fundamento de validade para sua aplicação inicial estava na autoridade do pretor, porém o procedimento passou a ser aplicado posteriormente às relações entre

---

[29] Ibidem, p. 202. Cf. GAIUS, op. cit., *Commentarius Quartus*, 22: "Postea quaedam leges ex aliis quibusdam causis pro iudicato manus iniectionem in quosdam dederunt (...)". Tradução em GAIUS, op. cit., p. 187: "Depois, algumas leis concederam a *manus iniectio*, em outros casos, contra certas pessoas, em razão da coisa julgada (...)". Cf. GAIUS, op. cit., *Commentarius Quartus*, 24: "Ex quibus legibus et si quae aliae similes essent cum agebatur, manum sibi depellere et pro se lege agere reo licebat. nam et actor in ipsa legis actione non adiciebat hoc uerbum PRO IVDICATO, sed nominata causa, ex qua agebat, ita dicebat: OB EAM REM EGO TIBI MANVM INICIO; cum hi, quibus pro iudicato actio data erat, nominata causa, ex qua agebant, ita inferebant: OB EAM REM EGO TIBI PRO IVDICATO MANVM INICIO nec me praeterit in forma legis Furiae testamentariae PRO IVDICATO uerbum inseri, cum in ipsa lege non sit; quod uidetur nulla ratione factum." Tradução em GAIUS, op. cit., p. 187: "Essas leis e outras de qualquer natureza, por ventura existentes, permitiam ao réu repelir a garra de quem o prendia, defendendo-se pessoalmente. O autor, nessa ação de lei, não acrescentava as palavras por causa de julgamento, mas, depois de indicar a causa em virtude da qual agia, dizia o seguinte: POR ISSO EU PONHO A MÃO SOBRE TI, POR CAUSA DE JULGAMENTO. Lembro-me de que as palavras, por causa de julgamento, introduzidas pela fórmula da lei Fúria Testamentária, não se encontravam na própria lei, o que parece ser sem razão alguma (*quid videtur factum nulla ratione*)".

[30] BATISTA, op. cit., p. 40.

[31] Datas cf. LOPES, op. cit., p. 424.

[32] Cf. ALVES, op. cit., p. 205. Cf. GAIUS, op. cit., *Commentarius Quartus*, 30: "Sed istae omnes legis actiones paulatim in odium uenerunt. namque ex nimia subtilitate ueterum, qui tunc iura condiderunt, eo res perducta est, ut uel qui minimum errasset, litem perderet; itaque per legem Aebutiam et duas Iulias sublatae sunt istae legis actiones, effectumque est, ut per concepta uerba, id est per formulas, litigaremus". Tradução em GAIUS, op. cit., p. 189: "Todas essas ações da lei tornaram-se, paulatinamente, odiosas, porque, em razão da extrema sutileza dos antigos criadores do direito, chegou-se à situação de que aquele que cometesse o menor erro perderia a causa. Por isso, as ações de Lei foram revogadas pela Lei Ebúcia e pelas duas Leis Júlias, levando os processos a realizarem-se por palavras fixas, isto é, por fórmulas".

romanos e estrangeiros.[33] Por outro lado, alguns afirmam que este procedimento adveio das instruções redigidas ao magistrado pelo pretor, no tempo das ações de lei, para o julgamento dos casos.[34] Mesmo após positivado, não há informações exatas a respeito do alcance das leis que formalizaram esse procedimento, havendo consenso apenas quanto ao fato de as leis Júlias o tornarem obrigatório,[35] apesar da utilização das *legis actiones* em poucos e determinados casos.[36]

O processo formular também era bifásico. Na primeira fase, da *litis contestatio*, os atos das partes perante o juiz fixavam os limites do julgamento e os possíveis deslindes sobre o direito controvertido, sendo fixada a fórmula a ser apreciada pelo magistrado, com a concordância das partes.[37] Esta delimitação inicial extinguia a relação jurídica controvertida anterior, dando ao pretor apenas a escolha entre acolher ou não a fórmula[38] e, feita uma das opções, não se poderia discutir novamente o decidido.[39]

---

[33] BATISTA, op. cit., p. 40.

[34] Cf. ALVES, op. cit., p. 206, nenhum texto romano traz qualquer referência a esta ideia.

[35] KASER, op. cit., p. 433 e BATISTA, Deocleciano. *Coisa julgada inconstitucional e prática jurídica*. Rio de Janeiro: América Jurídica, 2005. p. 40.

[36] ALVES, op. cit., p. 230-231. Cf. GAIUS, op. cit., *Commentarius Quartus*, 31: "Tantum ex duabus causis permissum est (id legis actionem facere) lege agere, damni infecti et si centumuirale iudicium futurum est; sane cum ad centumuiros itur, ante lege agitur sacramento apud praetorem urbanum uel peregrinum; damni uero infecti nemo uult lege agere, sed potius stipulatione, quae in edicto proposita est, obligat aduersarium suum, idque et commodius ius et plenius est. per pignoris capionem (tota pag) apparet". Tradução em GAIUS, op. cit., p. 189: "Admitem-se as ações de lei apenas em dois casos: no da ação por dano iminente (*damni infecti*) e no das ações perante os tribunais dos centúnviros. Não resta dúvida de que, nos processos perante os centúnviros, se age segundo a ação preliminar da lei por *sacramentum*, perante o pretor urbano ou perante o pretor peregrino. Na ação de dano iminente, porém, ninguém observa a ação da lei, preferindo todos, para obrigar o adversário, recorrer à estipulação publicada no edito, meio este mais fácil e eficaz".

[37] Ibidem, p. 208.

[38] Cf. GAIUS, op. cit., *Commentarius Quartus*, 43: "Condemnatio est ea pars formulae, qua iudici condemnandi absoluendiue potestas permittitur, uelut haec pars formulae: IVDEX, NVMERIVM NEGIDIVM AVLO AGERIO SESTERTIVM X MILIA CONDEMNA. SI NON PARET, ABSOLVE; item haec: IVDEX, NVMERIVM NEGIDIVM AVLO AGERIO DUMTAXAT X MILIA CONDEMNA, SI NON PARET, ABSOLVITO; item haec: IVDEX, NVMERIVM NEGIDIVM AVLO AGERIO CONDEMNATO et reliqua, ut non adiciatur DVMTAXAT X MILIA." Tradução em GAIUS, op. cit., 2004, p. 192: "*Condemnatio* é a parte da fórmula em que se concede poder ao juiz para condenar ou absolver, como esta parte da fórmula: JUIZ CONDENA N. NEGÍDIO A PAGAR DEZ MIL SESTÉRCIOS A A. A.; SE NÃO PARECER QUE N. NEGÍDIO DEVA PAGAR, ABSOLVE-O ou simplesmente: JUIZ CONDENA N. NEGÍDIO EM FAVOR DE A. AGÉRIO, sem se acrescentar SOMENTE ATÉ DEZ MIL SESTÉRCIOS."

[39] CRETELLA JÚNIOR, op. cit., p. 426.

A condenação neste tipo de procedimento era sempre pecuniária,[40] pois se o réu não quisesse devolver a coisa poderia pagar ao autor seu valor em moeda.[41]

O processo formular era um pouco menos rígido que o das ações de lei e, com esta modificação procedimental, a imutabilidade da *litis contestatio* passa a ter relevância diferenciada, pois o processo formular permite maior liberdade às partes e os atos judiciais passam a ser em maior número e mais complexos.[42]

Essa gama de atos processuais diversos criada com o processo formular tornou quase impossível ao pretor verificar a identidade dos litígios, ou a existência da *res judicata*, portanto essa apreciação foi transferida ao juiz.[43] Com isso, o pretor, no caso de nova demanda com mesmas partes sobre o mesmo objeto, ou determinava que o vínculo processual anterior absorvesse o problema atual, pela preclusão consumativa da lide,[44] ou, quando essa decisão era muito complexa, concedia uma *exceptio*[45] relativa à existência ou não da *res judicata*, que seria apreciada pelo magistrado na segunda fase do processo.[46]

---

[40] GAIUS, op. cit., *Commentarius Quartus*, 48: "Omnium autem formularum, quae condemnationem habent, ad pecuniariam aestimationem condemnatio concepta est. itaque et si corpus aliquod petamus, uelut fundum, hominem, uestem, aurum, argentum, iudex non ipsam rem condemnat eum, cum quo actum est, sicut olim fieri solebat, sed aestimata re pecuniam eum condemnat". Tradução em GAIUS, op. cit., p. 194: "A condenação em todas as fórmulas que a contém é formulada sob a forma de cálculo em dinheiro. Assim, se pedirmos uma coisa corpórea, como terreno, escravo, roupa, ouro e prata, o juiz não condena o réu à prestação da própria coisa, objeto da lide, como era costume fazer-se, antigamente, mas condena-o em dinheiro, depois de calculado o valor da coisa (*aestimata re, pecuniam eum condemnat*)".

[41] ALVES, op. cit., p. 208-209.

[42] Cf. TALAMINI, op. cit., p. 197-202.

[43] NEVES, op. cit., p. 13.

[44] Como acorria nas *legis actiones*, cf. Ibidem, p. 17, o processo formular impedia que fosse impetrada nova ação definitivamente, sendo indiferente se o julgamento acabasse em uma sentença de mérito ou de indeferimento do pedido.

[45] Cf. ALVES, op. cit., p. 214-215, 240-241, a *exceptio* era a forma de o réu invocar direito próprio, como no caso de novação da dívida, ou no caso *res judicata*. A exceção era um acessório da fórmula, e se não fosse incluída nesta última, não poderia ser apreciada pelo juiz.

[46] ALVES, op. cit., p. 420-421; AZAMBUJA, op. cit., p. 42; NEVES, op. cit., p. 14 e TALAMINI, op. cit., p. 152. Ainda, havendo ação proposta em juízo incompetente, poderia renovar a instância ao competente. Cf. GAIUS, op. cit., *Commentarius Quartus*, 106: "Et si quidem imperio continenti iudicio actum fuerit, siue in rem siue in personam, siue ea formula, quae in factum concepta est, siue ea, quae in ius habet intentionem, postea nihilo minus ipso iure de eadem re agi potest; et ideo necessaria est exceptio rei iudicatae uel in iudicium deductae", 107: "Si uero legitimo iudicio in personam actum sit ea formula, quae iuris ciuilis habet intentionem,

A delimitação inicial pretoriana era imodificável e estabelecia os possíveis deslindes da pretensão resistida, assim, na segunda fase do processo, o juiz limitava-se a optar pela decisão mais razoável, condenando ou absolvendo o réu.[47] Este juiz, ou *iudex unus*, era, na verdade, um particular nomeado para decidir um processo.[48]

Alguns autores defendem que a imutabilidade do julgamento advinha do fato de a primeira fase do processo ser pública e, assim, a atuação estatal impediria o pedido de nova fórmula em relação ao mesmo problema, mas lembramos que são divergentes as opiniões acerca da natureza pública ou privada da própria *litis contestatio*.[49] De qualquer forma, esta possuía efeito extintivo, pois extinguia o direito de ação e impedia nova ação sobre o assunto já julgado.[50]

Este efeito extintivo possuía força criadora, pois fazia surgir o direito à sentença,[51] ou o direito do autor à condenação do réu se sua pretensão estivesse correta. Demonstra-se este direito com o

---

postea ipso iure de eadem re agi non potest, et ob id exceptio superuacua est; si uero uel in rem uel in factum actum fuerit, ipso iure nihilo minus postea agi potest, et ob id exceptio necessaria est rei iudicatae uel in iudicium deductae". Tradução em GAIUS, op. cit., p. 209: "Proposta a instância contida no *imperium* do magistrado, ou *in rem* ou *in personam*, ou pela fórmula concebida *in factum* ou por aquele cuja *intentio* é concebida *in jus*, pode-se sempre, em razão do próprio direito civil, renovar a instância, sendo, nesse caso, necessária, a exceção *rei judicatae* (de coisa julgada) ou *in judicium deducta* (deduzida em juízo)". "Se, porém, na ação proposta em *judicium legitimum* e *in personam* for utilizada uma fórmula cuja *intentio* é de direito civil, não se pode mais tarde, em virtude do próprio direito civil, renovar a instância, sendo assim inteiramente supérflua a exceção. Tratando-se, porém, de instância real ou *in factum*, pode-se, depois, em virtude do próprio direito civil, renová-la, sendo assim necessária a exceção de coisa julgada ou *in judicio deducta*".

[47] Cf. GAIUS, op. cit., *Commentarius Quartus*, 114: "Superest, ut dispiciamus, si ante rem iudicatam is, cum quo agitur, post acceptum iudicium satisfaciat actori, quid officio iudicis conueniat, utrum absoluere an ideo potius damnare, quia iudicii accipiendi tempore in ea causa fuerit, ut damnari debeat (...)". Tradução em GAIUS, op. cit., p. 211: "É preciso examinar agora o que é conveniente ao ofício do juiz, quando antes da coisa julgada e depois de instaurado o processo o réu convence o autor. Resta saber se convém ao juiz absolver o réu, ou então, condená-lo porque, no momento de instaurar-se a instância, a situação reclama a condenação (...)".

[48] KASER, op. cit., p. 443. Este juiz, nos casos das ações de lei, obrigatoriamente seria cidadão, pois o antigo procedimento abarcava apenas relações entre romanos.

[49] Cf. NEVES, op. cit., p. 11 e CRETELLA JÚNIOR, op. cit., p. 429, a primeira fase do julgamento seria pública, sendo daqui retirada a força de imutabilidade da *litis contestatio*. Cf. ALVES, op. cit., p. 208, não há precisão acerca da natureza da *litis contestatio*, ou de quem a fixava, pois o livro IV das institutas de Gaio nada falava a esse respeito, havendo sobre o assunto especulações sobre o fato de o juiz fixar a fórmula e o processo ser público, ou sobre o autor fixar a fórmula e o processo ser privado.

[50] Cf. KASER, op. cit., p. 458, a força preclusiva é determinada não na sentença, mas na *litis contestatio*.

[51] ELLUL, Jacques. *Historia de las instituciones de la antigüedad*. Madrid: Aguilar, 1970. p. 304.

Direito fundamental à coisa julgada: problemas constitucionais de sua relativização | 29

exemplo de que os herdeiros só continuariam com a ação de seus ascendentes e receberiam o devido, no caso de uma obrigação resultante de delito, se na época da morte do titular da ação estivesse finda a *litis contestatio*, pois o direito à sentença desvinculava-se do direito anterior personalíssimo e passava a fundar-se na própria *litis contestatio*.[52] Dessa forma, a *litis contestatio* estabelecia uma nova relação jurídica entre as partes, com uma novação do direito.[53]

Aqui não há a ideia de ficção da verdade, pois a sentença não determinava a aplicação do direito, e sim, representava o direito real e concreto.[54] Inclusive, a novação obrigacional, que substitui uma obrigação por outra conforme estipulado pelas partes, chegou a ser comparada à novação processual, que substituía a pretensão privada pela proposição da *litis contestatio*. Isso ocorria pois esta era inalterável e sequer o juiz da causa possuía meios de modificá-la, por sua força jurídica formal.[55]

Se a fórmula fosse inexata, o juiz absolveria o réu e impediria o autor, conforme o caso, de impetrar nova ação. Contudo, o juiz não podia condenar o autor, ou analisar situação ocorrida entre a feitura da fórmula e seu julgamento.[56]

No caso de o autor pretender impetrar nova ação sobre mesmo tema não lhe seria concedida fórmula,[57] porém, o réu podia

---

[52] ALVES, op. cit., p. 220.

[53] Por outro lado, cf. KASER, op. cit., p. 458, a sentença no processo formular não fazia direito, sendo possível este entendimento apenas, por exemplo, em face dos processos declaratórios em que houvesse vinculação jurídica.

[54] LIEBMAN, Enrico Tulio. *Eficácia e autoridade da sentença*. Tradução de Alfredo Buzaid, Benvindo Aires. 3. ed. Rio de Janeiro: Forense, 1984. p. 4.

[55] KASER, op. cit., p. 458.

[56] Cf. ALVES, op. cit., p. 223-224, se o autor pedisse escravo errado, pedindo A por B, o réu não seria condenado e o autor deveria impetrar nova ação com o objeto correto, ou, no caso de *plus petitio* ou pedido exagerado, se fosse pedido crédito ainda por vencer, ou com valor incorreto, ou pagamento em local diverso do convencionado, ou se não fosse declarada obrigação alternativa existente, o juiz deveria absolver o réu, não havendo possibilidade de o autor promover nova ação.

[57] Cf. GAIUS, op. cit., *Commentarius Quartus*, 118: "Exceptiones autem alias in edicto praetor habet propositas, alias causa cognita accommodat. Quae omnes uel ex legibus uel ex his, quae legis uicem optinent, substantiam capiunt uel ex iurisdictione praetoris prodidae sunt", 121: "Peremptoriae sunt, quae perpetuo ualent nec euitari possunt, uelut quod metus causa aut dolo malo aut quod contra legem senatusue consultum factum est aut quod res iudicata est uel in iudicium deducta est, item pacti conuenti, quod factum est, ne omnino pecunia peteretur". Tradução em GAIUS, op. cit., p. 112-213: "Dentre as exceções, algumas são criadas pelo pretor no edito, outras ele as concede quando examina a causa. Todas extraem seu conteúdo das leis, das deliberações com força de lei ou, então, se originam da jurisdição pretoriana",

pedir nova fórmula sobre o objeto do processo anterior, porque o julgado dizia respeito apenas à titularidade do direito do autor e nada acerca de possível direito do réu. Para tal impedimento havia a necessidade da igualdade entre as questões da ação primitiva e da nova, como também da identidade jurídica dos litigantes, sem referência à identidade pessoal, porque os herdeiros das partes também se vinculavam à decisão dada.[58]

A sentença atualmente faz coisa julgada quando a ela não se pode interpor recurso[59] e vincula possível processo posterior similar. No caso do processo formular, não havia instituto semelhante à coisa julgada formal atual por não haver meio para impugnar a sentença prolatada, pois a decisão não podia ser modificada pelo juiz da causa ou por qualquer outro. Assim, além de a sentença condenatória permitir ao autor a cobrança do devido, ainda, tanto no caso de sentença condenatória quanto absolutória, havia o advento da *res judicata*.[60]

A imutabilidade comparável à coisa julgada atual é a imutabilidade da *litis contestatio*, pois nela fixa-se o direito que vinculará eventual ação posterior. Por exemplo, a compensação de dívidas é fixada na *intentio*, que é parte da fórmula, e no caso de cobrança errada, veda-se nova ação.[61]

121: "As peremptórias podem ser opostas perpetuamente e não podem ser evitadas, como a exceção *quod metus causa*, a exceção *dolo malo*, a exceção de contravenção de lei ou de senatusconsulto, a da coisa julgada ou a deduzida em juízo, ou ainda a de pacto convencionado, ressaltando que o dinheiro de modo algum seria reclamado (*ne omnino pecunia peteretur*)".

[58] ALVES, op. cit., p. 224. Observa-se que a determinação do direito pela ação dependia da subordinação da parte, cf. GAIUS, op. cit., *Commentarius Quartus*, 98: "Procurator uero si agat, satisdare iubetur ratam rem dominum habiturum. periculum enim est, ne iterum dominus de eadem re experiatur; quod periculum non interuenit, si per cognitorem actum fuerit, quia de qua re quisque per cognitorem egerit, de ea non magis amplius actionem habet, quam si ipse egerit". Tradução em GAIUS, op. cit., p. 207: "O procurador, se agir, deve prestar caução pela futura homologação de seus atos pelo mandante, por haver perigo de se repetir a demanda sobre a mesma questão. Não haveria este perigo, se tivesse agido por intermédio do *cognitor* porque qualquer ação intentada mediante o *cognitor* não pode ser renovada pelo mandante, *como não poderia se ele próprio tivesse agido*" (grifo nosso).

[59] Falamos aqui da coisa julgada formal, que, de qualquer forma, é pressuposto para a coisa julgada material.

[60] ALVES, op. cit., p. 224.

[61] Cf. GAIUS, op. cit., *Commentarius Quartus*, 68: "Praeterea conpensationis quidem ratio in intentione ponitur; quo fit, ut si facta conpensatione plus nummo uno intendat argentarius, causa cadat et ob id rem perdat (...)". Tradução em GAIUS, op. cit., p. 200: "Além disso, a compensação aparece na *intentio*. Desse modo, se, feita a compensação, o argentário tiver cobrado uma moeda a mais, *perde a ação e o próprio direito*. (...)" (grifo nosso).

Apesar da impossibilidade recursal, havia algumas formas de modificação da situação firmada pela *res judicata*. Por exemplo, a *intercessio*, ou veto de pretor hierarquicamente superior ao ato de pretor inferior, que poderia vetar a execução da sentença; a *revocatio in duplum*, quando o réu expunha-se à pena em dobro para provar o vício formal ou material do julgado;[62] ou a *restitutio in integrum*, prevista para pouquíssimos casos em que a situação julgada voltaria a ser a anterior ao julgamento.[63]

A ação era forma de exercício do direito material,[64] não havendo o problema de quando exatamente surgia a *res judicata*.[65] Para a decisão ter efeitos era desnecessário aguardar o decurso de prazo recursal, pois o julgado passava a ser obrigação para o réu no momento em que era prolatada a sentença, que fixava a obrigação estendida a terceiros e aos objetos dependentes do já julgado.[66]

A *cognitio extra ordinem*, chamada também de processo extraordinário[67] ou monofásico, passa a ser aplicada aos interesses

---

[62] Cf. GAIUS, op. cit., *Commentarius Quartus*, 171: "Quod si neque sponsionis neque dupli actionis periculum ei, cum quo agitur, iniungatur ac ne statim quidem ab initio pluris quam simpli sit actio, permittit praetor iusiurandum exigere NON CALVMNIAE CAVSA INFITIAS IRE. unde quamuis heredes uel qui heredum loco habentur (...) obligati sint, item feminae pupillique eximantur periculo sponsionis, iubet tamen eos iurare". Tradução em GAIUS, op. cit., p. 226: "Reprime-se não só a audácia dos autores como a dos réus, mediante penas pecuniárias, ou mediante juramento, ou ainda pela ameaça de infâmia. O pretor instituiu a pena pecuniária, em certos casos, contra os réus recalcitrantes, sob a forma de uma ação em dobro, como, por exemplo, nas ações *judicati*, de coisa julgada, *depensi*, de quantia paga, de dano injusto e de legado *per damnationem*".

[63] ALVES, op. cit., p. 224-225. Cf. GAIUS, op. cit., *Commentarius Quartus*, 9: "Rem uero et poenam persequimur uelut ex his causis, ex quibus aduersus infitiantem in duplum agimus; quod accidit per actionem iudicati, depensi, damni iniuriae legis Aquiliae, aut legatorum nomine, quae per damnationem certa relicta sunt". Tradução em GAIUS, op. cit., p. 182: "Pleiteamos, entretanto, o objeto e a pena, nas causas em que agimos pelo dobro contra o réu contestante, o que ocorre na ação de coisa julgada, na ação chamada *depensi*, na ação de dano injusto da Lei Aquília ou na ação proposta em nome dos legados de importância certa".

[64] CHIOVENDA, op. cit., p. 369-370. A perspectiva utilizada decorre da teoria imanentista que considerava a ação e o processo fundidos com o direito material, cf. TALAMINI, op. cit., p. 201-202.

[65] LIEBMAN, op. cit., p. 3.

[66] TALAMINI, op. cit., p. 201-203.

[67] Sobre a criação inicial do processo extraordinário, cf. AZAMBUJA, op. cit., p. 43, o mesmo surge pela dificuldade em determinar-se inicialmente o impedimento da apreciação do processo pelo juiz, sendo postergado em forma de *exceptio* o que não fosse apurado na primeira fase processual, acabando por tornar-se desnecessária a utilização de duas fases. Cf. ALVES, op. cit., p. 242, em casos administrativos ou penais, a partir de queixa, o pretor chamava o acusado e, sem fórmula ou juiz privado, o magistrado decidia a questão, sendo

subjetivos em relação aos novos direitos descritos nas constituições imperiais romanas. Inicialmente, sua aplicação conviveu com o processo formular, apesar de sua paulatina generalização até ampla utilização.[68]

Este procedimento era conduzido por titulares com função de pretor e de magistrado, as quais eram exercidas separadamente nos procedimentos anteriores.

Com isso ocorre: 1. o desaparecimento da fórmula, da *litis contestatio*, do seu efeito consumativo e da adstrição do julgador a esta, pois o magistrado passa a julgar com base no direito positivo; 2. a vinculação do processo ao direito público, pela utilização apenas de juízes funcionários estatais; 3. a possibilidade de execução da sentença por meio da força estatal; 4. a criação de recursos contra a sentença pela hierarquia instaurada entre os julgadores; 5. a impossibilidade de criação de novas ações para direitos não tutelados, como ocorria no processo formular quando houvesse a concordância das partes na feitura da fórmula.[69]

Este é considerado o início da publicização dos institutos que impedem a propositura de nova ação com os mesmos elementos de ação anterior, pois a força desse impedimento deixa de advir da obrigação, ou do pseudo-contrato que as partes assumiam quando aceitavam a fórmula, para fundar-se na autoridade estatal.[70]

---

que este procedimento passou a ser aplicado nas causas cíveis. Ainda, cf. CRETELLA JUNIOR, op. cit., p. 434-435, no início da era imperial, a *cognitio extraordinem* surge nas províncias romanas, porque, nestes locais, os casos contra a administração eram julgados por representantes do imperador que abandonavam a fórmula e não utilizavam pretores escolhidos pelas partes, como em fases precedentes, prolatando sentença em uma única instância e, pela diminuição das dificuldades, houve preferência da população por este método, que acabou por ser utilizado em Roma.

[68] ALVES, op. cit., p. 241-243.

[69] Ibidem, p. 243.

[70] Na falta de doutrina específica e a consultada ser divergente, adotamos neste capítulo uma visão de Estado ampla, como o poder político exercido, salientando-se, contudo, que, cf. SABADELL, op. cit., p. 33, esta visão não permite a apreciação das particularidades do período histórico. Além disso, o termo Estado permite várias interpretações, como por exemplo, MACHIAVEL. *Le prince et autres textes*. Paris: Union Générale D'éditions, 1965. p. 11: "Tous les Etats, toutes les dominations qui ont tenu et tiennent encore les hommes sous leur empire, ont été et sont ou des républiques ou des principautés". Tradução em MACHIAVEL. *O príncipe*. Tradução de Torrieri Guimarães. São Paulo: Hemus, 1977. p. 11: "Todos os Estados, os domínios todos que existiram e existem sobre os homens, foram e são repúblicas ou principados". Já cf. ALTHUSSER, Louis. Ideologia e aparelhos ideológicos de estado: notas

Com isso ocorre uma mistura das duas fases do processo formular anterior, ou seja, do caráter público da imutabilidade da *litis contestatio*, com o caráter privado da sentença do juiz da segunda fase do processo formular.[71] Consuma-se a publicização quando a função jurisdicional passa a ser exercida pela magistratura, pois esta é a última etapa da transição da justiça privada para a justiça pública[72] demonstrada na efetiva mudança do procedimento ordinário, o qual abarcava as ações de lei e o processo formular, para o extraordinário, ou transcorrido em única fase.

Com as alegações das partes e produção de provas, o juiz poderia ou sentenciar, ou utilizar a *consultatio*, o que significava remeter o processo, com as suas dúvidas e o dito pelas partes, a um magistrado superior. Prolatada a sentença, a parte vencida podia recorrer ao magistrado superior com a *appelatio*, porém se este confirmasse a sentença, esta teria efeito desde sua prolatação, não do julgamento da apelação.[73] Essa sentença advinda do processo extraordinário possuía força executiva, com possível utilização de *manu militari* ou da força pública para a sua execução.[74] Ainda, esta sentença possuía força absoluta, *erga omnes*, e, se pronunciada, criava um direito como situação objetiva.[75]

A *res judicata* passa a ter força em aspecto positivo e negativo, pois era aceita como prova em novo processo, contudo não poderia ser objeto de novo processo.[76] No caso, a prova da *res judicata* era escrita e estava na escala mais alta da valoração probatória, pois a sentença anterior era documento público redigido por funcionário estatal, ou seja, o juiz.[77]

---

para uma investigação. In: ZIZEK, Slavoj (Org.). *Um mapa da ideologia*. Tradução de Vera Ribeiro. Rio de Janeiro: Contraponto, 1996. p. 111-118, conforme teoria marxista, "o Estado é explicitamente concebido como aparelho repressor", porém a concepção apresentada por ele vincula o conceito de Estado às suas funções, assim são aparelhos estatais as instituições públicas ou privadas que funcionam utilizando a repressão ou a ideologia com a finalidade de dominação pela classe capitalista.

[71] AZAMBUJA, op. cit., p. 43 e TALAMINI, op. cit., p. 205-207.

[72] NEVES, op. cit., p. 25-27.

[73] ALVES, op. cit., p. 251-253.

[74] Ibidem, p. 253.

[75] ELLUL, op. cit., p. 177.

[76] CRETELLA JÚNIOR, op. cit., p. 440-441.

[77] ALVES, op. cit., p. 249.

Nesta fase da *extraordinaria cognitio*, criou-se o reexame da sentença, permitido pela publicização do processo.[78] Assim, apesar de o decidido inicialmente ser *res judicata*, esta era suspensa enquanto a decisão fosse reexaminada. Provido o recurso, a sentença era extinta; improvido, ela reassumia sua eficácia anterior.[79]

Este modelo nos remete à separação entre sentença e coisa julgada que temos atualmente,[80] porém, na época sob enfoque, não havia diferenciação entre a sentença, o trânsito em julgado e a *res judicata*, porque a *res judicata* seria o "próprio objeto litigioso decidido",[81] ou a própria sentença. Havia, inclusive, possível confusão entre o próprio julgamento e a *res judicata*,[82] pois esta ocupava o lugar da verdade, com força tanto preclusiva, no caso de impedir reexame da situação decidida, quanto prejudicial, pois novo processo que falasse marginalmente sobre seu objeto deveria observá-la.[83]

Aqui aparece um novo tipo de recurso contra a sentença, pela possibilidade de apelar-se a um titular mais próximo ao imperador, ou ao próprio, para que a decisão fosse revista,[84] com fundamento na hierarquia entre os julgadores.[85] Assim, a *res judicata* deixa de ser a decisão acerca do direito fixado na *litis contestatio*, tornando-se ato baseado no direito abstrato; deixa de fundar-se no acordo entre as partes, para ter respaldo na força estatal, e sendo o imperador a maior autoridade do Estado, obviamente ele, ou quem lhe fizesse as vezes, poderia alterá-la.

A *appelatio* era o mecanismo utilizado para a modificação da sentença na mesma ação, porém outros importantes institutos

---

[78] NEVES, op. cit., p. 45.

[79] TALAMINI, op. cit., p. 206-207.

[80] Cf. NEVES, op. cit., p. 45, esta publicização indicaria um início da separação dos conceitos de sentença e coisa julgada.

[81] GRECO FILHO, Vicente. *Direito processual civil brasileiro*. 14. ed. São Paulo: Saraiva, 2000. v. 2, p. 248.

[82] TALAMINI, op. cit., p. 206-207.

[83] Ibidem, p. 207-208.

[84] Ibidem, p. 206-207.

[85] CRETELLA JÚNIOR, op. cit., p. 437.

relativos à mutação da sentença eram a *sententia nullae*[86] e o *restitutio in integrum*. A primeira poderia ser alegada a qualquer tempo na falta de elementos essenciais ao processo, pois era impossível a *res judicata* nestes termos. Já o *restitutio in integrum* foi criação pretoriana, para sanar decisões de acordo com o direito, porém advindas de situações injustas. Nesses casos, a situação devia se pautar como se a sentença não tivesse sido prolatada e a parte tomaria as medidas judiciais para o retorno ao *status quo ante*.[87]

Ainda, na época pós-clássica, a revogação de sentença anterior por nulidade passou a vincular-se a um lapso temporal de dez anos entre presentes e trinta entre ausentes. Essa situação remete às atuais preclusões em âmbito recursal, sujeitas à convalidação pelo trânsito em julgado da sentença.[88]

Posteriormente à queda do Império e à invasão bárbara do Ocidente, por volta de 476 d.C.,[89] temos várias compilações do direito romano.[90] Por exemplo, dentre os visigodos, a mais antiga compilação é o Código de Eurico, ou *Codex Euricianus*, realizada provavelmente em 470, pelo rei Eurico, caracterizada como uma compilação do direito romano vulgar com elementos bárbaros. Foi seguida, em 506, pelo Breviário de Alarico, ou *Lex Romana Visigothorum*, numa tentativa de compilar o direito romano imperial. Porém, entre 572 e 586, o rei Leovigildo estabeleceu o Código de Eurico revisado, ou *Codex Revisium*, o qual, após ter sido reescrito, foi promulgado por Recesvinto em 654, como *Liber Iudiciorum*.[91]

Esta legislação, em suas muitas modificações, talvez pela influência do direito romano vulgar, chegou a dizer que o indivíduo que não reconhecesse a *res judicata* deveria ser apenado, sendo este um exemplo da firmeza do julgado.[92]

---

[86] Não existia diferença entre anulabilidade e inexistência, tudo se resumia ao instituto da sentença nula.

[87] TALAMINI, op. cit., p. 208-214.

[88] Ibidem, p. 211.

[89] ALVES, op. cit., p. 71.

[90] TUCCI, José Rogério Cruz e. *Jurisdição e poder*: contribuição para a história dos recursos cíveis. São Paulo: Saraiva, 1987. p. 83-85.

[91] Cf. GILISSEN, op. cit., p. 175, 176; e TUCCI, op. cit., p. 87-94.

[92] Cf. NEVES, op. cit., p. 53, se trata da *Lex Alamannorum*.

36 | Carolina de Albuquerque

Ainda, no *Fuero Juzgo*, de 652, uma tradução da *Lex Romana Visigothorum* do latim para o idioma castelhano, notamos a ausência da autoridade do julgamento injusto,[93] similarmente à *querela nullitatis*, e a proibição de novo debate sobre o caso julgado, em razão de sua força de prova.[94]

1.2 Direito canônico

O direito, na Europa do início do século IV, abarcava a existência do direito romano — no sudeste, como direito bizantino —, do direito canônico, dos direitos germânicos, dos direitos eslavos e do direito celta, apesar da força do costume como fonte do direito.[95]

Com a estabilização dos feudos, o rei bárbaro não alcançava a todos com sua legislação e o poder judicial e legislativo foram transferidos aos senhores feudais que regulavam as relações de vassalagem.[96] Nestas relações, a falta de legislação permitia que os senhores criassem a norma para o caso concreto e que suas decisões fossem verdadeiras leis, indiscutíveis tanto em relação às partes como ao juiz.[97]

Do período medieval, optamos pelo estudo de alguns institutos do direito canônico, motivados por: 1. este ser o único direito escrito da época;[98] 2. essas informações serem acessíveis; 3. este não ser apenas uma compilação do direito romano antigo, como as legislações bárbaras[99]— apesar da forte influência romanista[100]— e

---

[93] Ibidem, p. 52.

[94] Ibidem, p. 52.

[95] ALVES, op. cit., p. 71-72 e GILISSEN, op. cit., p. 167.

[96] GILISSEN, op. cit., p. 190 e MARTINS, Argemiro Cardoso Moreira. O direito romano e seu ressurgimento no final da idade média. In: WOLKMER, Carlos (Org.). *Fundamentos da história do direito*. 2. ed. Belo Horizonte: Del Rey, 2003. p. 195-196.

[97] NEVES, op. cit., p. 53. Este autor não traz subsídios para a afirmação, portanto não podemos investigar se o descrito é ou não apenas uma conjectura.

[98] GILISSEN, op. cit., p. 190.

[99] TUCCI, José Rogério Cruz e; AZEVEDO, Luiz Carlos de. *Lições de processo civil canônico*: história e direito vigente. São Paulo: Revista dos Tribunais, 2001. p. 142.

[100] MARTINS, op. cit., p. 197.

Direito fundamental à coisa julgada: problemas constitucionais de sua relativização | 37

4. por ter vigorado com exclusividade, a partir do século VIII,[101] em relação aos clérigos e em certas situações como casamento, matérias conexas a este, testamentos, infrações religiosas como feitiçaria, heresia etc.[102]

Uma das explicações para a ampla utilização deste direito nesta época é este não pretender ser o único a existir em determinado território, com possível convivência com outros sistemas jurídicos e eventuais competências concorrentes.[103]

Os primeiros textos canônicos legais eram compilações de trabalhos jurídicos e doutrinários romanos e o conjunto desses escritos foi reconhecido oficialmente como *Corpus Iuris Canonici* em 1582, e substituído em 1917 pelo *Codex Iuris Canonici*, apesar de o início das coleções datar do século III.[104]

A *res judicata* no direito canônico fazia lei entre as partes, podia ser declarada de ofício[105] e a imutabilidade do julgado ocorria: pela preclusão formal, por perempção ou renúncia na apelação, em face de recurso inadmissível e na *duplex conformis*, ou seja, se houvesse duas sentenças discordantes no mesmo processo proferidas por tribunais de hierarquia diferente, em relação ao mesmo objeto e mesmas partes,[106] havia necessidade de uma terceira apreciação para a existência da *res judicata*, por meio da *duplex conformis*.[107]

---

[101] GILISSEN, op. cit., p. 134.

[102] Ibidem, p. 140.

[103] Ibidem, p. 136-151.

[104] Ibidem, p. 145-147.

[105] Cf. *Código de Direito Canônico*, de 1983, cânone 1642, §1: "La cosa juzgada goza de la firmeza del derecho (...)" e cânone 1642, §2: "La misma hace ley entre las partes y da lugar a acción y a excepción de cosa juzgada, que puede también el juez declarar de oficio para impedir que vuelva a introducirse la misma causa".

[106] Cf. *Código de Direito Canônico*, "promulgado por la Autoridad de Juan Pablo II, Papa, dado en Roma, el dia 25 de Enero de 1983", cânone 1641: "Quedando a salvo lo que prescribe el c. 1643, se produce la cosa juzgada: 1 si hay dos sentencias conformes entre los mismos litigantes, sobre la misma petición hecha por los mismos motivos; 2 si no se hubiera interpuesto apelación contra la sentencia dentro del plazo útil; 3 si, en grado de apelación, hubiera caducado la instancia o se hubiera renunciado a ella; 4 si se dictó sentencia definitiva, contra la cual no cabe apelación, de acuerdo con el c. 1629". Cf. TUCCI; AZEVEDO, op. cit., p. 142, o instituto da *duplex conformis* adveio a fim de coibir abusos dos julgadores em processos de nulidade de casamento.

[107] TUCCI; AZEVEDO, op. cit., p. 143.

Uma das peculiaridades deste direito era a mutabilidade da sentença que tratasse do estado das pessoas e de causas matrimoniais,[108] pois, embora essas sentenças produzissem efeitos como as outras, elas eram impugnáveis sem o socorro da *res judicata*. A despeito disso, essa regra permitia relativa segurança pois a sentença era executável mesmo na ausência do trânsito em julgado.[109]

Outras singularidades deste direito estão no sistema recursal, com a possível reversão da sentença transitada em julgado pelo *restitutio in integrum*, ou sua anulação pela *querella nullitatis*. Essas exceções tiveram grande força principalmente pelo fato de o direito canônico ser pautado pela justiça divina e os representantes de Deus não poderem eternizar uma injustiça.[110]

A *querella nullitatis* no direito canônico tinha prazo de dez anos, se motivada por nulidade insanável,[111] e ao ser julgada já devolvia a apreciação da lide ao julgador da própria *querella*. Isto significa que, apesar de a situação voltar ao estado anterior à sentença, havia nova regulamentação do caso concreto de imediato,[112] com rol dos atos que implicavam na nulificação da sentença.[113]

---

[108] Ibidem, p. 142, 143 e NEVES, op. cit., p. 204. Cf. *Código de Direito Canônico*, de 1983, cânone 1643: "Nunca pasan a cosa juzgada las causas sobre el estado de las personas, incluso las de separación de los cónyuges".

[109] NEVES, op. cit., p. 207. Cf. *Código de Direito Canônico*, de 1983, cânone 1644, §2: "La petición al tribunal superior para obtener una nueva proposición de la causa no suspende la ejecución de la sentencia, a no ser que la ley establezca otra cosa o el tribunal de apelación mande que se suspenda de acuerdo con el c. 1650, §3", e conforme este: "Cuando se impugne la sentencia de que se trata en el §2, si el juez que debe decidir sobre la impugnación ve que ésta tiene fundamento probable y que de la ejecución puede seguirse un daño irreparable, podrá suspender la ejecución o supeditarla a la prestación de garantía".

[110] TUCCI; AZEVEDO, op. cit., p. 151.

[111] Cf. *Código de Direito Canônico*, de 1983, cânone 1621: "La querella de nulidad a la que se refiere el c. 1620 puede proponerse perpetuamente como excepción y como acción, en el plazo de diez años desde la fecha de la sentencia, ante el juez que la dictó".

[112] Cf. *Código de Direito Canônico*, de 1983, cânone 1624: "Examina la querella de nulidad el mismo juez que dictó la sentencia; pero si la parte teme que dicho juez tenga prejuicios y, por tanto, lo considera sospechoso, puede exigir que sea sustituido por otro juez, de acuerdo con el c. 1450".

[113] TUCCI; AZEVEDO, op. cit., p. 152-153. Cf. *Código de Direito Canônico*, de 1983, cânone 1620: "La sentencia adolece de vicio de nulidad insanable si: 1 fue dictada por un juez absolutamente incompetente; 2 fue dictada por quien carece de potestad de juzgar en el tribunal ante el cual se ha tratado la causa; 3 el juez emitió sentencia coaccionado por violencia o miedo grave; 4 el juicio se ha realizado sin la petición judicial de la que se trata en el c. 1501, o no se entabló contra algún demandado; 5 se dio entre partes de las cuales una al menos no tiene capacidad de actuar en juicio; 6 alguien actuó en nombre de otro

O *restitutio in integrum* tinha prazo de três meses para ser impetrado.[114] As situações injustas estavam especificadas em um rol, do qual constavam: prova de falsidade desconhecida, documento novo determinante, dolo de uma parte com dano à outra, prescrição legal de direito material e ofensa à coisa julgada.[115] Além disso, acatada esta petição, o juiz deveria manifestar-se acerca do caso concreto e regularizá-lo.[116]

A influência do direito canônico continua presente após essa fase, como notamos nas Ordenações Filipinas, que ainda mantém algumas competências exclusivas da Justiça Secular.[117]

1.3 Direito português

A partir dos séculos XII e XIII, os reis feudais têm seu poder aumentado,[118] com consequente enfraquecimento do feudalismo

---

sin mandato legítimo; 7 fue denegado a una de las dos partes el derecho de defensa; 8 no dirimió la controversia, ni siquiera parcialmente".

[114] Cf. *Código de Direito Canônico*, de 1983, cânone 1646 §1: "La restitución in integrum por los motivos indicados en el c. 1645 §2, 1-3, debe pedirse al juez que dictó la sentencia dentro del plazo de tres meses, a partir del día en que se tuvo conocimiento de esos motivos".

[115] TUCCI; AZEVEDO, op. cit., p. 156-157. Cf. *Código de Direito Canônico*, de 1983, cânone 1642 §1: "La cosa juzgada goza de la firmeza del derecho, y no puede impugnarse directamente, si no es de acuerdo con el c. 1645 §1", e cânone 1645, §1: "Contra la sentencia que haya pasado a cosa juzgada cabe la restitución in integrum, con tal de que conste manifiestamente su injusticia", e §2: "Sólo se considera manifiesta la injusticia: 1 si la sentencia de tal manera se basa en pruebas, que posteriormente se han descubierto ser falsas, que sin tales pruebas la parte dispositiva de la sentencia resulte insostenible; 2 si se descubren posteriormente documentos que prueban sin lugar a duda hechos nuevos que exigen una decisión contraria; 3 si la sentencia ha sido originada por el dolo de una parte y en daño de la otra; 4 si es evidente que se ha menospreciado la prescripción de una ley no meramente procesal; 5 si la sentencia contradice una decisión precedente que haya pasado a cosa juzgada".

[116] Cf. *Código de Direito Canônico*, de 1983, cânone 1648: "Una vez concedida la restitución in integrum, el juez debe pronunciarse sobre la sustancia de la causa".

[117] Alguns exemplos, cf. *Ordenações Filipinas*, livro II, são: título I: Trata "Em que casos os Clérigos e Religiosos hão de responder perante as Justiças seculares"; no título XX: da competência sobre causas "(...) meramente Ecclesiasticas, ou spirituaes (...)"; no título IX: das competências mistas, "Para que cessem duvidas, que póde haver sobre quaes são os casos e delictos mixi-fori, em que os Prelados e seus Officiaes podem conhecer contra leigos, não sendo privativa a jurisdição pelas nossas Justiças nos taes casos: declaramos, que os ditos casos mixi-fori são os seguintes. Quando se procede contra publicos adulteros, barregueiros, concubinarios, alcoviteiros, e os que consentem as mulheres fazerem mal de si em suas casas, incestuosos, feiticeiros, benzedeiros, sacrilegos, blasphemos, perjuros, onzeneiros, simoniacos, e contra quaesquer outros, que commetterem publicos delictos, que confórme o Direito sejam mixi-fori".

[118] Cf. GILISSEN, op. cit., p. 296, nesses séculos tanto o direito canônico quanto as glosas reconheciam o direito do imperador à legislação.

40 | Carolina de Albuquerque

e do direito canônico.[119] Há dificuldade de precisar o surgimento das primeiras leis em cada país, pois normalmente as referências encontradas são cópias posteriores de textos legislativos ou citações em literatura não jurídica.[120]

Nessa época da instituição do poder real de legislar, destacam-se as grandes Ordenações da modernidade por serem uma forma de codificação do legislado ou, ao menos, uma coordenação das leis preexistentes. O direito português das Ordenações é influenciado pelos textos visigóticos, eclesiásticos, pelas tradições etc., cujo conteúdo se apresenta no *Fuero Real* e nas *Siete Partidas*, com efetiva romanização causada pela generalização do Direito Comum com a fundação da Faculdade de Lisboa, entre 1288 e 1300.

Acerca dessas influências não existem estudos específicos, porém no resultado dessa dinâmica na legislação estão as Ordenações.[121]

Em Portugal, parâmetro para o estudo deste período, houve três grandes compilações dos direitos anteriores, as Ordenações Afonsinas, de 1446/1447, as Ordenações Manuelinas, de 1512/1514 e as Ordenações Filipinas, de 1603.[122]

A diferenciação entre sentença que macula *cousa julgada* e que macula direito expresso já é encontrada nessas Ordenações, como também a ideia de que a *cousa julgada* está na irrecorribilidade da sentença ou na preclusão do direito de recorrer.[123]

---

[119] ALVES, op. cit., p. 73.

[120] GILISSEN, op. cit., p. 296.

[121] Cf. Ibidem, p. 369, 370.

[122] Ibidem, p. 296-297, NEVES, op. cit., p. 67 e TALAMINI, op. cit., p. 242. No estudo apresentado, como em todo o capítulo, utilizamos a legislação da época, sem a pretensão de trabalharmos com a aplicabilidade dos institutos apresentados. Ressalva feita porque cf. GILISSEN, op. cit., p. 397, a própria jurisdição da época era em sua maioria resolvida em processos informais de composição. Datas cf. COSTA, Mario Julio de Almeida. *História do direito português*. Coimbra: Coimbra Ed., 1992. p. 269, 276, 285; porém, cf. GILISSEN, op. cit., p. 310, as *Ordenações Afonsinas*, datam de 1446/1447, as *Ordenações Manuelinas*, de 1512/1514 e as *Ordenações Filipinas*, de 1603; cf. LOPES, op. cit., p. 428-429, as datas são respectivamente, 1446, 1514 e 1603; e cf. NEVES, op. cit., p. 68, a Ordenação Manuelina data de 1521.

[123] Cf. MIRANDA, Francisco Cavalcanti Pontes de. *Comentários ao Código de Processo Civil*: art. 444 a 475. Rio de Janeiro: Forense, 1974. v. 5, p. 129-131, os incrementos mais importantes do Direito português ao instituto estão na diferenciação entre inexistência e nulidade da sentença e entre sentença contra direito expresso e contra direito de parte.

Direito fundamental à coisa julgada: problemas constitucionais de sua relativização | 41

A primeira coletânea sob desígnio de Ordenações, em nome de D. Afonso V[124] advém da necessidade de organização do direito vigente na época pelo grande número de normas, confusas e dispersas aplicáveis, as quais traziam grandes prejuízos à segurança jurídica.[125]

Essas Ordenações afirmam a autonomia do sistema jurídico português, pois as coletâneas posteriores apenas o atualizaram.[126]

O Livro III das Ordenações Afonsinas, que trata de processo civil, fala da *cousa julgada* e a sentença dada contra esta é chamada de sentença nenhuma, ou seja, nula.[127] As sentenças nulas possuíam rol taxativo para sua arguição,[128] e podiam ser arguidas a qualquer tempo.[129] As sentenças que contrariavam direito da parte e as que

---

[124] COSTA, op. cit., p. 270-271, este autor salienta a dificuldade de se determinar sua entrada em vigor, pois não existiam critérios acerca da publicidade dos atos normativos, agravada pela ausência de imprensa, sendo as cópias dessas Ordenações manuscritas, havendo opinião esporádica de sua vigência não ter havido.

[125] Ibidem, op. cit., p. 269. Cf. *Ordenações Afonsinas*, livro I, texto introdutório: "No tempo que o mui alto, e Mui Eixcellente Princepy El Rey Dom Joham da Gloriosa memoria pela graça de Deos regnou em estes Regnos, foi requerido algumas vezes em Cortes pelos Fidalgos, e Povoos dos ditos Regnos, que por boõ regimento delles mandasse proveer as Leyx, e Hordenaçooes feitas pelos Reyx, que ante elle forom, e acharia, que pela multiplicaçom dellas se recreciaõ continuadamente muitas duvidas, e contendas em tal guisa, que os Julgadores dos feitos eraõ postos em taõ grande trabalho, que gravemente, e com gram dificuldade os podiaõ direitamente desembargar, e que as mandasse *reformar em tal maneira, que cessassem as ditas duvidas, e contrariadades, e os Desembargadores da Justiça pudessem per ellas livremente fazer direito aas partes*; o dito Senhor Rey movido a ello por seu requerimento, e zelo de justiça, confirando principalmente o Serviço de Deos, e dès i bem de seus Regnos, per avisamento, e acordo dos do seu Conselho, porque achou seu requerimento seer justo cometteo a reformaçom (...)" (grifo nosso).

[126] Ibidem, p. 274.

[127] NEVES, op. cit., p. 70-71. Cf. *Ordenações Afonsinas*, livro III, título LXVIIII, 4: "E dizemos ainda, que depois que o Julguador der huuma vez Sentença defenitiva em algum Feito, nam há mais poder de há revogar dando outra contraira; e se a revoguasse, e desse outra contraira depois, a outra segunda será nenhuuma per Direito".

[128] *Ordenações Afonsinas*, livro III, título LXXVIII: "E differam que aquella he nenhuuma per Direito, que he dada sem a parte citada; ou *contra outra Sentença jaa dada*; ou dada per algum preço, que o Juiz recebeo pera a dar; oou dada por falsa prova ácinte contra algum auzente; ou se eram muitos Juizes delegueados, e alguuns delles deraõ Sentença sem outros; ou se foy dada per Juiz imcompetente em parte, ou em todo; ou se foi dada contra Direito expresso, assi como se o Juiz julguaffe direitamente, que o meor de quatorze annos podia fazer testamento, ou podia ser testemunha, ou outra cousa semelhante, que seja contra Direito; *cá tal Sentença he nenhuma, e de nennhum valor*, e nom se requere ser della apelado, nem pode já mais em algum tempo passar em cousa julguada, mas em todo tempo se pode dizer contra ella que he nenhuuma, e sem algum effeito" (grifos nossos).

[129] *Ordenações Afonsinas*, livro III, título LXXVIII: "Quando a Sentença per Direito he nenhuuma, nom se requere ser della apelado, ca em todo tempo pode ser revoguada".

42 | Carolina de Albuquerque

contrariavam direito expresso foram diferenciadas,[130] aquela poderia fazer *cousa julgada* se dela não se apelasse, porém esta última seria sempre nula.

Havia também referências aos limites subjetivos da *cousa julgada*, pois esta era adstrita às partes,[131] com exceções em rol exemplificativo.[132] Portanto, tanto terceiro como parte do processo poderiam impugná-la.[133] De qualquer forma, a nulidade era sanável apenas por uma revista de graça especial do próprio Rei.[134]

Com a introdução da imprensa em Portugal, sentiu-se a necessidade de atualizar essas Ordenações para sua edição, e pretendendo D. Manuel ligar seu nome a uma legislação de vulto, foi iniciado trabalho de revisão das Ordenações Afonsinas.[135] Esta iniciativa reflete-se na edição das Ordenações Manuelinas, na qual manteve-se a *cousa julgada* na forma anterior.[136]

---

[130] MIRANDA, op. cit., p. 129. Cf. *Ordenações Afonsinas*, livro III, título LXXVIII, 3: "E porque tal Sentença como esta he contra direito da parte, e nam contra Direito expresso, por tanto nom he per Direito dita nenhuuma, mas he dita alguuma; e se a parte, contra que fosse dada, nom apelasse della ao tempo, que per Direito he assinado pera apelar, ella passaria em cousa julgada, e ficaria firme, assy como se fosse bem julgado (...)".

[131] *Ordenações Afonsinas*, livro III, título LXXXV: "Pero segundo Direito Comuum a Sentença, e couza julgada aproveite, ou empeça sómente aquelles, antre que he dada, esto nom embarguante Dizemos, que se dous sómente letiguassem, e antre elles fosse dada Sentença Defenitiva, poderá della apelar nam sómente cada huum desses litiguantes, que se da dita Sentença aggravado sinta, mas ainda qualquer outro, a que esse feito possa tanger, e da dita Sentença possa vir alguum prejuizo (...)".

[132] NEVES, op. cit., p. 73.

[133] MIRANDA, op. cit., p. 129-131. *Ordenações Afonsinas*, livro III, título LXXXV: "Dos que podem apelar das Sentenças dadas antre as outras partes. (...) 1. E bem assy Dizemos no caso, honde o Credor e o devedor fossem ambos sómente em contenda sobre divida, e fosse dada Sentença contra o devedor, que houvesse dado fiador à dita divida:ainda que este devedor condenado nom apelasse da dita Sentença, e ouvesse consentido em ella, esso nom embarguante poderia o fiador apelas, se entender que acerqua desse feito, ou Sentença he feito alguum confluio em seu prejuizo; e será ouvido na Causa d´apelaçam com seu direito, assy como se o dito feito fosse principalmente com elle tratado. (...) 3. E esto que dito he em estes cazos aqui expecificados, deve aver luguar em quaesquer outros semelhantes, em que a rezam pareça ser igual destes".

[134] TALAMINI, op. cit., p. 246-247. Cf. *Ordenações Afonsinas*, livro III, título LXXVIII, 1: "(...) pois do começo foi nenhuma, já per nenhuum auto seguinte nom pode ser confirmada, salvo se a El-Rey confirmar de certa ciência, porque elle há Ley animada sobre a terra, e pode fazer Ley, e revogualla quando vir que he compridoiro".

[135] Cf. COSTA, op. cit., p. 277-278, também não é pacífica a data de sua entrada em vigor, porém foram encontradas edições do livro I em 1512, e do livro II em 1513, havendo edição completa apenas em 1514, e somente em 1521 encontra-se edição definitiva.

[136] NEVES, op. cit., p. 68, 74-76. Cf. *Ordenações Manuelinas*, livro III, título 60, parágrafo 2: "Emperó se o Juiz julgasse contra direito da parte, e nom contra Direito expresso, nom será a sentença por Direito ninhuma, mas he dita alguma; posto que seja dada contra dereito da

Contudo, estas Ordenações, pela grande atividade legislativa da época, logo viram-se cercadas por vários outros diplomas legais. Assim, foi feita uma *Colecção* de Leis Extravagantes de Duarte Nunes do Lião, porém este apanhado foi apenas um passo para uma nova reforma legislativa[137] e as Ordenações Filipinas vigoraram em Portugal a partir de 1603.[138]

Essas Ordenações reafirmavam a sentença nenhuma como impassível de passar em julgado e revisável a qualquer tempo, mesmo se houvesse apelação em relação à mesma,[139] a não ser no caso de ordem real,[140] e definiam os casos de sentença nula, como, por exemplo, a *cousa julgada*.[141]

A sentença contra direito da parte era válida, e para ser desconstituída havia necessidade de apelação, porque proferida

---

parte contra que fosse dada; e por tanto he necessário, que a parte apelle de tal sentença ao tempo limitado pera apellar; porque nom apellando, ficará a sentença firme, como se fosse bem julgado. (...)". Quanto à preclusão dos poderes do juiz, cf. *Ordenações Manuelinas*, livro III, título 50, parágrafo 5, p. 190-191: "E despois que o Julgador der huma vez sentença definitiva em alguum feito, e a pubricar, ou der ao Escrivam, ou Tabaliamn pera lhe poer o termo da pubricaçam, nom tem mais poder de a revoguar, dando outra contraira pelos mesmos autos; e se a revogasse, e desse outra contraira despois, a outra segunda será ninhuma; salvo se fosse revogada por via d'embarguos, taes que por Dereito, por o nelles aleguado, ou provado, a devesse revoguar. Peró se o Julgador der alguma sentença definitiva, que tenha em si algumas palavras escuras, e intrincadas, bem a poderá declarar; porque outorgado he por Dereito ao Julguador, que possa declarar, e interpretar qualquer sentença por elle dada, ainda que seja definitiva, se duvidosa for; e nom soomente a elle Julguador que essa sentença deu, mas ainda ao seu socessor, que lhe socedeo o Officio de julguar; salvo se for Nosso Desembarguador, porque entonce se guardará tambem na defitiva, pera o poder interpretar, o que dissemos".

[137] COSTA, op. cit., p. 281-285.

[138] Único consenso sobre entrada em vigor de Ordenação Portuguesa, cf. datas em GILISSEN, op. cit., p. 310; LOPES, op. cit., p. 428-429 e NEVES, op. cit., p. 68.

[139] Cf. *Ordenações Filipinas*, livro III, LXXV: "Da sentença que per Direito he nenhuma, e como se não requere ser della apellado, e como em todo tempo póde ser revogada".

[140] Cf. *Ordenações Filipinas*, livro III, LXXV, 1. "E postoque de tal sentença seja appellado, não será por isso feita por Direito valiosa, ainda que a appellação pareça acto approvativo della, pelo qual o appellante approvar tal nullidade, porque pois a sentença de princípio foi nenhuma, já por nenhum acto seguinte póde ser confirmada, salvo per Nós de certa sciencia, porque o Rey he Lei animada sobre a terra, e póde fazer Lei e revogal-a, quando vir que convem fazer-se assi".

[141] LOPES, op. cit., p. 297. Cf. *Ordenações Filipinas*, livro III, LXXV: "E *he per Direito a sentença nenhuma, quando he dada* sem a parte ser primeiro citada, ou he *contra outra sentença já dada*, ou foi dada por peita, ou preço, que o Juiz houve, ou por falsa prova, ou se eram muitos Juizes delegados, e alguns deram sentença sem os outros, ou se foi dada por Juiz incompetente em parte, ou em todo, ou quando foi dada contra Direito expresso, assi como se o Juiz julgasse direitamente que o menor de quatorze annos podia fazer testamento, ou podia ser testemunha, ou outra cousa semelhante, que seja contra nossas Ordenações, ou contra Direito expresso" (grifo nosso).

Carolina de Albuquerque

e publicada o juiz não poderia revogar a sentença para prolatar outra em seu lugar,[142] como durante a vigência das Ordenações anteriores.

1.4 Direito brasileiro

Durante o período imperial, o Brasil Colônia submetia-se à legislação portuguesa e mesmo após a Independência, as Ordenações vigoraram no país,[143] por força da Lei de 20 de outubro de 1823, aguardando o advento de normas pátrias, ou a revogação das leis vigentes.[144]

A *Constituição Politica do Imperio do Brasil*,[145] jurada em 25 de março de 1824, não se preocupa com a competência legislativa processual ou sua necessidade[146] e tem expressa apenas a irretroatividade das leis,[147] sem nada relatar acerca da coisa julgada especificamente, apesar de os processos já terminados gozarem de certa proteção constitucional, pois não podiam ser reabertos.[148]

Mesmo diante do impedimento constitucional à reabertura de processos, a legislação infraconstitucional vigente no Brasil, ou seja, as Ordenações Filipinas, aceitava o *bis in idem*, se a nova sentença estivesse de acordo com a decisão anterior, portanto, apenas a sentença que modificasse o julgado anterior seria rechaçada.[149]

---

[142] NEVES, op. cit., p. 69, 76-79. Cf. *Ordenações Filipinas*, livro III, título LXXV, 2: "Porém, se o Juiz julgasse contra Direito expresso, não será a sentemnça per Direito nenhuma, mas he valiosa; e por tanto he necessario, que a parte apelle della ao tempo limitado para apellar, porque não apellando, ficará a sentença firme, como se fosse bem julgado".

[143] A edição das *Ordenações Filipinas* citada é um fac-símile de edição feita no Brasil, por Cândido Mendes de Almeida, em 1870.

[144] TUCCI, op. cit., p. 187-188 e HADDAD. *Ementas de direito romano*. Rio de Janeiro: Editor Borsoi, 1964. p. 19.

[145] Obedecemos a grafia da época no título das cartas constitucionais e nas notas de rodapé que exprimem texto constitucional. Nomenclatura e legislação constitucional, cf. CAMPANHOLE, Adriano; CAMPANHOLE, Milton Campos. *Constituições do Brasil*. 14. ed. São Paulo: Atlas, 2000.

[146] Constituição de 1824, art. 179, inc. XVIII: "Organizar-se-há quanto antes um Código Civil, e Criminal, fundado nas solidas bases da Justiça, e da Eqüidade".

[147] Constituição de 1824, art. 179, inc. III: "A sua disposição (da lei, cf. inciso superior) não terá effeito retroactivo".

[148] Constituição de 1824, art. 179, inc. XII: "Será mantida a independência do Poder Judicial. Nenhuma Autoridade poderá avocar causas pendentes, sustal-as, ou fazer reviver os processos findos". (sic.)

[149] Cf. *Ordenações Filipinas*, livro III, LXXV: "E he per Direito a sentença nenhuma, quando he

Um problema prático que esta norma acarreta é a sentença em desacordo com a coisa julgada ser primeiro prolatada para depois ser invalidada. Porém, entendeu-se que, por interpretação sistemática da legislação processual portuguesa, a sentença anterior embargaria o novo processo desde seu início, em razão do efeito consumativo da sentença já passada em julgado.[150] Portanto, nenhum juiz poderia revogar uma sentença proferida e publicada.[151]

A coisa julgada possuía força de lei, de costume, era presumivelmente justa[152] e, via de regra, irretratável.[153] Sylvestre Gomes de Moraes chega a afirmar que: "a coisa julgada se tem por verdade, faz do ser um não ser, do branco prêto e do prêto branco e do quadrado redondo, não se podendo opor contra ela qualquer exceção".[154]

É clara a conotação romana destes preceitos, principalmente o referente aos efeitos da coisa julgada. Isso porque o direito português inspirou-se nos escritos romanos na feitura de suas leis,[155] o que, consequentemente, refletiu-se na legislação processual brasileira.[156]

Essas Ordenações vigoraram plenamente no Brasil até 25 de novembro de 1850, com a edição do Regulamento n° 737, utilizado como verdadeiro código processual em matéria comercial.[157] Apesar de conceituar coisa julgada, este regulamento não era utilizado

---

dada (...) contra outra sentença já dada (...)" (*vide* texto deste artigo na íntegra na nota n° 130). Aqui a sentença nula seria a efetivamente dada contra outra já prolatada, assim, chegou-se a entender a necessidade de a segunda sentença ser prolatada para ser determinada nula. NEVES, op. cit., p. 76.

[150] NEVES, op. cit., p. 68-74.

[151] Ibidem, p. 76-79.

[152] Ibidem, p. 82.

[153] Obviamente, havia decisões que não faziam coisa julgada na época, como as nulas, as interlocutórias meras, as proferidas em processos sumários e as cominatórias. Cf. Ibidem, p. 87, 89.

[154] MORAES, Sylvestre Gomes de. *Tractatus de executionibus*. Coimbra, NDCCXLII, t. III, livro VI, cap. IX, n. 15, p. 230. Apud: NEVES, op. cit., p. 84.

[155] NEVES, op. cit., p. 90.

[156] TUCCI, op. cit., p. 188 e LOPES, op. cit., p. 424.

[157] LOPES, José Reinaldo de Lima. Uma introdução a história social e política do processo. In: WOLKMER, Carlos (Org.). *Fundamentos da história do direito*. 2. ed. Belo Horizonte: Del Rey, 2003. p. 425.

em matéria civil e o preceito anterior vigorou até 1890, quando foi editado o Decreto n° 763, em 19 de setembro, o qual fez com que este Regulamento[158] abrangesse também as causas cíveis.[159]

O Regulamento n° 737 tratava a coisa julgada como uma exceção[160] se houvesse identidade entre ações,[161] considerava-a presunção legal absoluta que prevaleceria mesmo com prova em sentido contrário,[162] porém, o texto legal não se estendeu sobre o tema e a definição, as características e os efeitos do instituto foram legados à doutrina, e acabaram ligados ao regime das Ordenações.[163]

Por haver mínima legislação sobre o tema, principalmente quando deixou-se de utilizar as Ordenações Portuguesas no Brasil, a contribuição do período imperial ao instituto existe em maior extensão doutrinariamente, em razão da produção legislativa brasileira efetiva ocorrer apenas com o advento da República.[164]

---

[158] CÂMARA, José Gomes B. *Subsídios para a história do direito pátrio*. Rio de Janeiro: Livraria Brasiliana, 1967. t. IV, p. 99.

[159] Cf. Decreto n° 763/1890, que: "Manda observar no processo das causas civeis em geral o regulamento n° 737 de 25 de novembro de 1850, com algumas excepções e outras providencias", diz em seu art. 1°: "São applicaveis ao processo, julgamento e execução das causas civeis em geral as disposições do regulamento n° 737 de 25 de novembro de 1850, excepto as que se contem no titulo 1°, no capitulo 1° do titulo 2°, nos capitulos 4° e 5° do titulo 4°, nos capitulos 2°, 3° e 4° e secções 1ª e 2ª do capitulo 5° do titulo 7°, e no titulo 8° da primeira parte".

[160] Cf. Decreto n° 737/1850, "Capítulo V - Das excepções. Art. 74: Nas causas commerciaes só tem lugar as seguintes excepções: (...) parágrafo 4°: de cousa julgada". Ainda, determina a forma diferenciada de alegação da coisa cf. art. 78: "Da excepção se dará vista ao autor por cinco dias para impugnal-a, findos os quaes o juiz rejeitará ou receberá", art 79: "Sendo recebida será posta em prova com uma dilação de dez dias, depois da qual, conclusos os autos com as provas produzidas, e sem mais allegações, o Juiz julgará definitivamente", art. 80: "Sendo rejeitada, se assignará novo termo ao réo para contestação".

[161] Cf. Decreto n° 737/1850, art. 92: "As excepções de — litispendencia e cousa julgada — para procederem, carecem do requisito de identidade cousa, causa e pessoa".

[162] Cf. Decreto n° 737/1850, art. 185: "São presumpções legaes absolutas os factos, ou actos que a Lei expressamente estabelece como verdade, ainda que haja prova em contrário, como a cousa julgada".

[163] NEVES, op. cit., p. 215-216.

[164] Cf. ALMEIDA, Em nota 3, ao título LXXV, livro III, das *Ordenações Filipinas*, p. 684: "Cousa julgada, diz-se, a decisão que não depende mais dos recursos, seja porque a lei não mais os permitte, seja por que a parte delles se utilisou, ou não fez uso nos termos fataes e peremptorios. O efeito da cousa julgada he ser tido por verdade o que foi decidido, sendo sómente suscetível de revogação a sentença que contra si tiver vicios reputáveis por leis insanáveis". Salienta-se que não há como saber acerca da legislação em vigor à época da feitura dessas assertivas, apenas que a edição do texto é de 1870, sendo que nesta época já estava em

Direito fundamental à coisa julgada: problemas constitucionais de sua relativização | 47

A *Constituição da República dos Estados Unidos do Brazil,* promulgada a 24 de fevereiro de 1891, protegeu apenas a irretroatividade legal[165] e atribuiu aos Estados membros a competência para a legislação sobre processo civil.[166] Alguns Estados promulgaram seus códigos processuais e aos poucos o Regulamento nº 737 foi perdendo vigência, outros Estados perderam essa oportunidade em 1939, pois a Constituição promulgada neste ano determinou que a competência sobre matéria processual seria exclusiva da União e promulgou-se um Código de Processo Civil Federal.

Neste ínterim vigoraram em matéria processual, além dos Códigos Processuais estatais, o Regulamento nº 737, alguns princípios do livro III das Ordenações Filipinas, a Consolidação de Ribas, a Lei nº 261/1841, o Decreto nº 848/1890, a Lei nº 221/1894, além de uma série de leis esparsas.[167]

A disciplina sobre a coisa julgada teve diferentes delineações na legislação de cada Estado,[168] que afirmaram: a coisa julgada como matéria de exceção ritual,[169] como tema de contestação,[170] o momento em que incide sua autoridade,[171] seu alcance subjetivo e objetivo,[172] a sentença passada em julgado como título,[173] os requisitos da coisa julgada,[174] a vedação de modificação da sentença

---

vigor o Regulamento nº 737/1850, porém este ainda não se estendia ao processo civil, o que ocorreu apenas em 1890. Assim, o descrito pode tanto referir-se apenas às Ordenações e doutrina relativa a esta, como ter sido inspirado pelo descrito no regulamento supra citado.

[165] Cf. Constituição de 1891, art. 11, parágrafo 3º: "É vedado aos Estados, como á União: Prescrever leis retroativas".

[166] Conforme a Constituição de 1891, art. 34, inc. XXIII: "Compete privativamente ao Congresso Nacional: Legislar sobre direito civil, commercial e criminal da Republica e o processual da justiça federal". Portanto, não havia qualquer limitação estadual à produção de leis processuais estaduais.

[167] Sobre a legislação processual da época e códigos estaduais, *vide* CÂMARA, op. cit., p. 99-124.

[168] Sobre a coisa julgada na legislação processual estadual, *vide* NEVES, op. cit., p. 237-239.

[169] Nos Estados do Rio Grande do Sul, da Bahia, do Mato Grosso, de São Paulo e no Distrito Federal.

[170] Nos Estados de Pernambuco, de Santa Catarina, e no Distrito Federal.

[171] Nos Estados do Rio Grande do Sul, da Bahia, de Pernambuco.

[172] Nos Estados de Pernambuco, de Santa Catarina, do Mato Grosso, de São Paulo e no Distrito Federal.

[173] Nos Estados do Rio Grande do Sul, de São Paulo e no Distrito Federal.

[174] Nos Estados do Mato Grosso, de São Paulo, e no Distrito Federal.

nos próprios autos,[175] a nulidade como óbice à coisa julgada,[176] a nulidade de sentença proferida contra coisa julgada,[177] as decisões que não fazem coisa julgada,[178] ou ainda sua sede no dispositivo da sentença.[179]

A Constituição da República dos Estados Unidos do Brasil, promulgada a 16 de julho de 1934, fixa a competência da União para a legislação sobre processo e é o primeiro diploma constitucional a mencionar a coisa julgada especificamente,[180] em seu artigo 113, parágrafo 3º,[181] já com a configuração atual.

Nas constituições anteriores a proteção era dada à irretroatividade da lei, conforme a tradição das Ordenações e, utilizada essa nova fórmula de proteção (coisa julgada/direito adquirido/ato jurídico perfeito), a regra da retroatividade das leis passou a ser adotada apenas para casos específicos.[182]

Este documento e sua regulamentação acerca da coisa julgada tiveram curta duração, pois foram superados pela Constituição dos Estados Unidos do Brasil, decretada a 10 de novembro de 1937, a qual nada dizia acerca do instituto.

A Constituição de 1937 manteve a competência da União para legislar sobre Direito Processual,[183] e o Código de Processo Civil de 1939 foi promulgado pelo Decreto-Lei nº 1.608/39.[184]

---

[175] Nos Estados da Bahia, de Pernambuco, de Santa Catarina e no Distrito Federal.

[176] No Estado da Bahia.

[177] Nos Estados de Pernambuco, de Santa Catarina e de São Paulo.

[178] Nos Estados de Pernambuco, do Mato Grosso, de São Paulo e no Distrito Federal.

[179] No Estado do Mato Grosso e no Distrito Federal.

[180] Cf. NEVES, op. cit., p. 137, as Constituições anteriores tratavam da coisa julgada quando falavam da irretroatividade das leis, sendo assimeste artigo permitiu a vigência de normas infraconstitucionais sobre a matéria.

[181] Cf. Constituição de 1934, inc. III: "A lei não prejudicará o direito adquirido, o acto jurídico perfeito e a coisa julgada".

[182] SAMPAIO, José Adércio Leite. *Direito adquirido e expectativa de direito*. Belo Horizonte: Del Rey, 2005. p. 169.

[183] Cf. Constituição de 1937, art. 16, inc. XVI: "Compete privativamente à União o poder de legislar sôbre as seguintes matérias: o direito civil, o direito comercial, o direito aéreo, o direito operário, o direito penal e o direito processual".

[184] NEVES, op. cit., p. 241.

Neste Código,[185] a coisa julgada é efeito da sentença[186] e exceção não suspensiva,[187] com força de lei nos limites das questões decididas.[188]

Sob os auspícios desta Constituição também foi promulgada a Lei de Introdução ao Código Civil, conforme Decreto-Lei nº 4.657, de 4 de setembro de 1942, que tratou da coisa julgada, sem divergir significativamente da regulamentação civil da época, pois, a coisa julgada foi tida por muito tempo como pertencente ao Direito Civil, conforme linha tomada pelo Direito Francês. Sobre este documento trataremos mais adiante, pois o mesmo continua a produzir efeitos no sistema jurídico atual.[189]

Apenas na Constituição dos Estados Unidos do Brasil, promulgada a 18 de setembro de 1946, após nove anos regulada pela legislação infraconstitucional, a coisa julgada volta a possuir o *status* constitucional que possuiu até o ano de 1937, durante a vigência da Constituição de 1934,[190] apesar de a legislação processual vigente não ter mudado. Ocorre que o conteúdo do artigo protetivo da coisa julgada, do ato jurídico perfeito e do direito adquirido foi alterado[191] com a edição dos Atos Institucionais nº 1/1964[192] e nº 2/1965.[193]

---

[185] Notas sobre o Código de Processo Civil de 1939, Cf. RANGEL, Leyla Castello Branco. *Código de Processo Civil*: quadro comparativo anotado. Brasília: Senado Federal, Subsecretaria de edições técnicas, 1975. v. 1, 2.

[186] Código de Processo Civil de 1939, art. 288: "Não terão efeito de coisa julgada os despachos meramente interlocutórios e as sentenças proferidas em processos de jurisdição voluntária e graciosa, preventivos e preparatórios, e de desquite por mútuo consentimento".

[187] Código de Processo Civil de 1939, art. 182, II: "As exceções serão opostas nos três primeiros dias do prazo para a contestação, e serão processadas e julgadas: em autos apartados, sem suspensão da causa, as de litispendência e coisa julgada".

[188] Código de Processo Civil de 1939, art. 287: "A sentença que decidir total ou parcialmente a lide terá força de lei nos limites das questões decididas".

[189] NEVES, op. cit., p. 236.

[190] Cf. Constituição de 1946, art. 141, parágrafo 3º: "A lei não prejudicará o direito adquirido, o ato jurídico perfeito e a coisa julgada".

[191] SAMPAIO, op. cit., p. 170.

[192] Ato Institucional nº 1/1964, art. 7º: "Ficam suspensas, por seis (6) meses, as garantias constitucionais ou legais de vitaliciedade e estabilidade. §1º - Mediante investigação sumária, no prazo fixado neste artigo, os titulares dessas garantias poderão ser demitidos ou dispensados, ou ainda, com vencimentos e as vantagens proporcionais ao tempo de serviço, postos em disponibilidade, aposentados, transferidos para a reserva ou reformados, (...) §4º - O controle jurisdicional desses atos limitar-se-á ao exame de formalidades extrínsecas, vedada a apreciação dos fatos que o motivaram, bem como da sua conveniência

50 | Carolina de Albuquerque

O instituto foi novamente reiterado na Constituição do Brasil, promulgada a 24 de janeiro de 1967,[194] porém padeceu como na Constituição de 1946,[195] em razão da edição do Ato Institucional n⁰ 5/1968,[196] do Ato Institucional n⁰ 7/1969[197] e do Ato Institucional n⁰ 8/1969.[198]

Em 17 de outubro de 1969 entrou em vigor a Emenda Constitucional n⁰ 1, que foi considerada tanto uma nova Constituição quanto uma simples emenda constitucional, apesar de efetivamente

---

ou oportunidade". Art. 10: "No interesse da paz e da honra nacional, e *sem as limitações previstas na Constituição*, os Comandantes-em-Chefe, que editam o presente Ato, poderão suspender os direitos políticos pelo prazo de dez (10) anos e cassar mandatos legislativos federais, estaduais e municipais, excluída a apreciação judicial desses atos" (grifo nosso).

[193] Ato Institucional n⁰ 2/1965, art. 14: "Ficam suspensas as garantias constitucionais ou legais de vitaliciedade, inamovibilidade e estabilidade, bem como a de exercício em funções por tempo certo". Parágrafo único – "Ouvido o Conselho de Segurança Nacional, os titulares dessas garantias poderão ser demitidos, removidos ou dispensados, ou, ainda, com os vencimentos e as vantagens proporcionais ao tempo de serviço, postos em disponibilidade, aposentados, transferidos para a reserva ou reformados, desde que demonstrem incompatibilidade com os objetivos da Revolução".

[194] Cf. Constituição de 1967, art. 150, parágrafo 3⁰: "A lei não prejudicará o direito adquirido, o ato jurídico perfeito e a coisa julgada".

[195] SAMPAIO, op. cit., p. 170.

[196] Ato Institucional n⁰ 5/1968: "Art. 1 - São mantidas a Constituição de 24 de janeiro de 1967 e as Constituições estaduais, com as modificações constantes deste Ato Institucional". "Art. 3⁰ - O Presidente da República, no interesse nacional, poderá decretar a intervenção nos Estados e Municípios, *sem as limitações previstas na Constituição*". "Art. 4⁰ - No interesse de preservar a Revolução, o Presidente da República, ouvido o Conselho de Segurança Nacional, e *sem as limitações previstas na Constituição*, poderá suspender os direitos políticos de quaisquer cidadãos pelo prazo de 10 anos e cassar mandatos eletivos federais, estaduais e municipais". "Art. 8⁰ - O Presidente da República poderá, após investigação, decretar o confisco de bens de todos quantos tenham enriquecido, ilicitamente, no exercício de cargo ou função pública, inclusive de autarquias, empresas públicas e sociedades de economia mista, sem prejuízo das sanções penais cabíveis". "Art. 11 - *Excluem-se de qualquer apreciação judicial* todos os atos praticados de acordo com este Ato institucional e seus Atos Complementares, bem como os respectivos efeitos" (grifos nossos).

[197] Ato Institucional n⁰ 7/1969: "Art. 3⁰ - Além dos subsídios e da ajuda de custo a que se referem os artigos anteriores, nenhum outro pagamento poderá ser feito, a qualquer título ou sob qualquer pretexto, a Deputado estadual, pelo exercício do mandato ou em razão dele".

[198] Ato Institucional n⁰ 8/1969: "Art. 2⁰ - Para possibilitar a realização da Reforma Administrativa poderá o Poder Executivo, inclusive o da União, através de decreto: I - alterar a denominação de cargos em comissão; II - reclassificar cargos em comissão, respeitada a tabela de símbolos em vigor; III - transformar funções gratificadas em cargos em comissão; e IV - declarar a extinção de cargos. Parágrafo único - *Ficam revalidados os atos do Poder Executivo que já efetivaram quaisquer das medidas administrativas previstas neste artigo* (grifo nosso). Art. 3⁰ - O presente Ato Institucional entrará em vigor nesta data, revogadas as disposições em contrário".

modificar toda a Constituição em vigor.[199] De qualquer forma, esta manteve o artigo sobre a coisa julgada nos moldes anteriores,[200] contudo, com a manutenção da vigência dos Atos Institucionais, nada foi alterado.[201]

Sob a égide da Constituição de 1967, foi publicado um novo Código de Processo Civil no ano de 1973,[202] que ainda está em vigor. Nesta modificação processual muito do Código de 1939 se manteve, como a força de lei da coisa julgada, porém, em cada artigo sobre o tema, o Código atual fez alguma inovação.

Uma das principais modificações[203] foi a incidência da coisa julgada passar dos efeitos da sentença para a sentença propriamente dita, conforme o artigo 467 do Código de Processo Civil de 1973.[204]

Atualmente, a coisa julgada possui *status* de norma constitucional, conforme o artigo 5º, inciso XXXVI, da Constituição da República Federativa do Brasil, de 5 de outubro de 1988, o qual, da mesma forma que as Constituições antecedentes de 1934,[205] de 1946 e de 1967, destaca que: "A lei não prejudicará o direito adquirido, o ato jurídico perfeito e a coisa julgada".[206]

---

[199] FRANCISCO, José Carlos. *Emendas constitucionais e limites flexíveis*. Rio de Janeiro: Forense, 2003. p. 157.

[200] Emenda Constitucional nº 1/1969, capítulo IV, art. 153, parágrafo 3º: "A lei não prejudicará o direito adquirido, o ato jurídico perfeito e a coisa julgada".

[201] SAMPAIO, op. cit., p. 170.

[202] LOPES, op. cit., p. 427.

[203] A configuração da coisa julgada no Código de Processo vigente será analisada em capítulo próprio.

[204] Cf. RANGEL, Leyla Castello Branco. *Código de Processo Civil*: quadro comparativo anotado. Brasília: Senado Federal, Subsecretaria de edições técnicas, 1975. v. 1, p. 123 e RANGEL, Leyla Castello Branco. *Código de Processo Civil*: quadro comparativo anotado. Brasília: Senado Federal, Subsecretaria de edições técnicas, 1975a. v. 2, p. 175, 176 e BRASIL. *Código de Processo Civil*: quadro comparativo. Brasília: Senado Federal, Subsecretária de edições técnicas, 1974. 2 v, t. I, p. 114, e BRASIL. *Código de Processo Civil*: notas. Brasília: Senado Federal, Subsecretaria de edições técnicas, 1974. 2 v, t. II, p. 100, no projeto de lei do Poder Executivo se falava em efeitos da sentença, porém a emenda nº 372-SF, proposta pelo Senador Benedito Ferreira, foi aprovada para que a coisa julgada incidisse apenas na sentença, a justificação dada na época foi o excesso de discussão sobre a definição de coisa julgada material, entendendo o senador que a coisa julgada incide na eficácia da sentença.

[205] Isso se não for considerada a modificação do português escrito em relação à Constituição de 1934.

[206] Faremos a análise sobre a norma constitucional vigente em capítulo próprio.

1.5 Crítica

A coisa julgada em todos esses sistemas possui como característica jurídica marcante a imutabilidade da decisão jurisdicional e suas finalidades sociais comuns são a segurança jurídica e a pacificação das relações controvertidas.

Percebemos essas características com maior clareza na *litis contestatio* romana, tendo em vista a impossibilidade de nova ação, mesmo quando o indeferimento do pedido ocorresse pela utilização de palavras diferentes das exigidas pelo procedimento.

O direito romano, ao longo do tempo, permite a percepção de que a imutabilidade da sentença está vinculada não apenas ao direito processual, mas também ao próprio exercício do direito material. Isso porque, apesar de a imodificabilidade ser importante juridicamente, esta precisa satisfazer interesses políticos de segurança jurídica.

Isso é corroborado pelas modificações dos procedimentos romanos, pois quando a forma deixava de alcançar os objetivos pretendidos jurídica e politicamente, conforme a relevância da matéria e do procedimento em questão, um destes era excluído, quando não ambos, para maior efetividade, rapidez e segurança na aplicação do direito.

No direito canônico e no direito português monárquico, notamos o forte traço político dado à sistematização da coisa julgada, a qual era desvinculada da sentença, para que esta pudesse sempre ser modificada por um poder absoluto, nesses casos, respectivamente, do Sumo Pontífice da Igreja Católica e do rei de Portugal.

Deste período, observamos principalmente que a coisa julgada possui caráter político, e a sua manipulação como manifestação de poder é clara, tanto pelas formas para a sua desconsideração, através de recursos ou ações idôneas, como pela sua manutenção impreterível em alguns casos.

Fica claro que a eternização ou não das controvérsias judiciais é uma opção política e ocorre de forma abrangente nos sistemas jurídicos como um todo, pois: 1. é a legislação que determina a sistematização da coisa julgada; 2. esta atividade legislativa é inegavelmente política e 3. seus meios fixam o que é o instituto jurídico,

Direito fundamental à coisa julgada: problemas constitucionais de sua relativização | 53

o qual deve ser, posteriormente, pensado como uma das peças de um ordenamento complexo que também o delimita.

Assim, ao tratarmos do direito estaticamente, ou seja, em relação à norma criada, com sua forma predeterminada e em seu tempo, percebemos que essa norma em seu relacionamento e adequação molda-se a outros parâmetros jurídicos regulados previamente, como, por exemplo, à Constituição.

Dessas observações extraímos que o instituto da coisa julgada pode ser estudado sob dois enfoques: o jurídico e o político.[207]

---

[207] Cf. NEKATSCHALOW, André Custódio. *Coisa julgada nas relações jurídicas continuativas.* Dissertação (Mestrado) – Universidade de São Paulo, USP, São Paulo, 1996. p. 24, há vertente processual e política. Cf. DIMOULIS, op. cit., p. 110-119, toda norma é política, pois "o direito pertence à política", p. 115, porém para entendermos algo como político ou não devemos pensar no conceito utilizado para o termo política, pelo fato de o mesmo ser equívoco.

Capítulo 2

Delimitação

Sumário: 2.1 Enfoque político - **2.2** Enfoque jurídico

As facetas jurídica e política dos institutos positivados são apreciadas e comprovadas não apenas historicamente, mas também pela forma como a coisa julgada aparece atualmente no direito comparado.

Há o exemplo da Constituição da República Portuguesa de 02 de abril de 1976, que, apesar de não descrever o conceito do *caso julgado*, impede sua modificação mesmo pelo Tribunal Constitucional Português, pois, embora seja possível o controle de constitucionalidade da lei em que se baseia a decisão transitada em julgado, a coisa julgada é mantida em razão de ressalva constitucional.[208]

Este posicionamento é considerado correto pela doutrina portuguesa, apesar da falta de conceituação constitucional, pela coisa julgada possuir "um conceito pré-constitucional suficientemente densificado".[209]

---

[208] Cf. PORTUGAL. *Constituição da República Portuguesa de 02 de abril de 1976*. Disponível em: <http://www.tribunalconstitucional.pt/tc/crp.html>. Acesso em: 05 jan. 2006, art. 282, III: "Ficam ressalvados os casos julgados, salvo decisão em contrário do Tribunal Constitucional quando a norma respeitar a matéria penal, disciplinar ou de ilícito de mera ordenação social e for de conteúdo menos favorável ao arguido".

[209] CANOTILHO, José Joaquim Gomes; MOREIRA, Vital. *Constituição da República Portuguesa Anotada*. 3. ed. Coimbra: Coimbra Ed., 1993. p. 1041.

No mesmo sentido da Constituição Portuguesa, temos a Constituição Espanhola que afirma o valor da coisa julgada mesmo quando houver decisão superveniente do Tribunal Constitucional Espanhol em ação de controle de constitucionalidade, porque o último recurso a ser interposto contra decisão judicial é o direcionado a este Tribunal de forma concreta.[210]

Esta Constituição obriga o cumprimento da decisão judicial e se omite sobre a rescisão da sentença transitada em julgado. O eventual erro judicial deve ser ressarcido por meio de indenização, porém nada se fala a respeito de modificação judicial do decidido.[211]

A Constituição da França, de 04 de outubro de 1958, dá plena força de coisa julgada às decisões do Conselho Constitucional, pois estas, além de irrecorríveis, necessariamente devem ser seguidas pelo Poder Judiciário e pelo Poder Executivo,[212] da mesma forma como ocorre na Constituição Italiana, que também impede a impugnação das decisões da Corte Constitucional.[213]

---

[210] Cf. ESPANHA. *La Constitución española.* Disponível em: <http://www.tribunalconstitucional.es/CONSTITUCION.htm>. Acesso em: 06 jan. 2006, artículo 161, I. "El Tribunal Constitucional tiene jurisdicción en todo el territorio español y es competente para conocer: a) Del recurso de inconstitucionalidad contra leyes y disposiciones normativas con fuerza de ley. La declaración de inconstitucionalidad de una norma jurídica con rango de ley, interpretada por la jurisprudencia, afectará a ésta, si bien la sentencia o sentencias recaídas no perderán el valor de cosa juzgada"; e artículo 53, II. "Cualquier ciudadano podrá recabar la tutela de las libertades y derechos reconocidos en el artículo 14 y la Sección 1ª del Capítulo Segundo ante los Tribunales ordinarios por un procedimiento basado en los principios de preferencia y sumariedad y, en su caso, a través del recurso de amparo ante el Tribunal Constitucional. Este último recurso será aplicable a la objeción de conciencia reconocida en el artículo 30".

[211] Cf. *a Constituição Espanhola*, art. 118: "Es obligado cumplir las sentencias y demás resoluciones firmes de los Jueces y Tribunales, así como prestar la colaboración requerida por éstos en el curso del proceso y en la ejecución de lo resuelto" e art. 121: "Los daños causados por error judicial, así como los que sean consecuencia del funcionamiento anormal de la Administración de Justicia darán derecho a una indemnización a cargo del Estado, conforme a la ley".

[212] Cf. FRANÇA. *La Constitution du 4 octobre 1958.* Disponível em: <http://www.conseil-constitutionnel.fr/textes/c1958web.htm>. Acesso em: 06 jan. 2006, article 62 : "(...) Les décisions du Conseil Constitutionnel ne sont susceptibles d'aucun recours. Elles s'imposent aux pouvoirs publics et à toutes les autorités administratives et jurisdictionnelles". Tradução em FRANÇA. *Constituição da França.* Rio de Janeiro: Edições Trabalhistas, 1987, art. 62: "(...) As decisões do Conselho Constitucional serão irrecorríveis. Deverão ser reconhecidas pelos poderes públicos e por todas as autoridades administrativas e jurisdicionais".

[213] ITALIA. *Constituzione della Repubblica Italiana*: 27 dicembre 1947. Disponível em: <http://www.giurcost.org/fonti/index.html>. Acesso em: 06 jan. 2006: "(...) Contro le decisioni della Corte costituzionale non è ammessa alcuna impugnazione". Tradução em ITALIA. *Constituição da República Italiana.* Rio de Janeiro: Edições Trabalhistas, 1987, art. 137: "(...) Contra as decisões da Corte Constitucional não é admitida nenhuma impugnação".

Nestes exemplos, notamos o interesse político dos Estados em manter suas decisões estáveis para a manutenção da autoridade do Poder Judicial, principalmente em relação às genericamente chamadas Cortes Constitucionais.

Porém, também está claro que após a determinação dos parâmetros da coisa julgada em cada Estado, ou seja, das formas com que esta pode ser flexibilizada pelo arcabouço de recursos de cada ordenamento, o instituto passa a ter um conceito mais concreto e diferenciado em cada Estado.

2.1 Enfoque político

O enfoque político, como forma de análise de uma norma jurídica, trata dos fatores que norteiam a feitura de uma norma em certo ordenamento, os interesses e as forças sociais que impõem sua elaboração e os efeitos políticos que sua aplicação terá na sociedade.

Os ordenamentos são criados por políticos e a mudança destes no poder pode implicar em grandes modificações legislativas. Assim, um ordenamento feito sob pressões públicas, lutas sociais e ideologias divergentes, necessariamente há de ser político.[214]

Mesmo uma decisão política fruto de certo consenso "põe fim a uma controvérsia pública sobre a oportunidade de criação de certos regulamentos".[215] Dessa forma, a opção política sempre se vincula à necessidade ou não de certas normas vigorarem, e um dos fatores analisados para sua efetiva legislatura é a finalidade deste conjunto de normas.

Um exemplo de abordagem política está na finalidade de certo conjunto de normas, neste caso das que delimitam a coisa julgada.

Conforme doutrina preponderante,[216] a coisa julgada tem a finalidade eminentemente prática de colocar fim a um litígio

---

[214] DIMOULIS, op. cit., p. 110.
[215] Ibidem, p. 116.
[216] NECKATSCHALOW, op. cit., p. 44.

e estabilizar as relações jurídicas.[217] Porém, a melhor expressão acerca da finalidade prática da coisa julgada talvez seja: colocar fim à pretensão da parte de ter seu pedido julgado mais de uma vez, pelo Poder Judiciário, com a apreciação de seu mérito.

Não é à pretensão resistida da parte que a coisa julgada coloca termo e, sim, à possibilidade de a parte obter, do Poder Judiciário, nova apreciação em relação ao feito já sentenciado.

A estabilidade da sentença de mérito ou a "(...) firmeza e imutabilidade que a sentença atinge é que constitui o elemento diferenciador entre ela e os demais atos de natureza jurídica emanados pelo Estado",[218] e a separa dos despachos de mero expediente, decisões interlocutórias, concessões fundadas em tutela antecipada e poder geral de cautela etc.[219]

A intenção com o óbice à nova apreciação de coisa julgada está na tentativa de impedir que várias sentenças divergentes ou contraditórias sejam proferidas sobre o mesmo fato.[220]

Assim, a coisa julgada não macula o direito de ação, pois, apesar dela, o indivíduo possui o direito de peticionar ao Poder Judiciário. Isso ocorre porque o acesso à Justiça e o direito de ação[221] não podem ser afastados,[222] pois sua maior ou menor concretização deverá ser feita dentro da análise de preliminar ou de mérito do alegado.

Isso significa que não há valor ou princípio constitucional que possa, faticamente, impedir a apreciação de qualquer petição levada ao Judiciário, uma vez que qualquer ponderação só ocorre

---

[217] ALVES, Elaine Cristina Bueno. Delineamentos da coisa julgada e sua garantia constitucional. *Revista dos Tribunais*, v. 827, ano 93, p. 87, set. 2004; FERNANDES, Adriana da Silva. *Coisa julgada nas ações coletivas*. 2000. Dissertação (Mestrado) – Universidade de São Paulo, USP, São Paulo, 2000. p. 7; GAZZI, op. cit., p. 89; GRECO FILHO, op. cit., p. 247; NECKATSCHALOW, op. cit., p. 44.

[218] Cf. PIMENTEL, Wellington Moreira. Os limites objetivos da coisa julgada, no Brasil e em Portugal. In: *Estudos de direito processual em homenagem a José Frederico Marques no seu septuagésimo aniversário*. São Paulo: Saraiva, 1982. p. 335.

[219] Ibidem, p. 333, reforça a importância da sentença de mérito transitada em julgado, dizendo que "(...) a sentença se constitui no ato de maior relevo do fenômeno processual. É o seu objetivo, o epílogo do processo e seu clímax".

[220] MANCUSO, Rodolfo de Camargo. Coisa julgada, *collateral estoppel* e eficácia preclusiva *secundum eventum litis. Revista dos Tribunais*, n. 608, p. 25, jun. 1986.

[221] Cf. CF/88: "A lei não excluirá da apreciação do Poder Judiciário lesão ou ameaça a direito".

[222] Sobre ponderação e hierarquização de valores, *vide* MIRANDA, Jorge. *Teoria do Estado e da Constituição*. Rio de Janeiro: Forense, 2003. p. 452.

nos próprios autos e o afastamento da apreciação judicial impediria a formação destes. O que pode acontecer em apreciação inicial é o aplicador do direito, seja juiz ou tribunal, acolher alguma preliminar que impeça o exame dos fatos e do direito explicitado pelo requerente.[223]

Portanto, a coisa julgada dá ao réu o poder de alegar sua existência em caso de segunda ação, para impedir a formação da relação processual sobre a mesma pretensão, protegendo o requerido de nova decisão.

Claro que a apreciação judicial das lides pretende impedir a resolução privada dos conflitos, pois a tensão que o problema acarreta às partes é transferida do conflito em si para a propositura da ação judicial. A coisa julgada põe fim a essa tensão que o litígio

---

[223] BRASIL. Superior Tribunal de Justiça. Recurso especial nº 418.099/SC. Relator: Ministro Luiz Fux. Primeira turma. Data do julgamento: 06.08.02. Data da publicação/fonte: *DJ*, p. 255, 23 set. 02. Disponível em: <www.stj.gov.br>. Acesso em: 26 set. 2005. Ementa: "Ação rescisória. FGTS. Sentença que julgou improcedente o pedido pela ausência de documento indispensável à propositura da ação (extratos das contas vinculadas ao FGTS). Falta que acarreta o indeferimento da inicial e não a extinção com julgamento do mérito. 1. Não pode o juízo substituir a decisão de indeferimento da inicial, ante a ausência de documento indispensável à propositura da ação, pela de improcedência do pedido, em razão dos efeitos da coisa julgada, que, no primeiro caso, é meramente formal, com eficácia adstrita ao âmbito do próprio processo, e, no segundo, é material, impeditiva da repropositura da ação, ainda que mediante a exibição dos extratos do FGTS exigidos. 2. Solução que se harmoniza com os precedentes do egrégio STJ no sentido de que é prescindível a juntada dos extratos das contas vinculadas à inicial da ação ordinária em que se busca a correção monetária dos saldos das contas do FGTS. 3. Recurso provido para, reconhecendo a ofensa ao art. 267, I, do CPC, julgar procedente o pedido da ação rescisória, desconstituindo a sentença transitada em julgado, e indeferindo a inicial daquele processo com julgamento de mérito. BRASIL. Superior Tribunal de Justiça. Recurso especial nº 343.656/SP. Relator: Ministro Franciulli Neto. Segunda turma. Data do julgamento: 13.05.03. Data da publicação/fonte: *DJ*, p. 258, 04 ago. 03. Disponível em: <www.stj.gov.br>. Acesso em: 26 set. 2005. Ementa: "Recurso especial. Alínea "a". "Mandado de segurança. Fornecimento de água a estabelecimentos de ensino municipais. Falta de pagamento. Interrupção do serviço. Identidade de partes, pedido e causa de pedir. Coisa julgada. - Em mandado de segurança cuja sentença denegatória de mérito já transitou em julgado, pretendia a Fazenda do Estado de São Paulo fosse assegurada a manutenção do fornecimento de água aos estabelecimentos da Delegacia de Ensino de Bauru, sob o fundamento central da ilegalidade da suspensão do abastecimento, por se tratar de serviço essencial, que deve obedecer ao Princípio da Continuidade. Há nítida identidade entre as partes e o pedido do presente mandamus e do anteriormente julgado. A causa de pedir, entendida como a soma do elemento de fato e do efeito jurídico dele derivado, está circunscrita, em ambas as ações, à alegada ilegalidade da interrupção do fornecimento de água pela falta de pagamento do serviço, nada obstante as diferenças em relação aos meses de inadimplência, o valor do débito e os estabelecimentos da Delegacia de Ensino atingidos. Quanto ao mérito, já enfrentado no writ precedente, concluiu-se pela possibilidade de corte pela falta de pagamento do serviço. Existe, pois, a tríplice identidade exigida pelo parágrafo 2º, do artigo 301, do CPC para o reconhecimento da res judicata. Recurso especial não conhecido".

acarreta às partes, principalmente ao chamado réu, desígnio que define posição de certa desvantagem na relação jurídica. Dessa forma, essa decisão imutável dissolve a relação que as partes possuem dentro do processo e define uma situação que é determinante e busca a paz social.[224]

O Estado, quando opta por solucionar os conflitos intersubjetivos, desloca a fixação do direito subjetivo para o órgão judicial com a aplicação do direito objetivo, ou seja, no momento em que este diz como o caso concreto deve ser regulado, e, após a prestação desta jurisdição, temos a coisa julgada.

Apesar da pressuposta problemática entre segurança e justiça, a coisa julgada pode ser única ou não, diversificando-se conforme o caso e a legislação de cada Estado, que deve regulamentar a sua formação.[225]

O Estado também pretende ter as controvérsias dirimidas no menor tempo e com menor ônus financeiro.[226] Por isso permite que as partes entrem em um consenso e resolvam a situação controvertida ou que um árbitro seja utilizado para tanto. Porém, no caso de nenhuma dessas hipóteses ser suficiente, permite às partes que recorram a ele para a resolução do conflito.

Essa atribuição do Estado é um poder-dever, pois a ação judicial, em conformidade com o devido processo legal, que termina em coisa julgada, é um direito do cidadão e um poder estatal, no sentido de que o Estado, por este meio, afirma sua força política, substituindo a vontade das partes pela sua vontade.

Solucionado o litígio, o Estado termina a prestação da atividade jurisdicional devida às partes, que devem se submeter ao poder de império estatal, e a qualidade desta prestação é apenas um dos fatores formadores da opinião da sociedade sobre os serviços estatais.[227]

---

[224] MANCUSO, op. cit., p. 24.
[225] NEVES, op. cit., p. 432.
[226] Sobre Princípio da Economicidade e da otimização da ação estatal *vide* FREITAS, Juarez. *O controle dos atos administrativos e os princípios fundamentais*. 2. ed. São Paulo: Malheiros, 1999. p. 85-87.
[227] Cf. MANCUSO, op. cit., p. 24. "(...) Corolariamente, o Estado projetará sobre a sociedade uma imagem positiva ou negativa, conforme seja o desempenho, capacidade e prestígio de seu aparelhamento judiciário, especialmente no que tange ao acatamento e cumprimento das determinações dos magistrados".

A coisa julgada não atinge apenas as partes litigantes, mas toda a sociedade, pois de pouca valia seria a ação judicial se as partes não a observassem e repropusessem, a todo tempo, ações sobre o mesmo problema. Assim, é interessante ao Estado que eventual falha seja resolvida por recursos,[228] nos quais eventuais vícios são sanados no próprio processo já existente.

Óbvio que, a despeito do conteúdo normativo do instituto, este possui um fundamento essencialmente político para sua determinação legislativa.[229] Assim, devemos pensar em forma jurídica e exigência política,[230] o que nos remete à ideia de que "o fundamento político social da coisa julgada pode ser qualquer pensamento dominante na época",[231] e o jurídico, a sua configuração concreta em cada momento histórico.

Diante disso, abandonamos a concepção de coisa julgada como um único instituto, com mesmo conceito e mesmos parâmetros em todos os ordenamentos jurídicos, com base, por exemplo, no estudo do direito romano, no qual a coisa julgada era admitida de forma evidentemente diversa da utilizada atualmente no sistema jurídico brasileiro.[232]

Ainda que os institutos correlatos à coisa julgada sejam uma constante nos ordenamentos jurídicos conhecidos, devemos diferenciar esse conceito necessário de coisa julgada de suas condições concretas de existência, pois cada ordenamento jurídico deve ser visto de forma individualizada.

As decisões definitivas não impugnáveis são constantes nos ordenamentos. Porém, quem as decide, quando e de que forma o faz, deve ser estudado pontualmente, conforme as distinções recursais existentes.

---

[228] FERNANDES, op. cit., p. 10.

[229] NEVES, op. cit., p. 429-430.

[230] Cf. BASTOS, Celso Ribeiro. *Curso de direito constitucional*. 22. ed. São Paulo: Saraiva, 2001. p. 61: "(...) apesar de as regras constitucionais apresentarem um inegável caráter jurídico, regulam situações profundamente políticas".

[231] ROSA, Eliezer. Pequenos apontamentos de processo civil. *Revista de Direito Processual Civil*, v. 1, p. 62. Apud NEVES, op. cit., p. 431.

[232] NEVES, op. cit., p. 430.

Esses moldes variáveis da coisa julgada são determinados conforme a opção política do legislador de cada Estado, que pondera entre dois problemas opostos: a existência de sentenças injustas imutáveis e a insegurança jurídica advinda da mutabilidade plena das decisões. Há, portanto, tantos recursos, em cada ordenamento, quanto necessários para se alcançar uma razoabilidade ou proporcionalidade, conforme o ideário do legislativo de cada Estado, entre estes dois extremos indesejáveis.[233]

Também é política a decisão sobre qual órgão decidirá a contenda e de que forma este dará a última palavra, como nos casos da reforma do recurso extraordinário e introdução da súmula vinculante no sistema jurídico — com o advento da Emenda Constitucional nº 45 —, da instituição do juizado especial de pequenas causas e da modificação da execução do Código de Processo Civil — como forma de agilizar a prestação judicial.

De qualquer forma, a coisa julgada retira a dúvida existente na relação controvertida, pois incorpora ao beneficiário da sentença o objeto jurídico em litígio, imprime certeza ao anteriormente incerto e confere imutabilidade ao que antes era apreciável. Também, "(...) constitui-se num *plus* a reforçar a posição jurídica do beneficiário, antes infirmada pela controvérsia (...)",[234] o que permite o entendimento da coisa julgada como um aspecto do processo, "considerado no resultado favorável a uma parte".[235]

No sistema jurídico brasileiro, optou-se politicamente por vetar nova sentença sobre outra já dada desde as Ordenações que aqui vigoraram, e esta utilização tradicional do instrumento da coisa julgada é seguida até os dias atuais,[236] apesar das modificações do instituto em razão das mutações havidas na legislação e doutrinas nacionais.

Nessa breve explanação sobre a finalidade da coisa julgada utilizamos o enfoque político na análise do instituto para exemplificar este método, porém, afirmamos que, neste trabalho, a análise da coisa julgada no direito brasileiro será feita sob o enfoque jurídico.

---

[233] Ibidem, p. 432.
[234] MANCUSO, op. cit., p. 24
[235] CHIOVENDA, op. cit., p. 369.
[236] *Vide* capítulo 1 sobre Ordenações portuguesas no Brasil.

2.2 Enfoque jurídico

Sem dúvidas, o poder legislativo, ao votar uma norma, é movido pela política, porém o modo como essa interagirá com o ordenamento segue diretrizes jurídicas,[237] pois alguns efeitos da norma são imprevisíveis quando sua vigência coexiste com a de outras normas.

O espaço ocupado por uma norma dentro do sistema é restrito, não apenas pela sua redação e pela intenção do legislador, mas pela sua interação com o sistema anterior que não lhe permite maior amplitude. Inclusive, sua compreensão jurídica prescinde de uma compatibilidade da norma inferior com a norma superior. Por exemplo, há normas que apenas regulamentam um direito constitucional, a elas superior, e com este obrigatoriamente devem ser compatíveis.

Apesar do caráter político essencial de toda norma, inclusive por sua feitura e publicação serem pautadas exclusivamente na política e em seus institutos, é possível uma análise jurídica da norma em vigor dentro de um sistema com princípios e normas preexistentes, com as quais esta deve conviver.

Uma abordagem jurídica não se preocupa com a finalidade e oportunidade do instituto ou com sua moralidade e justiça. Observa-se o objeto em sua compatibilidade com as normas que lhe são superiores e em sua delimitação pelas normas que estão no seu patamar, conforme sua especificidade ou novidade.[238] Um exemplo de abordagem jurídica é a recepção da legislação infraconstitucional sobre a coisa julgada pela Constituição de 1988.

Para entender a recepção do instituto da coisa julgada, do Código de Processo Civil de 1973[239] e da Lei de Introdução

---

[237] O aplicador do direito pode ser influenciado mais pelo político do que pelo jurídico, porém, ao estudar o ordenamento, é possível fazer a tentativa de buscar o jurídico sem pensar em outros fatores. Na verdade, essa distinção presta-se a invalidar teorias que utilizam a casuística como base, pois a teoria jurídica existe, apesar dos problemas fáticos, e deve ser estudada sem maniqueísmo. Escolhemos este método para a feitura do presente trabalho.

[238] Exemplo de abordagem puramente jurídica cf. KELSEN, Hans. *Teoria pura do direito*. Tradução de João Batista Machado. 6. ed. São Paulo: Martins Fontes, 1998. Tanto na dinâmica jurídica que trata da compatibilidade da norma inferior com a norma superior, como na estática jurídica que busca o real sentido jurídico da norma despido de ideologia.

[239] Lei nº 5.869, de 11 de janeiro de 1973.

ao Código Civil de 1942,[240] pela Constituição de 1988, devemos trabalhar, inicialmente, com os Princípios da Supremacia da Constituição e da Continuidade da Ordem Jurídica. Esses princípios são o ponto de partida deste exame por serem mormente aceitos pelos doutrinadores e referirem-se principalmente à aceitação ou não de norma vigente anterior à elaboração de nova Constituição.[241]

Para tanto, consideramos que os princípios constitucionais possuem uma abrangência muito mais larga que as normas constitucionais, por alcançarem todo o conjunto de normas infraconstitucionais adstritas à Constituição,[242] e não apenas às quais se referem diretamente.

A Constituição, em sentido formal, é o elenco de normas denominadas constitucionais, com "força jurídica superior"[243] em relação às outras normas do sistema, e esta força determina a supremacia da Constituição.[244]

Conforme teoria kelseniana, o sistema jurídico é uma "estrutura escalonada",[245] na qual as normas constitucionais encontram-se no ápice e as outras normas em patamares inferiores, em hierarquia fixada pela própria Constituição.[246]

A Constituição pode regular tanto a forma de criação da legislação futura como seu conteúdo, em razão da pressuposição de existência de uma norma fundamental que impõe sua observação, pois na própria lei superior está o fundamento de validade da regra inferior.[247] Portanto, na incompatibilidade da norma

---

[240] Decreto-Lei nº 4.657, de 4 de setembro de 1942.

[241] Acerca de norma jurídica infraconstitucional e Constituição nova, *vide* BARROSO, Luís Roberto. *Interpretação e aplicação da Constituição*: fundamentos de uma dogmática constitucional transformadora. 4. ed. São Paulo: Saraiva, 2001. p. 67-82.

[242] Sobre normas e princípios cf. Ibidem, p. 149-152. *Vide* também BONAVIDES, Paulo. *Curso de direito constitucional*. 11. ed. São Paulo: Malheiros, 2001. p. 243-244, sobre a concepção de princípios como normas, e as normas compreenderem regras e princípios.

[243] MIRANDA, Jorge. *Teoria do Estado e da Constituição*. Rio de Janeiro: Forense, 2003. p. 322.

[244] BASTOS, Celso Ribeiro. *Hermenêutica e interpretação constitucional*. 2. ed. São Paulo: Celso Bastos, 1999. p. 101.

[245] KELSEN, op. cit., p. 224.

[246] Sobre essa estrutura escalonada da ordem jurídica, *vide* Ibidem, p. 246-249, 255.

[247] Ibidem, p. 215-217.

Direito fundamental à coisa julgada: problemas constitucionais de sua relativização | 65

infraconstitucional com a Constituição, aquela deve perder sua validade, tanto no caso de incompatibilidade formal quanto material.[248]

No caso concreto, a Lei de Introdução ao Código Civil de 1942, que define a coisa julgada, foi promulgada sob égide da Constituição de 1937, que nada dizia a respeito do tema. Esta lei foi recepcionada pela Constituição de 1946 e pelas subsequentes que tratavam da coisa julgada nos moldes atuais, delegando ao direito infraconstitucional sua conceituação.

O Código de Processo Civil promulgado sob a égide da Constituição de 1967 trazia o instituto sob análise exatamente igual ao atual, e os parâmetros infraconstitucionais dados à coisa julgada eram aceitos como constitucionais.

Conforme essas informações, depreendemos que os constituintes de 1988, seguindo a tradição dos legisladores anteriores e cientes do tratamento dado à coisa julgada até então, não tiveram a intenção de modificar os moldes dados pela legislação infraconstitucional a esse instituto, por não terem modificado seu artigo específico em sede constitucional e por sequer terem inserido qualquer palavra que o delimitasse de forma diversa.

Assim, parece-nos que os representantes do povo não houveram por bem conceituar a coisa julgada em sede constitucional, pois fizeram remissão implícita ao seu sentido infraconstitucional, mediante a manutenção da norma anterior de baixa densidade normativa.

A baixa densidade normativa de uma norma significa que a mesma não define de forma palpável seu objeto, não relaciona as formas coercitivas para seu cumprimento e não descreve os meios e os esforços a serem efetuados para sua concretude. Nesta categoria de normas está a que define constitucionalmente a coisa julgada, pois não há sanção para o seu descumprimento e se delega ao legislador infraconstitucional a opção referente à sua definição e proteção.[249]

---

[248] BARROSO, op. cit., p. 57; MIRANDA, op. cit., p. 463, fala em desconformidade.

[249] DIMOULIS, op. cit., p. 77. O autor trabalha com a ideia de falta de densidade das normas programáticas em relação aos direitos sociais. A diferença de enfoque está no fato de o implementador da medida, no caso de políticas públicas, ser o administrador/poder executivo, e

A alta porosidade dessa norma jurídica pode ser demonstrada pelo grande número de interpretações que a mesma permite, o que faz necessário que se informe o sentido da norma para sua efetiva aplicabilidade.[250] No caso concreto, a manutenção da "porosidade"[251] da norma constitucional legitimou o regramento infraconstitucional e permitiu que este implementasse a norma da coisa julgada, pois mesmo de baixa densidade normativa a norma constitucional é vinculante e deve ser obedecida independentemente de sua especificidade, apesar de as normas mais específicas possuirem maior força jurídica.[252]

Essa opção do constituinte em relação ao instituto sob comento, assim como em relação a outras normas de baixa densidade normativa, demonstra "uma vontade negativa do criador da norma, que decide por não decidir"[253] e essa "vontade negativa" permite ao intérprete constatar esse fato e buscar os parâmetros a serem adotados.

Há, portanto, um espaço de interpretação e um espaço de concretização da norma[254] e cabe à doutrina a apreciação das atitudes do ente concretizador, pois o juiz e o administrador podem optar por um significado dentro de um certo círculo de sentidos pertinentes.[255]

Conforme este primeiro aspecto, com o advento da Constituição de 1988, houve a manutenção das normas processuais infraconstitucionais anteriores sobre como a coisa julgada se forma, como no caso da Lei de Introdução ao Código Civil e do Código de Processo Civil, pela repetição da garantia constitucional de baixa

---

no caso em enfoque, ser o legislativo, quando falamos em sua delimitação, e o judiciário, no caso de sua aplicação.

[250] Idem. Argüição de descumprimento de preceito fundamental: problemas de concretização e limitação. *Revista dos Tribunais*, v. 832, ano 94, p. 13-14, fev. 2005.

[251] Ibidem, p. 79.

[252] Ibidem, p. 80.

[253] Ibidem, p. 14.

[254] Ibidem, p. 15.

[255] Ibidem, 2005, p. 16. Essa posição do autor demonstrada por um interpretativismo moderado, cf. o mesmo, é denominada pragmatismo jurídico, não se vinculando às ideias extremas: a da utilização da interpretação para toda e qualquer problemática e a da unicidade interpretativa de cada norma.

densidade[256] no ponto que esta diz "a lei não prejudicará (...)", porque o legislador ordinário se manteve como competente para complementar o dito pelo constituinte.

Por outro lado, em uma análise completa da Constituição Federal, claro que esta modificou vários institutos que influenciam na definição de coisa julgada, como quais tribunais decidem, como o fazem, onde cabem os recursos, a determinação do duplo grau de jurisdição etc.

Além disso, essa construção utilizada pelo constituinte implica na retroatividade válida da Constituição promulgada para modificar a coisa julgada no caso concreto formada antes de 1988, no caso de estar expressa essa retroatividade e seu objeto,[257] como no exemplo da reintegração de funcionários, previsto no Ato das Disposições Constitucionais Transitórias.[258]

Diante disso, apesar do tema ser complicado, a Constituição Federal não mudou nada na definição da coisa julgada, mediante a proibição de a lei modificá-la.

A continuidade da ordem jurídica pode ocorrer, apesar de modificação constitucional, se a nova ordem recepcionar o ordenamento anterior de forma implícita ou explícita.[259] Inclusive porque devem ser consideradas as dificuldades práticas de se criar todo um sistema jurídico novo e o fato de certas regras colocadas em vigor na época de Constituição anterior serem compatíveis com a Carta

---

[256] Cf. MIRANDA, op. cit., p. 321, a ideia de opção do constituinte em manter ou não o ordenamento anterior conduz ao conceito de Constituição material, dado pelo autor, como "o estatuto jurídico do político"; o que significa que o legislador conjuga suas intenções políticas e as descreve de forma jurídica, sendo essas aspirações políticas o conteúdo das Constituições, consideradas jurídicas apenas em sua forma, em seu modo descritivo, por seguirem parâmetros jurídicos determinados.

[257] BARROSO, op. cit., p. 87-90.

[258] CF/88, art. 8º, do ADCT: "É concedida anistia aos que, no período de 18 de setembro de 1946 até a data da promulgação da Constituição, foram atingidos, em decorrência de motivação exclusivamente política, por atos de exceção, institucionais ou complementares, aos que foram abrangidos pelo Decreto Legislativo nº 18, de 15 de dezembro de 1961, e aos atingidos pelo Decreto-Lei nº 864, de 12 de setembro de 1969, asseguradas as promoções, na inatividade, ao cargo, emprego, posto ou graduação a que teriam direito se estivessem em serviço ativo, obedecidos os prazos de permanência em atividade previstos nas leis e regulamentos vigentes, respeitadas as características e peculiaridades das carreiras dos servidores públicos civis e militares e observados os respectivos regimes jurídicos".

[259] KELSEN, op. cit., p. 233.

68 | Carolina de Albuquerque

atual, o que implica em certa continuidade.[260] Porém, a validade desse sistema infraconstitucional se dá apenas graças à licença da nova ordem, e é a nova Constituição que deve dispor sobre o assunto, conforme a intenção política vigente.[261]

Apesar desses problemas políticos, entendemos que houve juridicamente a recepção dos diplomas legais sob comento pela Constituição atualmente em vigor.

Embora a Constituição de 1988 não relate explicitamente este Princípio da Continuidade, não houve grandes questionamentos a este respeito quando das rupturas constitucionais brasileiras,[262] pois o princípio foi amplamente aceito e, como podemos perceber pela situação atual, amplamente acatado mediante recepção maciça da legislação anterior.[263]

Quanto à possível inconstitucionalidade formal superveniente, conforme consenso amplo, a norma infraconstitucional deve ser compatível com o processo legislativo constitucional vigente no momento de sua criação,[264] em razão da possível arguição de inconstitucionalidade formal em relação à Constituição anterior no caso concreto, o que a impossibilita em face da Constituição atual.[265] Com outras palavras, a norma é formalmente constitucional se respeitar o procedimento previsto no momento de sua criação e não se torna inconstitucional se esse procedimento for modificado ou suprimido pela Constituição superveniente.

---

[260] Cf. MIRANDA, op. cit., p. 460-461.

[261] BARROSO, op. cit., p. 71-74; KELSEN, op. cit., p. 232-235.

[262] Ibidem, p. 68

[263] Como exemplo de recepção de normas anteriores à Constituição de 1988: BRASIL. Supremo Tribunal Federal. Súmula nº 732. Data de aprovação: sessão plenária de 26.11.03. Publicação: *DJ*, p. 2, 09 dez. 03; *DJ*, p. 2, 10 dez. 03; *DJ*, p. 2, 11 dez. 03. Disponível em: <http://www.stf.gov.br>. Acesso em: 26 set. 2005: "É constitucional a cobrança da contribuição do salário educação, seja sob a carta de 1969, seja sob a Constituição de 1988, e no regime da Lei nº 9.424/1996". BRASIL. Supremo Tribunal Federal. Súmula nº 663. Data de aprovação: sessão plenária de 24.09.03. Publicação: *DJ*, p. 3, 09 out. 03; *DJ*, p. 3, 10 out. 03; *DJ*, p. 3, 13 out. 03. Disponível em: <http://www.stf.gov.br>. Acesso em: 26 set. 2005: "Os parágrafos 1º e 3º do Decreto-Lei nº 406/1968 foram recebidos pela Constituição".

[264] BARROSO, op. cit., p. 83.

[265] Ibidem, p. 85.

Assim, com o advento de Constituição diversa, a compatibilidade apreciável é apenas de conteúdo material, substantivo.[266] Portanto, forma legislativa não amparada na Constituição nova tem validade, como o exemplo do Decreto-Lei que instituiu a Lei de Introdução ao Código Civil.[267]

O instituto da coisa julgada passou a ser utilizado em 1988 tal como era sob a vigência[268] da Carta anterior, sem questionamentos ou

---

[266] Cf. Ibidem, p. 85, a inconstitucionalidade de norma conforme a Constituição anterior pode ocorrer em caso concreto, cf. MIRANDA, op. cit., p. 463 "Não importa que as leis fossem inconstitucionais material, orgânica ou formalmente antes da entrada em vigor da nova Constituição".

[267] Outros exemplos: BRASIL. Superior Tribunal Federal. Ação direta de inconstitucionalidade nº 438-DF. Relator: Ministro Sepúlveda Pertence. Tribunal pleno. Data do julgamento: 07.02.92. Data da publicação: *DJ*, p. 3800, 27 mar. 92, ementa vol nº 1655-01, p. 81, *RTJ*, vol. nº 140-02, p. 407. Disponível em: <www.stj.gov.br>. Acesso em: 26 set. 2005. Ementa: "Ação direta de inconstitucionalidade: descabimento, segundo o entendimento do STF, se a norma questionada e anterior a da Constituição padrão. 1. Não há inconstitucionalidade formal superveniente. 2. Quanto à inconstitucionalidade material, firmou-se a maioria do Tribunal (ADIn nº 2, Brossard, 06.02.92) — contra três votos, entre eles do relator desta —, em que a antinomia da norma antiga com a Constituição superveniente se resolve na mera revogação da primeira, a cuja declaração não se presta a ação direta. 3. Fundamentos da opinião vencida do relator (anexo), que, não obstante, com ressalva de sua posição pessoal, se rende à orientação da Corte". Votação: unânime. Resultado: não conhecido. BRASIL. Superior Tribunal Federal. Recurso especial nº 212.455-DF. Relator: Ministro Marco Aurélio. Tribunal pleno. Data do julgamento: 14.11.02. Data da publicação: *DJ*, p. 27, 11 abr. 03, ementa vol nº 2,106-04, p. 701. Disponível em: <www.stj.gov.br>. Acesso em: 26 set. 05. Ementa: "Processo. Regimento interno do Supremo Tribunal Federal. Disciplina. Persistência no cenário normativo. – As normas processuais insertas no Regimento Interno do Supremo Tribunal Federal, relativas a ações e recursos situados na respectiva competência, foram recepcionadas pela Constituição de 1988, no que com esta forem harmônicas. Inexistindo o instituto da inconstitucionalidade formal superveniente, o conflito entre normas processuais, sob o ângulo material, resolve-se mediante a consideração da revogação tácita". Votação: unânime. Resultado: desprovido.

[268] Em relação à discussão doutrinária sobre o fato de a norma anterior à Constituição perder vigência ou validade, *vide* BARROSO, op. cit., p. 72-82. Posição da nossa Corte Constitucional cf. BRASIL. Superior Tribunal Federal. Ação direta de inconstitucionalidade nº 2-DF. Relator: Ministro Paulo Brassard. Tribunal pleno. Data do julgamento: 06.02.92. Data da publicação: *DJ*, p. 27, 21 nov. 97, ementa vol 1892-01, p. 1. Disponível em: <www.stj.gov.br>. Acesso em: 26 set. 2005. Ementa: "Constituição. Lei anterior que a contrarie. Revogação. Inconstitucionalidade superveniente. Impossibilidade. 1. A lei ou é constitucional ou não é lei. Lei inconstitucional é uma contradição em si. A lei é constitucional quando fiel à Constituição; inconstitucional na medida em que a desrespeita, dispondo sobre o que lhe era vedado. O vício da inconstitucionalidade é congênito à lei e há de ser apurado em face da Constituição vigente ao tempo de sua elaboração. Lei anterior não pode ser inconstitucional em relação à Constituição superveniente; nem o legislador poderia infringir Constituição futura. A Constituição sobrevinda não torna inconstitucionais leis anteriores com ela conflitantes: revoga-as. Pelo fato de ser superior, a Constituição não deixa de produzir efeitos revogatórios. Seria ilógico que a lei fundamental, por ser suprema, não revogasse, ao ser promulgada, leis ordinárias. A lei maior valeria menos que a lei ordinária. 2. *Reafirmação da antiga jurisprudência do STF, mais que cinquentenária* (grifo nosso) 3. Ação direta de que se não conhece por impossibilidade jurídica do pedido". De qualquer forma, cf. MIRANDA, op. cit., p. 462: "Na hipótese de revisão constitucional, não se opera novação. A revisão só tem efeitos negativos — sobre normas ordinárias anteriores contrárias não positivos — sobre as não desconformantes".

tentativas de inovação em relação ao instituto e suas características com base na vigência da Constituição atual, mas tão somente observações referentes à utilização correta do instituto e à sua configuração infraconstitucional.[269]

Esse exemplo e as explicações efetuadas são necessários pois a regulamentação infraconstitucional sobre a coisa julgada é anterior à Constituição de 1988, e sua relativização, defendida com parâmetros contidos nesta Constituição atual. Sem dúvida, esse documento é, como toda emanação do poder constituinte originário, "a suprema manifestação da visão política vencedora",[270] porém o que irá se modificar com a entrada em vigor de tão largo manancial normativo é por vezes incontrolável.

A análise do processo e sua vinculação ao direito material é a finalidade deste trabalho, porque nele discutiremos o tema da coisa julgada relacionado com as normas vigentes e com os princípios constitucionais. Pensaremos neste instituto e nas discussões acerca de sua relativização de forma jurídica, deixando de lado aspectos políticos e morais, que implicariam obrigatoriamente em opção axiológica.

Óbvio que a correção de injustiças é objetivo querido por todos, porém esta será analisada sob critérios como o devido processo legal, o qual será observado quando necessário sanar eventual desacordo entre, por exemplo, a sentença dada e o legislado.

Determinado o conteúdo mínimo do conceito de coisa julgada e o enfoque do trabalho, abordaremos este assunto em balizas constitucionais,[271] focando algumas digressões sobre o caráter constitucional e de direito fundamental da coisa julgada, para

---

[269] Um exemplo do estudado são os textos de Liebman, que tratam da autoridade da coisa julgada e do fato de esta ser ou um efeito da sentença ou a eficácia dada aos efeitos da sentença. Cf. LIEBMAN, op. cit., p. 40. "(...) a autoridade da coisa julgada não é efeito da sentença como postula a doutrina unânime, mas, sim, modo de manifestar-se e produzir-se dos efeitos da própria sentença, algo que a esses efeitos se ajunta para qualificá-los e reforçá-los em sentido bem determinado".

[270] DIMOULIS, op. cit., p. 114.

[271] Cf. textos constitucionais doutrinários pesquisados, a apreciação da coisa julgada e sua problematização dava-se em nível processual, e apenas os parâmetros processuais eram apreciados. Como exemplo, BASTOS, op. cit., p. 229-230, em comentários à Constituição, aborda apenas a diferença entre coisa julgada formal e material, tratando da Constituição ao determinar que as duas formas processuais são por ela protegidas, citando posteriormente a Lei de Introdução ao Código Civil.

trabalharmos com a problemática constitucional sobre a delimitação da coisa julgada no Brasil, pois atualmente vários doutrinadores desejam vê-la flexibilizada após o prazo rescisório.

O instituto em foco modificou-se com o passar do tempo, pois entra no ordenamento brasileiro como norma imposta pelo soberano, passa a ser regulado na legislação infraconstitucional, em 1850, com a edição do Regulamento nº 737, e vai tomando espaço constitucional a partir da Constituição da República dos Estados Unidos do Brasil, de 1934, e com as modificações dos textos pátrios.

A fórmula prescrita constitucionalmente é repetida, demonstrando a opção política do legislador em não modificar o instituto fundamentalmente, inclusive no caso de dar-lhe maior flexibilidade.

Capítulo 3

Coisa julgada inconstitucional

Sumário: 3.1 Argumentos favoráveis à relativização - **3.1.1** Da negação do caráter constitucional - **3.1.2** Dos Princípios da Legalidade e da Moralidade - **3.1.3** Da sentença sem efeitos substanciais - **3.1.4** Do homem comum - **3.1.5** Da sentença inexistente - **3.1.6** Da fungibilidade dos meios rescisórios - **3.1.7** Do afastamento do trânsito em julgado - **3.2** Críticas - **3.3** Argumentos contra a relativização - **3.3.1** Da constitucionalidade - **3.3.2** Da cidadania processual - **3.3.3** Da incerteza do resultado justo - **3.3.4** Dos vícios transrescisórios - **3.3.5** Argumento da preliminaridade - **3.3.6** Do controle abstrato - **3.3.7** Da proporcionalidade - **3.4** Críticas - **3.5** Aspectos positivos

Analisaremos, neste capítulo, os argumentos utilizados pela doutrina brasileira, tanto para a manutenção quanto para a relativização da coisa julgada inconstitucional.

Em primeiro lugar, relataremos os principais pontos dos discursos que pretendem ver a coisa julgada relativizada no caso concreto, seguidos dos que defendem a impossibilidade dessa relativização.

Essa separação da doutrina em categorias originais em relação à coisa julgada não foi realizada de forma clara pelos doutrinadores brasileiros estudados, apesar de a considerarmos imprescindível. Por meio deste método, mediremos a pertinência e a importância de cada argumento para uma teoria sobre a coisa julgada.

Teceremos observações e críticas sobre cada argumento após sua descrição, citando trabalhos e comentando suas particularidades. Problemas gerais sobre cada bloco doutrinário serão descritos após o elenco dos argumentos que os compõem, nos itens denominados críticas. Todas as críticas efetuadas terão por base a compatibilidade dos argumentos com a Constituição de 1988 ou sua lógica interna.

Ao final do capítulo, realizaremos uma análise geral de todo o material recolhido, tanto especificamente, como em relação aos dois blocos doutrinários. As ideias problemáticas não serão utilizadas, ou será utilizado o sentido considerado aproveitável para a construção de uma teoria sobre a coisa julgada e seu papel constitucional.

Pretendemos desconstruir a doutrina atual sobre a coisa julgada, separando os argumentos aproveitáveis dos não aproveitáveis, e contribuir para a construção de uma teoria sobre a coisa julgada compatível com o sistema jurídico brasileiro.

Também buscaremos os fundamentos últimos de cada bloco doutrinário ou o que seus argumentos têm em comum, apesar das divergências evidentes entre os argumentos que serão demonstrados.

As propostas de modificação legislativa e os trabalhos focados em legislação internacional não serão estudados neste capítulo, que tem foco na possibilidade de interação e compatibilidade dessas concepções brasileiras com o Direito, principalmente Constitucional, vigente no Brasil.

Quando falarmos em coisa julgada, a referência será à coisa julgada no caso concreto. Havendo necessidade, usaremos outros termos, como conceito de coisa julgada, coisa julgada formal, coisa julgada material e parâmetros de coisa julgada, para que não haja confusão. Optamos pela utilização do termo coisa julgada para o caso concreto pois os argumentos abordados tratam normalmente da manutenção ou relativização desta.

Apesar de certos argumentos adotarem uma leitura do tema com outra concepção de coisa julgada, como, por exemplo, em relação aos parâmetros infraconstitucionais da coisa julgada, o efeito pretendido pelas argumentações é sempre a relativização ou a manutenção das situações individuais já transitadas em julgado, sendo este um outro motivo para optarmos por este conceito como o geral.

3.1 Argumentos favoráveis à relativização

3.1.1 Da negação do caráter constitucional

Este argumento nega *status* constitucional à tutela dada à coisa julgada, pois o já transitado em julgado pode ser modificado por nova sentença.

A norma constitucional do artigo 5º, inciso XXXVI, seria aplicada apenas ao legislador, não ao Poder Judiciário, e o juiz poderia modificar o já julgado, no caso de violação da justiça e da constitucionalidade no caso concreto, sem prejuízo constitucional, pois a coisa julgada estaria protegida apenas infraconstitucionalmente.[272]

Defende a conformidade de todos os atos públicos com a Constituição, pois, apesar de presente a necessária compatibilidade da legislação com a Lei Fundamental, o mesmo não ocorre com a vinculação dos atos do Poder Judiciário.

A ausência de controle dos atos judiciais acarreta a institucionalização da sentença como impermeável e imodificável quando passada em julgado, apesar de possíveis vícios e inconstitucionalidades. Além disso, a inexistência, em certos casos, de formas recursais para a impugnação desses vícios, combinada a uma cultura de preponderância da atividade jurídica, acarreta certa preponderância do Judiciário, em relação aos demais poderes públicos.[273]

Prevê, com a manutenção dessa situação, que o Direito deixará de ser a Constituição para se tornar as próprias decisões judiciais, o que não se coaduna com o Estado de Direito, que impõe a compatibilidade de todos os atos do Poder Público com a Constituição.

Todos os atos públicos deveriam ter o mesmo tratamento do ato legislativo, o qual quando inconstitucional é considerado nulo, por meio da garantia da subordinação constitucional de todos os poderes constituídos e do afastamento do ato inconstitucional mesmo judicial,[274] pois este também seria nulo.[275]

---

[272] THEODORO JÚNIOR, Humberto; FARIA, Juliana Cordeiro de. A coisa julgada inconstitucional e os instrumentos processuais para o seu controle. In: NASCIMENTO, Carlos Valder do (Org.). *Coisa julgada inconstitucional*. 4. ed. Rio de Janeiro: América Jurídica, 2003. p. 70.

[273] Ibidem, p. 70-73.

[274] Ibidem, p. 74-76.

[275] Ibidem, p. 84.

Essa ideia de a coisa julgada não possuir valor absoluto, com consequente nulidade da sentença inconstitucional, está baseada na convergência da doutrina nacional em considerar a lei inconstitucional nula, o que impossibilitaria defender que as sentenças judiciais possuem um tratamento diferente dos atos do legislativo e do executivo, mesmo quando soberanamente julgadas.[276]

Considera incorreto o conceito de coisa julgada tradicional, devido à sua imutabilidade [277] e entende que, apesar de a coisa julgada ter sido "prestigiada pelo legislador constituinte, não se pode dizer que a matéria em questão tem a sua inserção na Constituição da República",[278] porque esta "não se preocupou em dispensar tratamento constitucional ao instituto da coisa julgada em si",[279] negando-lhe sede constitucional[280] e protegendo sua intangibilidade apenas infraconstitucionalmente.[281]

Conforme a premissa que o Princípio da Constitucionalidade é constitucional e a garantia da coisa julgada, infraconstitucional, não há conflito de normas no caso de sentença transitada em julgado baseada em lei inconstitucional, porque a proteção à coisa julgada estaria hierarquicamente inferior à conformidade entre as sentenças e a Constituição.[282]

A tese nega *status* constitucional à tutela da coisa julgada e o confere à proteção da constitucionalidade e justiça da sentença como forma de afastar "a séria angústia de se definir aquele que prevalece sobre o outro (...)",[283] pois a coisa julgada possui caráter meramente operacional de norma de Direito Processual infraconstitucional, resguardada apenas quando compatível com a Constituição.[284]

---

[276] NASCIMENTO, Carlos Valder. Coisa julgada inconstitucional. In: NASCIMENTO, Carlos Valder do (Org.). *Coisa julgada inconstitucional*. 4. ed. Rio de Janeiro: América Jurídica, 2003. p. 10-12.

[277] Ibidem, p. 80.

[278] Ibidem, p. 7.

[279] THEODORO JÚNIOR; FARIA, op. cit., p. 83.

[280] Ibidem, p. 84.

[281] NASCIMENTO, op. cit., p. 7.

[282] THEODORO JÚNIOR; FARIA, op. cit., p. 85.

[283] Ibidem, p. 84.

[284] NASCIMENTO, Carlos Valder. *Por uma teoria da coisa julgada inconstitucional*. Rio de Janeiro: Lumen Juris, 2005. p. 6.

Defende a supremacia do Princípio da Constitucionalidade como absoluta, sendo esse superior a todos os outros inseridos na Constituição Federal, o que tornaria impossível a ponderação do Princípio da Constitucionalidade ou da ordem constitucional, porque o prejuízo à coisa julgada seria vedado apenas à lei, com sua possível correção por sentença judicial.[285]

Para esta concepção, o conflito entre segurança e justiça é forjado para a supremacia da segurança e, consequentemente, da coisa julgada, em detrimento da justiça no caso concreto.[286]

Defende a intangibilidade da coisa julgada no caso de ilegalidade, sem estendê-la à inconstitucionalidade, pois naquele caso cabem os argumentos de segurança e certeza, e neste não, em razão de a inconstitucionalidade prejudicar a coisa julgada.[287]

Há quem argumente que no caso de inconstitucionalidade não ocorreria sequer crime de desobediência quando houvesse descumprimento de sentença proferida com este vício, pela nulidade da decisão.[288]

Dessa forma, o Poder Judiciário, como poder constituído e não poder constituinte, dependeria de ressalva constitucional para que a coisa julgada fosse imutável, independentemente de sua compatibilidade constitucional.[289] Assim, se o Estado de Direito prevê a subordinação de todos os poderes instituídos à Constituição, e o Poder Judiciário está nesse contexto, sua manifestação seria a própria vontade estatal, sendo impossível a existência de regras diversificadas para tais decisões judiciais, inclusive porque este poder não detém a soberania.[290] Além disso, sendo os três poderes iguais e harmônicos, seus atos se submetem à mesma modificabilidade, pois pensar de forma diferente seria dizer que a lei vale menos que a sentença judicial, o que, nesses termos, não seria correto.[291]

---

[285] BERALDO, Leonardo de Faria. A relativização da coisa julgada que viola a Constituição. In: NASCIMENTO, Carlos Valder do (Org.). *Coisa julgada inconstitucional.* 4. ed. Rio de Janeiro: América Jurídica, 2003. p. 129-132.

[286] NASCIMENTO, op. cit., p. 10-12.

[287] THEODORO JÚNIOR; FARIA, op. cit., p. 86-87.

[288] BERALDO, op. cit., p. 172-173.

[289] THEODORO JÚNIOR; FARIA, op. cit., p. 86-87.

[290] NASCIMENTO, op. cit., p. 3-4.

[291] BERALDO, op. cit., p. 132-136.

Dessa forma, o argumento traça um método para a relativização da coisa julgada, que ocorreria, conclusivamente, "mediante um critério prévio e abstrato de simples relação hierárquica".[292] As duas ideias contidas neste argumento são: que só a lei tutela a coisa julgada, independentemente de seu conteúdo; e que a Constituição protege a coisa julgada apenas se esta estiver em conformidade com o seu conteúdo.

Apesar de o posicionamento abordar a proteção da coisa julgada apenas em patamar infraconstitucional, não se posiciona sobre a relativização da coisa julgada em conformidade com a Constituição ou sobre a lei ser o fundamento para a abolição da coisa julgada da sentença a ser relativizada, independentemente do seu conteúdo, o que, em tese, seria possível na falta de proteção constitucional ao instituto.

Assim, consideramos errôneo negar caráter constitucional à coisa julgada, pois a Constituição impõe que todos os poderes constituídos respeitem não apenas a lei, mas também a coisa julgada, pois o fato de o legislador infraconstitucional delimitar a coisa julgada não retira seu caráter constitucional.[293] A assertiva de que a coisa julgada teria caráter meramente operacional, ou seja, seria apenas norma de direito infraconstitucional processual,[294] não pode prevalecer, pois o instituto em estudo é protegido pela Constituição explicitamente.

Outros argumentos, mesmo pró-relativização, aceitam a constitucionalidade da tutela à coisa julgada, por vezes de forma explícita, por vezes de forma implícita, quando percebemos a aceitação da constitucionalidade da tutela da coisa julgada pela lógica do descrito.

Por exemplo, no argumento da impossibilidade de formação da coisa julgada material em sentenças isentas de efeitos substanciais, que defende a proteção constitucional da coisa julgada mesmo em face de novo ato do Poder Judiciário, a modificação ocorreria

---

[292] TALAMINI, op. cit., p. 390-391.
[293] Ibidem, p. 388-390.
[294] NASCIMENTO, op. cit., p. 6.

apenas nos casos por ela elencados, nos quais a coisa julgada não se formaria.

Sobre o Judiciário se manifestar em último lugar sobre o direito a ser aplicado e controlar os outros órgãos públicos, afirmamos que esta é a opção do Estado Moderno, qual seja, a de delegar ao Poder Judiciário a obrigação de definir as situações controvertidas, pois "alguém precisa decidir de modo último e vinculante o sentido do ordenamento",[295] e esta opção é feita em favor de um órgão imparcial, com atuação objetiva em parâmetros processuais.[296] O Poder Judiciário falar em último lugar no caso concreto e controlar os outros poderes não é decisão arbitrária, pois existem meios para o seu controle, como a vigilância da doutrina, das organizações políticas, a possibilidade de juízes serem submetidos a processo disciplinar, com imputação de responsabilidade aos faltosos etc.

Seria descabido utilizar o mesmo meio para controlar a constitucionalidade do ato normativo e do ato jurisdicional, uma vez que o controle da constitucionalidade da lei deve ser feito, também, por ato jurisdicional. Dessa forma, a coisa julgada não pode ser considerada igual à lei, nem inferior a esta, conforme prega este argumento, pois mesmo a força de lei conferida à coisa julgada não descreve sua força, pela mesma ser superior à própria lei que não pode revogá-la.[297]

Sobre não haver conflito entre segurança jurídica e justiça, o qual seria forjado para favorecer a segurança e a coisa julgada,[298] em primeira análise, notamos que o conflito existe, pois, se a coisa julgada é protegida constitucionalmente e o argumento pretende ver prevalecer a justiça da decisão, forçoso entender que existe o referido conflito entre esses valores constitucionais.

Acerca da não ocorrência de crime de desobediência no caso de descumprimento da sentença transitada em julgado por sua inconstitucionalidade,[299] entendemos que não se pode ignorar

---

[295] TALAMINI, op. cit., p. 386-387.
[296] Ibidem, p. 386-387.
[297] Ibidem, p. 386-389.
[298] NASCIMENTO, op. cit., p. 10-12.
[299] BERALDO, op. cit., p. 172-173.

o comando constitucional que protege a coisa julgada, o que acarretaria, inclusive, a perda da autoridade do Poder Judiciário.

Para o não cumprimento da sentença judicial ser aceito, há necessidade de que outro ato do Poder Judiciário, permitido pela legislação em vigor, assim determine, pois, caso contrário, seria agravada a já problemática situação do Judiciário, que teria que lidar não apenas com a morosidade, mas também com o descumprimento de suas decisões por todo e qualquer prejudicado que interpretasse a lei em que se baseou sentença de seu interesse como inconstitucional.

Este argumento não resolve como ficaria regulado o caso concreto quando o Supremo Tribunal Federal realiza a modulação dos efeitos da lei declarada inconstitucional postergando-os para o futuro. Também não resolve se o interessado poderia esperar o prazo determinado para depois tentar modificar a sentença de seu interesse, já passada em julgado no período da modulação dos efeitos dessa lei, em razão da inconstitucionalidade declarada.

Utilizar a mesma modulação dos efeitos da inconstitucionalidade das leis para as sentenças passadas em julgado não seria possível, pois é ilógico declarar a nulidade de uma decisão, principalmente no caso concreto, com a simultânea manutenção de seus efeitos anteriores.

Se a declaração de inconstitucionalidade e a manutenção das decisões inconstitucionais objetivarem maior discussão sobre o assunto, esse debate ocorreria em sede imprópria, pois a livre modificação das decisões e a modulação dos efeitos da coisa julgada no caso concreto dariam muito poder ao Judiciário. Inclusive, este argumento não resolve o problema de a Constituição validar a coisa julgada inconstitucional, pois no caso da autoridade suprema desta, a sentença protegida deveria ser respeitada, independentemente de seu conteúdo, se assim determinado.

Não buscamos uma interpretação constitucional imutável, pois há necessidade de certa atualização da norma com o decorrer do tempo, inclusive porque a Constituição traz vários valores contraditórios, porém, quando há tal modificação interpretativa, os mesmos parâmetros devem ser usados para todos os casos apreciados pelo Judiciário. No entanto, na discussão sobre a coisa

Direito fundamental à coisa julgada: problemas constitucionais de sua relativização | 81

julgada inconstitucional, encontramos posições com incoerências internas como, por exemplo, a coisa julgada ser tratada como absurda e injusta se relativizada para o indivíduo devolver dinheiro ao Estado[300] e os efeitos da coisa julgada serem modulados quando o Estado deve devolver dinheiro ao indivíduo por pagamento de crédito tributário, claramente inconstitucional.[301]

Outro problema da modificação do julgado está na possibilidade de contenda eterna, sem corte temporal, excluindo o fato de o proferimento da sentença ser sanatório de qualquer preclusão e decadência. Além disso, a legislação de novos parâmetros à coisa julgada impediria a relativização, como no caso dos embargos do artigo 741, do Código de Processo Civil, que exemplifica a resolução do problema pela legislação de novos meios de impugnação, de rescisão ou de recurso em determinados casos.[302]

Enfim, não concordamos com o argumento de que a proteção à coisa julgada possui sede infraconstitucional e que o método para sua relativização pode ocorrer "mediante um critério prévio e abstrato de simples relação hierárquica",[303] pois nos perfilamos à concepção da coisa julgada tutelada constitucionalmente.

3.1.2 Dos Princípios da Legalidade e da Moralidade

O argumento da necessária aplicação dos Princípios da Legalidade e da Moralidade defende a relativização da coisa julgada inconstitucional, pois o direito só tem "êxito na sua aplicação"[304] se

---

[300] THEODORO JÚNIOR; FARIA, op. cit., p. 69-70.

[301] Ibidem, p. 102-107. Ainda os autores, citando ideia de Eduardo Garcia de Enterría, dizem do entendimento da: "(...) Suprema Corte Americana no sentido de não ordenar a devolução de impostos já pagos por diversas razões, tais como: a) o fato de o contribuinte ter auferido os benefícios dos gastos públicos financiados; b) desorganização das finanças públicas; e c) definitividade das transações. Enfim, a quebra da indispensável segurança das relações jurídicas". Percebe-se, claramente, um raciocínio pró-estatal.

[302] SILVA, Ovídio A. Batista. Coisa julgada relativa?. In: DIDIER JÚNIOR, Fredie (Org.). *Relativização da coisa julgada*: enfoque crítico. Salvador: Juspodium, 2004. p. 218.

[303] TALAMINI, op. cit., p. 390-391.

[304] DELGADO, José Augusto. Efeitos da coisa julgada e os princípios constitucionais. In: NASCIMENTO, Carlos Valder do (Org.). *Coisa julgada inconstitucional*. 4. ed. Rio de Janeiro: América Jurídica, 2003. p. 29.

82 | Carolina de Albuquerque

sua interpretação e aplicação forem constitucionais. O normativo deve vincular-se à realidade, sem espaço para uma ciência pura do direito, que afaste a ponderação da justiça, motivo último do direito. Defende ser indispensável a relação entre a sentença, a legalidade e a moralidade, devendo até a lei subordinar-se à última,[305] para que haja a "descoberta do justo pela razão".[306]

Diz que o Judiciário deve adotar a absoluta "supremacia do Princípio da Moralidade", que é a "essência do direito", pela sua competência para revisar seus atos e incutir responsabilidade aos seus servidores, e deve ser o "mais vinculado" dos outros poderes, por regular sua própria conduta e a dos seus juízes.[307]

Afirma que a violação deste Princípio acarretaria a inexistência dos direitos,[308] pois a coisa julgada se baseia na "verdade, certeza e justiça",[309] pois apenas outra sentença pode desconstituí-la, não a lei.[310]

A coisa julgada teria autoridade de lei entre as partes, porém não atingiria a verdade dos fatos.[311] Assim, apesar da existência de motivos políticos, como a estabilidade dos direitos, e de motivos jurídicos,[312] como a citação da coisa julgada pela Constituição, para a imutabilidade da coisa julgada, estes são insuficientes para justificar a manutenção de graves imoralidades.[313]

Explica que a injustiça deve sempre ser afastada e que a coisa julgada é um instrumento processual vinculado à legalidade

---

[305] Ibidem, p. 30.
[306] Ibidem, p. 31.
[307] Ibidem, p. 31.
[308] Ibidem, p. 32.
[309] Ibidem, p. 34.
[310] Ibidem, p. 35.
[311] Ibidem, p. 40.
[312] Cf. Ibidem, p. 42. Segundo o autor, as teorias sobre os motivos jurídicos são: "a) a presunção da verdade contida na sentença (Ulpiano, Pothier e outros); b) a ficção da verdade ou da verdade artificial (Savigny); c) a da força legal, substancial da sentença (Pargenstecher); d) a da eficácia da declaração contida na sentença (Hellwig, Binder, Stein); e) a da extinção da obrigação jurisdicional (Ugo Rocco); f) a da vontade do Estado (Chiovenda e doutrinadores alemães); g) a de que a autoridade da coisa julgada está no fato de provir do Estado, isto é, na imperatividade do comando da sentença onde concentra-se a força da coisa julgada (Chiovenda); e h) a teoria de Liebman que vê na coisa julgada uma qualidade especial da sentença".
[313] Ibidem, p. 42.

Direito fundamental à coisa julgada: problemas constitucionais de sua relativização | 83

e à moralidade, o que impede a lei entre as partes valer mais que a Constituição, com a qual deve guardar compatibilidade para a existência da coisa julgada. A prevalência da segurança traria certeza mas não a realidade dos fatos, já a injustiça impediria o trânsito em julgado, pois a moralidade, a legalidade e a justiça seriam os pilares do regime democrático protegido constitucionalmente.[314] Assim, a estabilidade ocorreria apenas quando amparada na confiabilidade das instituições e no justo.[315]

O Princípio da Legalidade é entendido não na exata aplicação da lei ao caso concreto, mas na utilização de princípios, doutrina, jurisprudência etc., pois o juiz deve decidir com base no sistema jurídico.[316] Portanto, afirma esta concepção que a coisa julgada é relativa e nunca passa em julgado se inconstitucional,[317] pois a sentença deve ser justa e sustentar o estado democrático e a inconstitucionalidade deve ser revista a qualquer tempo, pelos fatos da sentença nunca passarem em julgado e a segurança jurídica vincular-se à proporcionalidade e à razoabilidade.[318]

Notamos aqui um posicionamento diferente do argumento anterior no que tange à proteção da coisa julgada, a qual é constitucional quando justa.

Esta tese, apesar de defender que a injustiça impede o trânsito em julgado,[319] e de pretender a "descoberta do justo pela razão",[320] não define o justo, embora exponha a moralidade, a legalidade e a justiça como pilares do regime democrático constitucional.[321] Além disso, não explica como ponderar o Princípio da Moralidade ou como aplicar os elementos que efetivariam o Princípio da Legalidade, como a jurisprudência, a doutrina etc. Isso sem considerar as divergências destes elementos.

---

[314] Ibidem, p. 45.

[315] Ibidem, p. 46.

[316] WAMBIER, Teresa Arruda Alvim; MEDINA, José Miguel Garcia. *O dogma da coisa julgada*. São Paulo: Revista dos Tribunais, 2003. p. 174-175.

[317] NASCIMENTO, op. cit., p. 18-19.

[318] DELGADO, op. cit., p. 60-61. Não falaremos sobre todos os casos práticos expostos, que podem ser conferidos nas p. 61-67.

[319] Ibidem, p. 45.

[320] Ibidem, p. 31.

[321] Ibidem, p. 45.

Apesar de afirmar que a segurança jurídica possui sede infraconstitucional,[322] defende que a coisa julgada não é protegida apenas nos casos de injustiça ou inconstitucionalidade. Assim, parece vincular a segurança jurídica à proporcionalidade e à razoabilidade.[323]

Não há clareza acerca de a coisa julgada ser ou não protegida constitucionalmente, pois, algumas vezes, o argumento foca princípios constitucionais, sem a explicação simplista da coisa julgada ser apenas infraconstitucional, outras, a segurança jurídica é tratada como infraconstitucional e a coisa julgada, impassível de desconstituição apenas pela lei.[324] Percebemos inexistir um posicionamento claro sobre a questão crucial da forma de proteção dada à coisa julgada, que deveria delinear qualquer afirmação sobre o tema.

Essa posição elenca os casos em que a coisa julgada de pronto deveria ser relativizada. Porém, esses exemplos são, às vezes, bem específicos, como a coisa julgada que determina "vitalício o cargo de juiz com, apenas, um ano de exercício" e, outras vezes, são muito amplos, como a sentença "baseada em fatos falsos", "ofensiva à soberania estatal", ou "contra os bons costumes e os valores morais da sociedade".[325]

Não concordamos com este rol, pois dar tal amplitude ao termo coisa julgada inconstitucional é perigoso e, apesar de os casos específicos demonstrarem injustiças, não há clareza sobre fórmulas objetivas para a investigação das situações a serem relativizadas, sem casuísmo.[326]

O instituto da coisa julgada ficaria vazio se aceitássemos a premissa de as sentenças com "graves injustiças" ou "absurda lesividade" serem relativizáveis, em razão da dificuldade de separar a sentença injusta da "gravemente" injusta e de medir a lesividade normal para apurar a lesividade absurda.[327] Mesmo se fosse possível fazer a distinção entre injustiças graves e não tão graves, a

---

[322] Ibidem, p. 45.
[323] Ibidem, p. 60-61.
[324] Ibidem, p. 35.
[325] TALAMINI, op. cit., p. 390-391.
[326] Ibidem, p. 391.
[327] SILVA, op. cit., p. 220.

relativização apenas dos casos extremos manteria as sentenças um pouco injustas, o que consideramos incompatível com a aplicação dos Princípios da Legalidade e da Moralidade, nos moldes desse argumento.

Sobre a submissão estrita ao Princípio da Legalidade, acreditamos que a adoção de um único ponto de vista como legal e todos os outros como ilegais separaria as normas em dois arcabouços: de um lado estariam as normas legais e do outro, as normas ilegais. Porém, o argumento não resolve como separar essas normas, havendo a mesma problemática quanto ao justo e ao injusto. Isso sem pensar na dificuldade de escolher quem daria a última palavra sobre o direito justo, legal e absoluto.[328]

3.1.3 Da sentença sem efeitos substanciais

O argumento da impossibilidade de coisa julgada material em sentenças isentas de efeitos substanciais, apresentada também como "teoria das impossibilidades", parte do pressuposto de que a coisa julgada é qualidade dos efeitos da sentença e está vinculada à sua existência e substancialidade.[329]

A "impossibilidade jurídica dos efeitos da sentença" impediria a formação da coisa julgada, e a sentença seria um ato jurídico sem força para concretizar seus efeitos. Portanto, pretende a tese ponderar valores em busca desses casos "excepcionalíssimos", nos quais a coisa julgada deve ser afastada, apesar de afirmar a inexistência de solução prévia e absoluta para tanto.[330]

O problema das teorias sobre a quebra da coisa julgada, conforme esta concepção, está na inadequação entre a relativização e um critério objetivo, como na impossibilidade jurídica do pedido ou na "macroimprocedência",[331] pois nem sempre nos casos

---

[328] Ibidem, p. 222.
[329] TALAMINI, op. cit., p. 392.
[330] Ibidem, p. 392-394.
[331] Macroprocedência significa "um julgamento de mérito que prescinde de provas", podendo o juiz perceber de plano a impossibilidade jurídica do pedido e sua inviabilidade sem examinar os fatos apresentados, apenas utilizando as normas vigentes, cf. Ibidem, p. 382-383.

86 | Carolina de Albuquerque

concretos há violação de direito expresso ou problemas relativos à sua aplicação. Além disso, as situações inaceitáveis podem ocorrer na apreciação da realidade para o julgamento, o que implica em necessários critérios e mecanismos internos para alcançar esse juízo comparativo equilibrado. A tese afirma que a sentença a ser relativizada deve ser desconstituída e não considerada inexistente, prescindindo de adequado meio processual para tanto.[332]

Os resultados estáveis advindos do processo só ocorreriam sem prejuízo da justiça, que deve ser garantida, pelo procedimento vincular-se ao valor do justo, ao contraditório, à ampla defesa, ao devido processo legal, ao juiz natural, à igualdade, aos recursos e à ação rescisória.

Propõe a interpretação dos princípios e garantias do processo civil para a promoção de um sistema processual justo, servindo seus princípios à ordem justa, não aos "fetiches da ordem processual".[333] Utiliza as premissas de que a coisa julgada não pode ir além dos seus efeitos imunizados e deve estar em equilíbrio com os institutos que buscam o "resultado justo".[334]

A inexistência da coisa julgada quando "delinquente", ou nas sentenças desprovidas de efeitos substanciais, é exemplificada nos casos de investigação de paternidade fraudulenta e dano ambiental não verificado, pois sua manutenção consagraria sentenças advindas de fraude, ou de "formas delituosas do processo". Defende que o rol de situações que merecem ser relativizadas deve ser determinado,[335] pois a coisa julgada deve se condicionar aos valores da decisão.[336]

Apesar do casuísmo utilizado, as situações concretas citadas possuiriam em comum a "prevalência do substancial sobre o processual", porém, sem critérios objetivos para o afastamento

---

[332] Ibidem, p. 393-394. Cf. DINAMARCO, Cândido Rangel. Relativizar a coisa julgada material. *Revista da Escola Paulista da Magistratura*, v. 2, n. 2, p. 36, jul./dez. 2001. no exemplo do exame de DNA inexistente à época do processo, não há violação da sentença e sim "uma repercussão na mesma".

[333] DINAMARCO, op. cit., p. 8-9.

[334] Ibidem, p. 9.

[335] Ibidem, p. 14-18.

[336] Ibidem, p. 19-22.

ou mitigação da coisa julgada, apesar de intentar-se buscar esses critérios objetivos, pois no caso de "impossibilidade jurídica dos efeitos da sentença", existiria a necessidade de flexibilização.[337]

Diz que o direito a certo bem precede o processo, o qual deve definir o devido, que seria seu efeito substancial. Na falta desse efeito, existindo apenas efeitos processuais, não haveria coisa julgada material, apenas coisa julgada formal, pois esta não teria dimensão própria e sim a dos efeitos substanciais da sentença, como, por exemplo, em sentença que determinasse o recesso de Estado brasileiro ou o cumprimento de cláusula contratual que obriga o pagamento com a carne do devedor, como no Mercador de Veneza.[338] Essas sentenças deveriam ser repelidas por razões de ordem constitucional; no primeiro caso, pela força da nação ser autorizada a impedir essa execução e, no segundo, pela resistência do condenado ser legítima.[339] Assim, a sentença inconstitucional não é como o ato jurídico inexistente, pois haveria efeitos processuais em relação à sentença, faltando-lhe a eficácia dos seus efeitos substanciais.

Outra ideia apresentada é a de que os princípios servem ao homem, e lhe dão felicidade, sem vinculação a qualquer predeterminação, e estes devem ser sopesados em cada caso para não se "sacrificar o insacrificável". Portanto, considera inconstitucional a "leitura clássica da garantia da coisa julgada" e defende a pertinência do problemático termo coisa julgada inconstitucional, pois se a coisa julgada incide sobre os efeitos substanciais da sentença, no caso de não havê-los, não há coisa julgada.[340]

Em síntese, 1. a coisa julgada aqui está vinculada aos Princípios da Razoabilidade, Proporcionalidade e, quando "muito" lesiva ao Estado, à moralidade administrativa; 2. o justo valor das

---

[337] Ibidem, p. 27-28.
[338] Cf. SHAKESPEARE, William. *The merchant of venice*. England: Penguin Books, 1968. p. 3, parágrafo 140: "Go with me to a notary, seal me there/ Your single bond, and, in a merry sport/ If you repay me not on such a day/ In such a place, such sum or sums as are/ Expressed it the condition, let the forfeit/ Be nominated for an equal pound/ Of your fair flesh, to be cut off and taken/ In what part of your body pleaseth me".
[339] DINAMARCO, op. cit., p. 28-31.
[340] Ibidem, p. 32.

indenizações é insuperável, assim como a cidadania, os direitos do homem e o meio ambiente equilibrado; 3. a revisão do julgado é obrigatória no caso de erro grosseiro e a ordem jurídica justa é garantia constitucional que repele a coisa julgada injusta, apesar do caráter excepcional dessa flexibilização.[341]

Por outro lado, pensamos que nesses casos limítrofes, como o pagamento de dívida com préstimos sexuais ou com carne do devedor, a parte interessada tem que impetrar remédio para a desconstituição dessa sentença, utilizando, por exemplo, a ação rescisória, pois havendo sentença que assim o disponha não se vai esperar o decurso de prazo para posterior impugnação. A própria concepção diz que a coisa julgada inconstitucional seria inválida e não inexistente, devendo ser desconstituída. Isso incide na sua possível manutenção, tendo em vista a impossibilidade de impedir a formação da coisa julgada no caso concreto e permitir a modificação eterna do julgado.

Se acatada a tese, não poderemos falar em flexibilização da coisa julgada, pois a coisa julgada nem se formaria. Porém, mesmo com a inexistência da coisa julgada, não teríamos uma sentença inexistente, pois lhe faltaria eficácia, o que demandaria ato para a sua desconstituição e tornaria necessária a existência da coisa julgada, independentemente de seu conteúdo.

Mesmo ponderando valores em busca de casos "excepcionalíssimos",[342] o argumento não alcança este objetivo, uma vez que repete os casos apresentados como injustos em outros trabalhos, como o do DNA, da justa indenização, ou da proteção ambiental, além destes serem trabalhados de forma superficial. Se pensarmos o justo valor das indenizações, a cidadania, os direitos do homem, o meio ambiente equilibrado[343] como insuperáveis, estariam na mesma categoria a autoafirmação dos povos e a paz, o desenvolvimento e o meio ambiente, que são incompatíveis e impossíveis de absolutizar.

---

[341] Ibidem, p. 24-25.
[342] TALAMINI, op. cit., p. 392-394.
[343] DINAMARCO, op. cit., p. 24-25.

Há doutrina que afirma que este argumento radicaliza a ideia de coisa julgada adstrita aos efeitos da sentença judicial já existente,[344] além de esquecer que, em determinado caso, pode inexistir efeito declaratório a ser imunizado, com efeitos externos ao ato jurisdicional.[345]

Assim, olhamos com cautela a "perigosa indeterminação do pressuposto utilizado", qual seja o de "grave injustiça", como parâmetro para a inexistência de efeitos substanciais das sentenças, como mote para a relativização da coisa julgada.[346]

3.1.4 Do homem comum

A coisa julgada inconstitucional para este argumento deve ser relativizada quando o juiz, pensando como o "homem da rua", ou o homem comum, não aceitar o que a sentença passada em julgado determinou, como por exemplo, privar um filho de seu pai,[347] entre outros casos de flagrante injustiça.

O juiz deveria afirmar os valores da sociedade, sem se esconder atrás da coisa julgada, apesar de essa atitude acarretar certa insegurança. Porém, a "ordem jurídica é composta de um harmonioso equilíbrio de certezas, probabilidades e riscos"[348] e certos riscos razoáveis devem ser assumidos em busca da justiça, pois o exercício jurisdicional é passível de erro.

Percebemos um problema neste raciocínio no exemplo da revisão da sentença que obriga uma indenização injusta decorrente de desapropriação.[349] As indenizações por desapropriação têm seu valor fixado por órgão estatal, têm sua necessidade determinada por órgão estatal, a propriedade do bem fica com ente estatal e a ação é julgada pelo poder público e defendida por órgão público, além do reexame necessário a que essas decisões são submetidas, o que

---

[344] Cf. teoria de LIEBMAN, op. cit., 1984.
[345] SILVA, op. cit., p. 216.
[346] Ibidem, p. 218.
[347] DINAMARCO, op. cit., p. 36-37.
[348] Ibidem, p. 38.
[349] Ibidem, p. 24-25.

deveria fazer preponderar o interesse público. Assim, consideramos a apresentação do problema simplista, uma vez que não trata de todos os aspectos da realidade tão prezada pela teoria e tenta enganar o senso comum apresentando apenas uma das várias facetas dos problemas concretos utilizados como exemplos.

O próprio autor da tese relata que "os precedentes jurisprudenciais brasileiros colhidos na pesquisa feita apontam exclusivamente casos em que se modificam indenizações a serem pagas pelo Estado, notando-se até uma preocupação unilateral pela integridade dos cofres públicos (...)".[350] Por este motivo destacamos a necessidade do elenco de situações concretas e critérios objetivos para a eventual desconsideração da coisa julgada, por exemplo, pela modificação de seus parâmetros processuais, o que não se apresenta na referida tese.

Para o pensar como o "homem da rua", ou o homem comum — que não aceitaria flagrantes injustiças[351] — ter importância teórica, este precisaria ter relevância no caso concreto e livre acesso aos fatos e provas referentes à situação analisada, pois a decisão de um caso fácil, por meio da simplificação da realidade complexa em que se vive, não pode ser argumento teórico.

Nada se decide judicialmente pensando como um homem comum, pois regras processuais têm obrigatoriamente que ser seguidas, tanto que nenhum integrante do Poder Judiciário pode fundamentar sua decisão no fato de ter enfrentado a lide como faria o homem comum.

3.1.5 Da sentença inexistente

Esta concepção pró-relativização entende que a coisa julgada não se forma na falta das condições da ação, o que acarreta a inexistência da sentença, e, a consequente ampliação da noção tradicional de sentença inexistente.[352]

---

[350] Ibidem, p. 35.
[351] Ibidem, p. 36-37.
[352] TALAMINI, op. cit., p. 377.

Direito fundamental à coisa julgada: problemas constitucionais de sua relativização | 91

O argumento fundamenta-se na ideia de a sentença, proferida em desconformidade com a Constituição, não passar em julgado e considera a não formação de coisa julgada nas sentenças sem cognição suficiente a melhor forma de impedir a eternização de situações indesejáveis, como já ocorre nos casos das cautelares, monitórias e execuções.[353]

Faz uma interpretação menos rigorosa das hipóteses de cabimento da rescisória, por meio de um redimensionamento desta ação, a qual relativizaria os casos de sentença passada em julgado, quando inexistente, abarcando no conceito de inexistência: 1. as sentenças promulgadas sem a presença das condições da ação; 2. as ofensivas à coisa julgada; 3. as embasadas em lei declarada inconstitucional pelo Supremo; 4. as que afastam a incidência de norma considerada inconstitucional no caso concreto que, posteriormente, é declarada constitucional pelo Supremo; 5. os casos de pedido feito na inicial e não decidido; e 6. os de pedido não feito e decidido.[354]

Apesar de a tese não tratar apenas da falta de condição da ação como hipótese para que ocorra a inexistência da sentença transitada em julgado, nas outras possibilidades apresentadas também haveria a falta de condição da ação, pois, seguindo o raciocínio utilizado, no segundo, quinto e sexto exemplos apresentados haveria a falta de interesse de agir, e no terceiro e quarto, a impossibilidade jurídica do pedido.[355]

Defende que na falta de condição da ação, haveria apenas "aparência de jurisdição", portanto, a ação não existiria.[356] Além disso, há clara intenção de ampliar as hipóteses de falta de condições da ação, como no caso de não feitura de DNA, que deve realizar-se em nova sede processual na falta do mesmo em processo anterior, pois sua feitura prévia é prescindível, uma vez que a falta de parentesco

---

[353] TALAMINI, Eduardo. Embargos à execução de título judicial eivado de inconstitucionalidade. In: DIDIER JÚNIOR, Fredie (Org.). *Relativização da coisa julgada*: enfoque crítico. Salvador: Juspodium, 2004. p. 231-232.

[354] Idem, op. cit., p. 26, 39, 54, 78.

[355] TALAMINI, op. cit., p. 377-378.

[356] Ibidem, p. 378-379.

na realidade, mesmo declarado na sentença transitada em julgado, acarretaria a ilegitimidade de parte.[357]

As ações sobre o estado da pessoa não formariam coisa julgada, pois é possível impetrar nova ação para sua comprovação. Isso porque, no caso de existirem meios para a comprovação da realidade, estes devem ser utilizados, pois a tutela de interesses indisponíveis deve ser diversificada legislativamente, sendo conveniente a diferenciação da tutela neste caso. Defende um "microssistema diferenciado" para a regulação do parentesco, por sua indisponibilidade.[358] Assim, a produção da coisa julgada nestas ações ocorreria apenas se seu resultado estivesse em conformidade com a produção probatória.[359]

Para esta concepção, a sentença inexistente não precisa ser rescindida, pois para sua inefetividade deve ser impetrada *querella nulitatis*, ou ação autônoma de declaração de inexistência. Porém, apesar de a citada *querella* ser o remédio considerado cabível para a desconstituição da sentença inexistente, pela "teoria da aparência" seria também possível a utilização da rescisória, pois a sentença apenas aparenta ser sentença, sendo aparente também seu trânsito em julgado. Com isso, haveria a aplicação do Princípio da Fungibilidade, não apenas em relação aos recursos a serem impetrados, mas também em relação aos meios utilizados para a impugnação de sentenças judiciais. Este seria o caso da falta de exame de DNA, podendo a rescisória ser interposta em dois anos após a obtenção do exame, assim como no caso de declaração de inconstitucionalidade declarada pelo Supremo, em que a sentença poderia ser rescindida em dois anos após essa declaração.[360]

Em síntese, a tese pretende ver na falta de condição da ação a razão para a configuração da sentença inexistente.[361]

---

[357] WAMBIER; MEDINA, op. cit., p. 186-187, 203.

[358] Ibidem, p. 188, 195-196.

[359] FARIAS, Cristiano Chaves de. Um alento ao futuro: novo tratamento da coisa julgada nas ações relativas à filiação. In: DIDIER JÚNIOR, Fredie (Org.). *Relativização da coisa julgada*: enfoque crítico. Salvador: Juspodium, 2004. p. 81.

[360] WAMBIER; MEDINA, op. cit., p. 208, 238-239.

[361] TALAMINI, op. cit., p. 383-384.

O primeiro problema que encontramos é que a ação de *querella nulitatis* não está regulamentada no direito brasileiro, sequer em sede infraconstitucional. Além disso, sendo a *querella nulitatis* utilizada na inexistência do ato jurídico, consideramos desnecessário impetrar qualquer ação autônoma para sua apreciação, devendo o juiz, a qualquer tempo, desconhecer o processo anterior, como ocorre, por exemplo, no caso de falta da citação do réu, pela força do artigo 214 do Código de Processo Civil.[362]

Casos de inexistência são chamados pela doutrina de *querella nulitatis* e esta deve ser aceita independente de pedido, sem qualquer declaração formal do juiz. Assim, incabível a ação rescisória, pois a própria inexistência do ato implica na sua não apreciação em qualquer sede, isso apesar de avençar-se a possibilidade de ação declaratória negativa em caso de dúvida sobre a inexistência do ato no mundo jurídico.[363]

Sobre a base teórica utilizada por esta teoria, quais sejam: 1. há apenas aparência de jurisdição na falta de condições da ação e 2. a ação com falta dessas condições não seria ação e apenas o exercício de um direito à petição, encontramos os seguintes problemas: na primeira ideia, a atividade jurisdicional que não recebe a ação por falta de suas condições é uma atividade preliminar e não jurisdicional, portanto, isso não pode causar a relativização da coisa julgada; na segunda ideia, o acesso à justiça é um direito, mesmo no caso de o autor não possuir razão para tanto, estando ou não presentes ditas condições e pressupostos processuais, o que implica apenas na invalidade nos casos apresentados, pois o autor estaria integrado na relação processual, apesar da falha em seu pleito.[364]

Na tentativa de ampliar as hipóteses de falta de condições da ação, são expostos raciocínios que não se sustentam nos casos concretos. O exemplo de a falta do parentesco de fato já declarado na sentença em ação de investigação de paternidade acarretar ilegitimidade da parte não pode prevalecer, pois a relação ou não

---

[362] Art. 214, do CPC: "Para a validade do processo, é indispensável a citação do réu".
[363] GRECO FILHO, op. cit., p. 59.
[364] TALAMINI, op. cit., p. 378-380.

de parentesco é o mérito do processo, portanto a legitimidade existe entre os possíveis pai e filho, não apenas entre o pai e o filho verdadeiros.[365]

Apesar de o argumento defender que as sentenças com soluções juridicamente impossíveis são inexistentes, pois o próprio pedido é juridicamente impossível, logo inexistente, e que a rejeição do pedido que causa situação juridicamente impossível acarreta sentença rescindível, não podemos dispensar diferentes tratamentos para situações similares, portanto os vícios, nos dois casos, devem ser considerados de mérito e não de falta de condição da ação, pois a impossibilidade jurídica do pedido ocorreria apenas quando "o instrumento processual adotado pelo autor é direta ou indiretamente proibido pelo sistema", o que não ocorre, pois onde há a impossibilidade normativa de obtenção do bem pretendido, existe motivo para a improcedência da ação com julgamento de mérito, não para a inexistência da sentença.[366]

Utilizar a falta de condição da ação como razão para a inexistência da sentença não procede, pois não podemos relacionar a falta de condição da ação com situações em que o problema encontra-se no mérito.[367]

3.1.6 Da fungibilidade dos meios rescisórios

A sentença inconstitucional, para este argumento, não é inexistente, o que ocorreria nos casos de sentença proferida sem dispositivo ou com falta de citação, e, sim, inválida, como nos casos de sentença injusta, contra a natureza, ou que faz do preto, branco, porque esta advém de processo regular, apesar de viciada.[368] Considera também que a sentença inválida não prevalece, pois hoje o Processo Civil busca maior aproximação possível do "Direito justo".[369]

---

[365] Ibidem, p. 381-382.
[366] Ibidem, p. 381-384.
[367] Ibidem, p. 383-384.
[368] THEODORO JÚNIOR; FARIA, op. cit., p. 89.
[369] Ibidem, p. 91.

Direito fundamental à coisa julgada: problemas constitucionais de sua relativização | 95

As sentenças que não observam regras, princípios e garantias constitucionais, deveriam ser tratadas da mesma forma que os atos inconstitucionais do Poder Legislativo,[370] pois, se a nulidade de atos judiciais é sanável por meio de ação rescisória e revisão criminal — hipótese acatada pelos processualistas —, precisa-se ampliar o instituto para abarcar as sentenças inconstitucionais, mesmo transitadas em julgado.[371]

No entanto, "O exame do ordenamento jurídico nacional revela que não há nenhum mecanismo cuja previsão seja expressa para controle da coisa julgada inconstitucional[372] (...)" e a única forma para tanto é a ação rescisória, apesar de sua utilização para casos de sentença ilegal e inconstitucional, com mesmo mecanismo e mesmo prazo para as duas hipóteses, o que não é considerado ideal.[373]

Assim, essa concepção prega a utilização da ação rescisória nos casos de coisa julgada inconstitucional sem a observação de seu prazo legal como "medida extraordinária diante da gravidade do vício contido na sentença".[374] Também são considerados cabíveis a ação declaratória de nulidade e os embargos à execução, pois seria absurdo um juiz executar sentença eivada de inconstitucionalidade e não apreciar casos de flagrante inconstitucionalidade,[375] quando impetrada nova ação para a sua discussão.

Sobre os remédios processuais a serem utilizados, há referência à ação autônoma (declaratória negativa de certeza), à rescisória e à alegação do vício em outro processo. Sustenta a ampla abertura das vias recursais para alguns casos, como a falta de observação das regras do litisconsórcio necessário e unitário. Propõe o redimensionamento da ação rescisória, pois, como sua admissibilidade é muito restrita, deve-se ampliar a interpretação desses parâmetros

---

[370] Ibidem, p. 92.
[371] NASCIMENTO, op. cit., p. 14.
[372] THEODORO JÚNIOR; FARIA, op. cit., p. 93.
[373] Ibidem, p. 93.
[374] Ibidem, p. 96, sendo a forma admitida pela apreciação dos Princípios da Instrumentalidade e da economia.
[375] Ibidem, p. 96-97.

para que a inconstitucionalidade seja mote para a revisão da sentença, por exemplo, no caso de servidores que, em razão de ação judicial, possuem rendimentos diversos.[376]

Sua fundamentação está na legislação que inseriu dispositivos para impedir a execução da coisa julgada inconstitucional, como a modificação na Consolidação das Leis Trabalhistas[377] e a edição da Medida Provisória nº 2.180/01 que altera o artigo 741,[378] do Código de Processo Civil. Apesar disso, afirma que essas modificações legislativas são desnecessárias, pois outros meios podem alcançar o resultado pretendido, em razão de o vício da sentença possuir tal gravidade que dispensa a declaração da inconstitucionalidade pelo Supremo para seu afastamento, apesar de esta vincular todo o Poder Judiciário.[379]

A despeito da eficácia *ex tunc* dada a essa declaração da inconstitucionalidade, entende que os efeitos da decisão de inconstitucionalidade da coisa julgada devem ser descritos em cada caso, porque, mesmo se o Supremo declarar uma inconstitucionalidade ressalvando a coisa julgada, esta decisão não atingiria as situações não sentenciadas, mas já formadas no passado,[380] apesar de o Princípio Republicano proteger a segurança jurídica, conforme o Preâmbulo da Constituição Federal.[381]

---

[376] DINAMARCO, op. cit., p. 38-41 e CÂMARA, Alexandre Freitas. Relativização da coisa julgada material. In: NASCIMENTO, Carlos Valder do (Org.). *Coisa julgada inconstitucional.* 4. ed. Rio de Janeiro: América Jurídica, 2003. p. 200.

[377] Parágrafo 5º, do art. 884 da Consolidação das Leis Trabalhistas: "Considera-se inexigível o título judicial fundado em lei ou ato normativo declarados inconstitucionais pelo Supremo Tribunal Federal ou em aplicação ou interpretação tidos por incompatíveis com a Constituição Federal".

[378] Parágrafo único do art. 741, CPC: "Para efeito do disposto no inciso II deste artigo, considera-se também exigível o título judicial fundado em lei ou ato normativo declarados inconstitucionais pelo Supremo tribunal federal ou em aplicação ou interpretação tidas por incompatíveis com a Constituição Federal".

[379] THEODORO JÚNIOR; FARIA, op. cit., p. 99.

[380] Lei nº 9.868/99, art. 27: "Ao declarar a inconstitucionalidade de lei ou ato normativo, e tendo em vista razões de segurança jurídica ou de excepcional interesse social, poderá o Supremo Tribunal Federal, por maioria de dois terços de seus membros, restringir os efeitos daquela declaração ou decidir que ela só tenha eficácia a partir de seu trânsito em julgado ou de outro momento que venha a ser fixado".

[381] THEODORO JÚNIOR; FARIA, op. cit., p. 103-107, usam como exemplo a eficácia sempre *ex nunc* em relação a decisões sobre o Direito tributário.

Não são endossadas as preocupantes soluções dadas apenas em favor do Estado, porém entende necessária a flexibilização igualitária dos julgados, se necessário.[382]

Por outro lado, há trabalhos que defendem que a ação rescisória é inapta para resolver esta situação, ou qualquer outro meio recursal existente. Pois, neste caso, a *querella nulitatis* seria cabível, por ser ação autônoma e não observar o prazo da rescisória.[383]

Dessa forma, o argumento defende, por vezes de forma ampla, por vezes de forma restrita, a existência de meio formal para a desconstituição da coisa julgada inconstitucional.

Sobre as modificações trazidas pela Medida Provisória citada e seu cabimento não apenas em prol do Estado, perguntamos: qual resultado passará a vigorar quando a sentença anterior for afastada? Normalmente a execução seria impedida, porém, podem ocorrer casos mais complexos em que a parte, erroneamente executada, alegue direito a algum provento.

Apesar das formas de rescisão citadas, o problema está em como regular o vazio que o afastamento da sentença deixa, pois o que ocorre é a rescisão da sentença, não a declaração de sua inexistência.[384]

Outro problema está na eventual decisão do Supremo, em que se baseia a modificação de sentença, ser posteriormente modificada. O argumento defende que, no caso de declaração de inconstitucionalidade, não haveria maiores problemas, pois a lei seria retirada do ordenamento jurídico. Porém, uma lei, declarada constitucional que rescinde várias coisas julgadas, pode ser, posteriormente, declarada inconstitucional. Inclusive pelo mesmo motivo que a afastou nos casos concretos.[385]

A defesa de que qualquer meio pode desconstituir a coisa julgada injusta ou inconstitucional, pela ampla abertura recursal e

---

[382] DINAMARCO, op. cit., p. 41-43.

[383] NASCIMENTO, op. cit., p. 19-23.

[384] TALAMINI, Eduardo. Embargos à execução de título judicial eivado de inconstitucionalidade. In: DIDIER JÚNIOR, Fredie (Org.). *Relativização da coisa julgada*: enfoque crítico. Salvador: Juspodium, 2004. p. 125, 130.

[385] Idem, op. cit., p. 131-133.

o redimensionamento da ação rescisória, por sua admissibilidade ser considerada muito restrita, não nos parece acertada.[386] Mesmo defendendo a relativização da coisa julgada, há necessidade de meio específico para a sua desconsideração, para mantermos a tradição processual de parâmetros determinados para a rescisão de sentenças.

Defendemos uma maior discussão sobre o meio e os critérios para tanto, mesmo em sede doutrinária, pela necessidade de maior debate e especificação dos pontos de vista.

Quanto à modificação legislativa ser desnecessária, por vários meios atingirem o efeito dos inovadores embargos de execução,[387] não entendemos a resistência em aceitar meio específico para a alegação de determinado vício, pois 1. a utilização do recurso definido na legislação diminui impugnações preliminares e 2. os requisitos necessários para a modificação da coisa julgada preservam seu valor, como instrumento de efetivação da segurança jurídica.

Não concordamos também com a abordagem feita acerca da declaração de inconstitucionalidade da lei pelo Supremo, considerada desnecessária para que o vício da sentença seja sanado.[388] Se qualquer juiz tiver o poder de modificar julgados anteriores, a qualquer tempo, com base em um amplo e contraditório rol de valores protegidos constitucionalmente, a justiça não seria preservada e sim o arbítrio, pois nenhuma decisão judicial seria a resposta definitiva à lide.

3.1.7 Do afastamento do trânsito em julgado

Diferindo das ideias anteriores, este argumento defende a ampliação das hipóteses de sentenças que não transitam em julgado, pois o efeito da declaração de inconstitucionalidade sobre a sentença é a nulidade, e não a inexistência.[389] Assim, o argumento defende seu ponto de vista com a negação de outro.

---

[386] DINAMARCO, op. cit., p. 38-41 e CÂMARA, op. cit., p. 200.

[387] THEODORO JÚNIOR; FARIA, op. cit., p. 99.

[388] Ibidem, p. 99.

[389] MARINONI, Luiz Guilherme. Relativizar a coisa julgada material?. *Revista dos Tribunais*, ano 93, n. 830, p. 62, dez. 2004a. O argumento referido é o da ampliação da noção de sentença inexistente.

Afirma que na atual tendência da relativização da coisa julgada existe uma confusão entre sentença inexistente e sentença rescindível, e as teorias usam da descrição não técnica e da retórica para impingir resultados contrários à lei, sendo essa solução uma forma de "desdenhar, senão de eliminar, o instituto da coisa julgada".[390]

Entende que uma nova lei deve ser criada para tal relativização, utilizada apenas para sentenças de mérito futuras. Além disso, diz que há muitos recursos que impedem a efetividade da jurisdição; além do fato de os Tribunais criarem mais recursos, pela aceitação de, por exemplo, o mandado de segurança e cautelares para a atribuição de efeito suspensivo a recursos devolutivos, mesmo sem fundamento jurídico para tanto.[391]

Assim, "a negativa de coisa julgada apresenta-se como o recurso dos recursos, o mais extraordinário dos recursos, pois dispensa prazo e abre as portas para novas alegações e provas". O rol da rescisória não trata de sentenças nulas e sim rescindíveis, pois as nulas não estão sequer no Código de Processo Civil, e os casos de réu não citado ou com citação nula, de sentença sem publicação ou prolatada por sujeito que não é juiz são criação doutrinária. Dessa forma, a "sentença rescindível não é, pois, sentença nula e, muito menos, sentença inexistente", e sim é o próprio rol da ação rescisória.[392]

Defende que "o que não existe não pode ser rescindido", portanto não são rescindíveis a sentença inexistente e a nula, pois, para haver coisa julgada a ser rescindida, deve haver relação processual válida. Assim divide as sentenças em inatacáveis, nulas e rescindíveis.

Para a tese, no caso de nulidade, devem ser usados os embargos à execução ou a ação anulatória autônoma, para a declaração da inconstitucionalidade em primeiro grau de jurisdição,

---

[390] TESHEINER, José Maria Rosa. Relativização da coisa julgada. Disponível em: <www.tex.pro.br/wwwroot/33de020302/relativizacaodacoisajulgada.htm.>. Acesso em: 27 out. 2005. (Publicado na *Revista Nacional de Direito e Jurisprudência*, Ribeirão Preto, n. 23, p. 11-17, nov. 2001).

[391] Ibidem.

[392] Ibidem.

sem prazo decadencial. Porém, devido à sua abrangência, este método é problemático, pois ele negaria a existência da coisa julgada, independente de rescisória e qualquer juiz seria apto para utilizá-lo.[393]

Um inconveniente de tal alargamento é a possibilidade de órgão inferior anular sentença de Tribunal, mesmo do Supremo, além das problemáticas nulidades declaradas em mesma hierarquia.

Conclui que a solução em determinados casos seria a permissão permanente de rescisão, por órgão competente, para impedir que qualquer juiz ou Tribunal desrespeite a coisa julgada a pretexto de sua nulidade.[394]

Porém, a tese não explica o que estaria nesse rol de casos em que a coisa julgada seria afastada e se essa escolha seria da legislação ou da doutrina. O problema de legar esse rol para a doutrina, mesmo de uma única hipótese, permitiria a ampliação dessa construção, criando vários outros casos específicos, pois a doutrina não vincula o órgão que decide e o Poder Judiciário ficaria livre para construir hipóteses assemelhadas, além do problema da falta de uniformidade nas sentenças e no acesso à prestação jurisdicional.

3.2 Críticas

Apesar de termos criticado pontualmente os argumentos logo após sua descrição, teceremos agora observações gerais.

Há nos autores das teses pró-relativização, mútua referência de aceitação, mesmo quando os argumentos possuem fundamentos diversos e incompatíveis. Percebemos que alguns posicionamentos eram anteriores à elaboração da tese sustentada, não havendo uma dúvida a ser investigada e sim uma convalidação do preconcebido por qualquer meio de sustentação.

Mesmo argumentos totalmente dissonantes referem-se uns aos outros, apesar de excludentes. Por exemplo, no argumento da não aceitação da sede constitucional da proteção à coisa julgada há

---

[393] Ibidem.
[394] Ibidem.

referência ao argumento da ineficácia da coisa julgada na falta de efeitos substanciais da sentença,[395] apesar de o segundo confirmar a constitucionalidade da tutela do instituto.

Existem referências sobre o argumento da ausência de proteção constitucional dada à coisa julgada em outras concepções que aceitam essa proteção, como motivo para a utilização da *querella nulitatis*,[396] havendo acolhimento "em sua plenitude" pelo argumento da necessária aplicação dos Princípios da Legalidade e da Moralidade.[397]

A tese da ineficácia da sentença no caso de ausência de seus efeitos substanciais diz defender uma conceituação do instituto em estudo vinculado aos Princípios da Moralidade Pública e da Segurança Jurídica, conforme a tese da necessária aplicação dos Princípios da Legalidade e Moralidade.[398]

Além disso, existe trabalho que concorda com todos os argumentos pró-relativização citados, chamando-os de contribuições.[399]

Outro problema está na demasiada utilização do casuísmo como fundamento aos raciocínios utilizados, pois em todos os casos citados haveria a "prevalência do substancial sobre o processual" e os critérios objetivos — apesar de inexistentes — seriam buscados através do método indutivo, com a reconstrução dogmática das ideias invocadas em casos concretos,[400] o que deixa claro que o nascimento das teorias advém da observação de precedentes judiciais.[401] São utilizados para tanto, principalmente, os casos de inobservância do Princípio da Justa Indenização[402] e de falta de exame de DNA anterior à decisão que determinou ou não certa filiação.[403]

---

[395] THEODORO JÚNIOR; FARIA, op. cit., p. 88-89.
[396] NASCIMENTO, op. cit., p. 17-18.
[397] DELGADO, op. cit., p. 52-56.
[398] DINAMARCO, op. cit., p. 13-15.
[399] NASCIMENTO, op. cit., p. 79-88.
[400] DINAMARCO, op. cit., p. 27-28.
[401] SILVA, op. cit., p. 215.
[402] DINAMARCO, op. cit., p. 33-35.
[403] DELGADO, op. cit., p. 47.

Apesar de considerarmos o método citado pertinente para a investigação científica, aqui os casos são apresentados de forma simplificada, a ponto de serem exemplos de casos fáceis em que a indignação quanto ao resultado acaba por induzir a certa solução do problema teórico, sem a utilização sistemática do método indutivo, mas pelo convencimento pela retórica.

Como exemplo, podemos apresentar o caso de filho que pretende desfazer a coisa julgada para buscar o verdadeiro pai. Entretanto, se, também de forma retórica, colocarmos outros elementos como forma de indução a soluções diferentes do problema, essa outra decisão passa a ser a óbvia para o caso concreto, como o fato de este filho já ter tentado matar o pretenso pai e pretender o reconhecimento de sua paternidade em razão apenas de sua fortuna, por interesses financeiros; ou, invertendo a situação, o pai miserável que pretende ser reconhecido pelo filho rico, já adotado por terceiro, apesar de tê-lo abandonado na infância; ou ainda, o filho ter sido levado para adoção sem o conhecimento dos pais, os quais sempre o procuraram. Assim, percebemos que quando não há um efetivo estudo de casos, não é cabível a utilização do referido método.

Esses problemas com o casuísmo ocorrem quando a opção teórica é anterior à escolha das situações concretas com que se trabalhará, chegando-se a absurdos em defesa de opiniões particulares, como por exemplo, a citação de parâmetro objetivo de sentença incompatível com a Constituição a que "permita o casamento entre pessoas do mesmo sexo"[404] ou que "conceda aumento salarial aos servidores públicos".[405]

Quando a casuística determina o elenco de critérios objetivos para a relativização da coisa julgada, há outros problemas como o de se pretender especificar estritamente como cada critério será utilizado nos casos concretos, como nos casos da injusta indenização ou da investigação de paternidade fraudulenta, ou, ainda, de apresentarem-se critérios tão amplos que compreendam todas

---

[404] NASCIMENTO, op. cit., p. 4.
[405] Ibidem, p. 5.

Direito fundamental à coisa julgada: problemas constitucionais de sua relativização | 103

as situações especificadas, sem perceber que no bojo do critério amplo tudo pode ser incluído.

Temos como exemplo o argumento da necessária aplicação dos Princípios da Legalidade e da Moralidade, o qual na apresentação de rol de critérios objetivos, mistura exemplos específicos, como o caso da coisa julgada que determina "vitalício o cargo de juiz com, apenas, um ano de exercício", com exemplos muito amplos, como sentença "baseada em fatos falsos" ou "ofensiva à soberania estatal", ou "contra os bons costumes e os valores morais da sociedade".[406]

Mesmo o Tribunal de Justiça do Rio Grande do Sul, que já permitiu a relativização da coisa julgada, tende atualmente a considerar essa prática dentro de apertados parâmetros.[407]

Apesar da discrepância entre o julgado e a realidade, não podemos nos envolver pelos "oportunistas", que tendo seu direito rejeitado, pretendem ver seus conflitos rediscutidos, citando o exemplo da Fazenda Pública, a qual, mesmo com a perícia sobre o valor do imóvel desapropriado amplamente discutida em contraditório, por achar alto seu valor, pretende rediscuti-lo.

Isso é incabível, porque "o problema de funcionamento indevido dos corpos jurídicos não pode ser resolvido mediante a simples tentativa de rediscussão da sentença acobertada pela coisa julgada material", que abrangeria o deduzido e o dedutível, inclusive, por haver clara diferença entre o laudo falso, situação abrangida pela rescisória, e laudo que não satisfaz uma das partes do processo.[408]

---

[406] TALAMINI, op. cit., p. 390-391.

[407] Isso cf. parâmetros em BRASIL. Tribunal de Justiça de São Paulo. Apelação civil nº 70.002.610.012. Relator: Desembargador José Carlos Teixeira Giorgis. 7ª Câmara. Disponível em: <www.stj.gov.br>. Acesso em: 26 set. 2005, que determinou por acatar-se exame de DNA como prova em demanda para comprovar-se o parentesco; e BRASIL. Tribunal de Justiça de São Paulo. Apelação civil nº 70.005.134.747. Relator: Desembargador Sérgio Fernando de Vasconcellos Chaves. 7ª Câmara Cível. Disponível em: <www.stj.gov. br>. Acesso em: 26 set. 2005, em que se negou a feitura do exame e o considerou como mais um elemento para a convicção do juiz.

[408] MARINONI, op. cit., p. 65-66. Sobre deduzido e dedutível, art. 474 do CPC: "Passada em julgado a sentença de mérito, reputar-se-ão deduzidas e repelidas todas as alegações e defesas, que a parte poderia opor assim ao acolhimento como à rejeição do pedido".

Podemos, neste caso, pensar em duas possibilidades:
1ª. O valor do imóvel, advindo de avaliação correta, por não ter sido pago na ocasião da indenização, foi corrigido, sendo o montante final muito superior ao seu valor de mercado. Isso impossibilita a modificação da decisão, uma vez que, desde a desapropriação, o expropriante deve um montante em dinheiro conforme o avaliado e não conforme o valor do imóvel. Além disso, a pontualidade do pagador permitiria o pagamento do valor de mercado do imóvel a ser desapropriado e, na falta daquela, a correção do devido deve ser feita de acordo com o valor avaliado, não com a flutuação do valor do imóvel, pois quem teve um bem desapropriado não possuiu, durante a mora, nem o dinheiro nem o bem.

2ª. Houve efetiva supervalorização, não percebida nem pelo procurador estatal, nem pelo assistente técnico, nem pelo juiz ou pelos Tribunais em remessa necessária, situação esta que nos parece improvável. Porém, considerando essa possibilidade, havendo conluio, que é crime, este deve ser apurado em ação autônoma, após o pagamento do devido, sem se aniquilar todo o sistema por existência de eventuais corruptos, que devem ser punidos.[409]

Sobre o exame de DNA, vemos uma estimulação à desconfiança nas relações filiais consignadas. Além disso, apesar de eventual cabimento da rescisória neste caso, para sua admissibilidade seria necessária tanto a prévia feitura do DNA, que concluísse de forma divergente da sentença, como o respeito ao seu prazo, que é requisito indispensável à própria jurisdição, havendo necessidade de regulamentação legal para o caso específico.[410]

Já existem técnicas (como a RFLP, ou *Restriction Fragmente Lenght*) que, atualmente, podem colocar em dúvida o resultado da técnica do exame de DNA hoje utilizada (PCR, ou *Polymerase Chain Reaction*), o que indica possível desconstituição de segunda

---

[409] NERY JÚNIOR, op. cit., p. 56, 58.
[410] MARINONI, op. cit., p. 66-67.

ação que relativizou a coisa julgada para retornar, por vezes, à primeira decisão.[411] Dessa forma, a discussão a ser travada nesta sede é se a impossibilidade do legislador em acompanhar os avanços tecnológicos permite que o juiz decida os casos transitados em julgado, utilizando o critério da proporcionalidade.[412]

Há quem entenda que, apesar dos motivos para um filho conhecer seu verdadeiro pai serem fortes, nunca se viu ação "proposta por filho abastado contra pai miserável", sendo esse tipo de contenda normalmente baseada em interesse financeiro.[413] E no caso de haver a possibilidade de revisão, esta deve ser possível tanto para o filho, que pretende conhecer sua paternidade, quanto para o pai, que pretende contestá-la, hipótese esta afastada pelos relativistas.

No caso de aceitarmos a revisão dos julgados sobre parentesco, abrimos a possibilidade de milhares de ações serem repropostas por pais e filhos que queiram rediscuti-lo, o que acarretaria "o caos e a total insegurança jurídica". Portanto, a resolução deste problema, assim como dos demais relativos a casos concretos, deve efetuar-se pela "afirmação positiva do sistema e não pela negação do sistema" como se pretende.[414]

Exemplo é o caso de pai negar-se a fazer o exame de DNA. O juiz mesmo assim deve julgar a ação, conforme o sistema determina, e sua decisão será acobertada pela coisa julgada, mesmo sem este exame, o que demonstra um aumento da incidência da coisa julgada, por ser defesa sua restrição. Outro exemplo é a coisa julgada segundo a prova colhida e não segundo o resultado do processo, porém o cabimento desse entendimento é explicitado pelo sistema, que tem como exemplo o artigo 16 da Lei de Ação Civil Pública,[415] apesar de essa possibilidade, no caso de investigação

---

[411] Ibidem, p. 67, nota de rodapé 38.
[412] Ibidem, p. 67.
[413] SILVA, op. cit., p. 222.
[414] NERY JÚNIOR, op. cit., p. 53.
[415] Art. 16 da Lei n⁰ 7.347 de 24 de julho de 1985: "A sentença civil fará coisa julgada *erga omnes*, nos limites da competência territorial do órgão prolator, exceto se o pedido for julgado improcedente por insuficiência de provas, hipótese em que qualquer legitimado poderá intentar outra ação com idêntico fundamento, valendo-se de nova prova".

de paternidade, ser apreciável apenas como proposta de *lege ferenda*.[416]

A intenção dessas teses de relativizar sentenças "gravemente" injustas,[417] conforme o argumento da necessária aplicação dos Princípios da Legalidade e da Moralidade, ou "muito" lesiva,[418] conforme o argumento da impossibilidade de coisa julgada material em sentenças isentas de efeitos substanciais, desemboca na grande dificuldade da delimitação do lesivo, ou do injusto, havendo maior dificuldade em sabermos quando essa injustiça ou essa lesividade passa a ser insuportável.[419]

Mesmo se fosse possível fazer a distinção entre injustiças graves e não tão graves, para a relativização das limítrofes, tal procedimento manteria as sentenças um pouco injustas, o que não seria compatível, por exemplo, com a aplicação efetiva dos Princípios da Legalidade e da Moralidade, defendida por uma das teses citadas.

Muitos argumentos, principalmente a da possibilidade instrumental da rescisão da sentença inconstitucional passada em julgado, defendem a utilização da ação rescisória sem a observação de seu prazo legal ou das hipóteses de seu cabimento,[420] além da modificação da coisa julgada por ação autônoma (declaratória negativa de certeza), por alegação em outro processo, ou até por ampla abertura das vias recursais.[421]

Porém, não podemos aceitar um sistema processual sem qualquer regra formal, ou um discurso ponderado sobre sua problemática. Apesar de as teses pró-relativização pretenderem uma melhora do sistema processual, a coisa julgada foi intocável por séculos no Brasil, não podendo ser despida de sua importância sem um método rigoroso para tanto.

---

[416] NERY JÚNIOR, op. cit., p. 53-55.

[417] DELGADO, op. cit., p. 31.

[418] DINAMARCO, op. cit., p. 24-25.

[419] SILVA, op. cit., p. 220.

[420] THEODORO JÚNIOR; FARIA, op. cit., p. 96, sendo a forma admitida pela apreciação dos Princípios da Instrumentalidade e da Economia.

[421] DINAMARCO, op. cit., p. 38-41 e CÂMARA, op. cit., p. 200.

O último problema a ser abordado é a confusão entre os termos existência, validade, eficácia, nulidade, anulabilidade e rescindibilidade, sendo necessário ponderações sobre a temática, com inicial determinação do significado de alguns conceitos para depois trabalharmos com o descrito nas teses pró-relativização.

Dividiremos os termos em dois grupos, um com as adjetivações dadas aos atos jurídicos, conforme sua estabilidade, como a existência, a validade e a eficácia, e outro com as consequências dadas aos vícios dos atos jurídicos, como a nulidade, a anulabilidade e a rescindibilidade.

O primeiro grupo relaciona-se aos diferentes planos em que o ato jurídico pode ser analisado. Não há fundamento para que os termos sejam confundidos, apesar de entre eles existir certa conexão, como a necessidade de que algo exista para ser inválido.[422]

O ato existente é determinado na observação de elementos objetivos, quais sejam: 1. o agente, que deve ser o órgão capaz de produzir o referido ato, sendo aqui sempre o poder estatal; 2. a manifestação de vontade dos agentes relacionados ao ato, pois essa vontade deve ser externada de alguma forma para sua existência factual e vinculada ao surgimento do ato e não à sua permanência no mundo jurídico; 3. o objeto, pois o ato deve ser possível, ou de realização óbvia pelas leis naturais, além de ser necessário um mínimo conteúdo de inteligência sobre o significado da vontade expressa; 4. e a forma, a qual há de ser sempre pública.[423]

Assim, se impossível entendermos o que uma sentença determina, esta é inexistente e não pode valer no mundo jurídico. Além disso, a obviedade da inexistência torna desnecessária a sua declaração.

A validade do ato é expressa em requisitos de comando hierarquicamente superior, podendo ser de vários graus. Essa gradação é que fixa as consequências da violação da validade, ou seja, se o ato inválido será nulo ou anulável.[424]

---

[422] TAVARES, André Ramos. *Curso de direito constitucional.* 2. ed. São Paulo: Saraiva, 2003. p. 121-122, 125-126.

[423] Ibidem, p. 133-137.

[424] Ibidem, p. 139.

Os elementos para a aferição da validade dos atos jurídicos são: 1. a capacidade das partes, ou a efetiva competência do agente para manifestar o ato jurídico; 2. a liceidade do objeto, ou a compatibilidade do ato com as leis de ordem pública, com obediência à legalidade e à constitucionalidade; 3. e a forma, ou a adoção das formalidades prescritas para a formação do ato, para a diminuição de dolo e coação, maior autenticidade do ato, facilidade na produção de provas e solenidade.[425]

Como exemplo da diferença entre a invalidade e a inexistência do ato, podemos citar o seguinte: uma sentença prolatada por quem não é juiz é ato inexistente, por possuir apenas aparência de sentença, porém, uma sentença prolatada por juiz incompetente é inválida, sendo a invalidade ligada, neste caso, ao efeito da nulidade, que deve ser declarado para produzir efeitos.[426]

Sobre eficácia, devemos dividir seu conceito em: eficácia social e eficácia jurídica.

Eficácia jurídica significa a capacidade de a norma possuir todos os requisitos para sua aplicabilidade, de vincular o caso concreto, possuindo "realizabilidade, praticidade". Dessa forma, esta se refere à produção de efeitos jurídicos pela norma, em maior ou menor grau.[427] Um exemplo da falta de eficácia jurídica é a lei já votada ainda no período de *vacatio legis*, pois a mesma é existente, é válida, porém não é eficaz, por ser impossível a sua aplicação ao caso concreto.

A eficácia social da norma se refere ao ato ou sua sanção serem normalmente cumpridos,[428] ou seja, é vinculada à obediência e à aplicação da norma.[429] Assim, a eficácia da norma pode estar no cumprimento espontâneo do legislado pelo Estado, denominada "eficácia do preceito ou primária"; ou na efetiva imputação de pena à conduta descrita em preceito primário e sua efetiva imposição ao

---

[425] Ibidem, p. 138-140.

[426] Ibidem, p. 129.

[427] SILVA, José Afonso da. *Aplicabilidade das normas constitucionais.* 4. ed. São Paulo: Malheiros, 2000. p. 60, 66.

[428] TAVARES, op. cit., p. 901.

[429] SILVA, op. cit., p. 66.

descumpridor deste, sendo esta denominada "eficácia da sanção" ou "secundária".[430]

Percebemos, portanto, que a inexistência acarreta a impossibilidade da própria inteligência do ato como jurídico, que a invalidade prescinde de ato para sua anulação, e a rescindibilidade, por sua vez, está nas hipóteses descritas nos recursos e ações autônomas de impugnação, para a efetiva rescisão de ato anterior e possível novo regramento.

Toda essa incursão sobre existência, eficácia e validade é necessária, pois a especificação do vício contido na coisa julgada inconstitucional, considerada como ato jurídico, permite-nos saber da possibilidade de sua relativização e da forma como isso pode ocorrer, em conformidade com o sistema jurídico atual.

Explicitaremos quais teses pró-relativização abordam este tema para maior clareza da problemática e da sua intenção de modificar conceitos tradicionais acerca dos vícios do ato jurídico, para instrumentalizar a relativização da coisa julgada.

Por exemplo, o argumento da negação da proteção constitucional dada à coisa julgada diz que o ato inconstitucional é nulo.[431] Porém, diz ser desnecessário o cumprimento da sentença em que exista esse vício, havendo assertiva sobre a não ocorrência do crime de desobediência pelo descumprimento desses tipos de sentença.[432] Pensamos que isso é insustentável, pois a não observação do ato só poderia ocorrer no caso de inexistência, sendo necessário ato que declare a referida nulidade para a mesma surtir efeitos.

O argumento da necessária aplicação dos Princípios da Legalidade e da Moralidade diz que a violação dos princípios citados acarreta a inexistência dos direitos.[433] Ocorre que, mesmo quando fere a Constituição, o ato surte efeitos e impede a declaração de sua inexistência, pois para sua retirada do mundo jurídico há necessidade de declaração. Além disso, no caso da inconstitucionalidade,

---

[430] SABADELL, Ana Lúcia. *Manual de sociologia jurídica*. 3. ed. São Paulo: Revista dos Tribunais, 2005. p. 63-64.

[431] THEODORO JÚNIOR; FARIA, op. cit., p. 84.

[432] BERALDO, op. cit., p. 172-173.

[433] DELGADO, op. cit., p. 32.

não são atendidos os requisitos descritos como necessários para a configuração da inexistência do ato.

O argumento da impossibilidade de coisa julgada material em sentenças isentas de efeitos substanciais, afasta a inexistência da sentença inconstitucional e utiliza parâmetro diverso denominado na tese como ineficácia dos efeitos substanciais da sentença, o que impediria a formação da coisa julgada. Diz a tese, de forma inovadora, que essa falta de eficácia de efeitos da sentença teria como sanção a não-formação da coisa julgada[434] e afastaria a aplicação tradicional dos conceitos que determinam os vícios dos atos jurídicos.

O argumento da sentença inexistente na falta de condições da ação defende que nesta falta haveria a inexistência da sentença,[435] exige consequente ampliação da noção tradicional de sentença inexistente e considera existir apenas aparência de jurisdição, pois ação com falta dessas condições não seria ação, e sim apenas um exercício de direito à petição.[436] Ocorre que isso não pode ser acertado se os conceitos de invalidade e inexistência forem considerados conforme os parâmetros apresentados. A tese, explicitamente, pretende ampliar o conceito da inexistência, o que não podemos aceitar, pois não se pode mudar o sentido de um instituto jurídico em busca de resultados práticos, uma vez que essa atitude em ampla escala deixaria todo o direito indeterminado, não sendo idônea a modificação de conceitos consagrados na falta de outro meio para atingir uma finalidade.

Discordando dessa tese, temos o argumento da possibilidade instrumental da rescisão da sentença inconstitucional passada em julgado, que considera a sentença inconstitucional inválida, porque esta adviria de processo regular, apesar de viciada.[437] Porém, esta tese aceita a total flexibilização da coisa julgada, por qualquer meio e prazo, inclusive nos casos de injustiça ou de sentença contra a natureza, pelo fato de o Processo Civil atual buscar maior aproximação ao "Direito justo".[438]

---

[434] DINAMARCO, op. cit., p. 32.
[435] WAMBIER; MEDINA, op. cit., p. 186-187, 203.
[436] TALAMINI, op. cit., p. 377.
[437] THEODORO JÚNIOR; FARIA, op. cit., p. 89.
[438] Ibidem, p. 91.

O problema aqui é trabalharmos com a invalidade, dando-lhe o tratamento de inexistência, como o exemplo de a sentença dada contra lei natural ser considerada inexistente, e dar à invalidade um tratamento muito mais amplo do que o usual, pois no caso de invalidade, as nulidades e anulabilidades devem ser pleiteadas e decretadas em conformidade com os meios processuais, sem a liberdade irrestrita apresentada. Dessa forma, apesar da referência ao vício contido na sentença, parece-nos que a tese na verdade utiliza o conceito de ato nulo.

Esta tese considera desnecessária a caracterização de meios legislados, para a relativização da coisa julgada, e a declaração da inconstitucionalidade pelo Supremo, para este vício ser sanado,[439] o que não aceitamos, pois, mesmo aceitando o Princípio da Fungibilidade quando há erro na utilização do meio processual cabível, é imprescindível que haja recurso ou ação autônoma, mesmo inominada, a ser utilizado em cada caso e critérios objetivos a serem preenchidos para esta impugnação, impedindo tanto a aceitação de alegação impertinente como a rejeição da pertinente.

A tese que consideramos abordar com mais propriedade o problema sobre a natureza do ato inconstitucional é a teoria da ampliação das hipóteses de sentenças que não passam em julgado, que defende que o rol da rescisória não trata de sentenças nulas ou inexistentes e sim de sentenças rescindíveis[440] e que "o que não existe não pode ser rescindido", sendo impossível a utilização da ação rescisória nos casos de sentenças inexistentes e nulas, pela distinção entre sentenças inatacáveis, nulas e rescindíveis.

Afirma que no caso de nulidade, ou da coisa julgada baseada em lei inconstitucional, devemos usar embargos à execução, determinados legislativamente para tanto e que a inconstitucionalidade da lei declarada pelo Supremo é a única possível de ser eivada de nulidade, pois se fosse ampliado o rol de sentenças nulas, haveria a negação da própria existência de coisa julgada, por meio obscuro.[441]

---

[439] Ibidem, p. 99.
[440] TESHEINER. *Relativização da coisa julgada*, op. cit.
[441] Ibidem.

Além disso, esse alargamento do conceito de inexistência permitiria que órgão inferior anulasse sentenças dos Tribunais, mesmo do próprio Supremo.

A solução apresentada por esta concepção é a permissão de, em determinados casos, haver a possibilidade permanente de rescisão, por órgão competente, para impedir que qualquer juiz ou Tribunal possa desrespeitar o trânsito em julgado, utilizando a modificação do conceito de coisa julgada para tanto.[442]

Consequentemente, consideramos que a coisa julgada, baseada em lei que tenha a sua constitucionalidade ou inconstitucionalidade determinada pelo Supremo Tribunal Federal, é nula, em conformidade com a doutrina dominante,[443] e que o vício encontrado no referido ato jurídico está em sua validade, não em sua existência ou em sua eficácia.

3.3 Argumentos contra a relativização

3.3.1 Da constitucionalidade

Esta tese, considerada correta por todos os outros argumentos deste bloco doutrinário, defende que a coisa julgada é constitucionalmente protegida como direito fundamental, tutelado, no caso brasileiro, pela Constituição de 1988, não podendo ser obstada sem que lei infraconstitucional assim o determine.

Considera que a diferença entre sentença justa e injusta remonta ao disposto nas Ordenações Afonsinas, em que a sentença dada contra direito de parte era "alguma" e a sentença dada contra direito expresso, "nenhuma", sendo a primeira possível de transitar em julgado, se não alegado o problema dentro do prazo e com o instrumento pertinente para tanto, e a segunda impossível de ter seus vícios sanados pelo decurso de prazo, podendo ser revista a qualquer tempo.[444]

---

[442] Ibidem.

[443] BARROS. *Simplificação do controle de constitucionalidade*, op. cit.

[444] MESQUITA, José Ignácio Botelho de. *A coisa julgada*. Rio de Janeiro: Forense, 2005. p. 92-94.

Afirma que o instituto da segurança jurídica, que possui a coisa julgada como elemento de existência, é manifestação do Estado Democrático de Direito, sem o qual não é possível garantir os direitos fundamentais, e que a desconsideração da coisa julgada é uma forma de manter a ditadura de forma obscura, acabando com a democracia.[445]

Essa prática de rescisão da coisa julgada injusta é entendida como "retrógrada e anacrônica",[446] além de utilizada pelos alemães como "instrumento do totalitarismo".[447]

Como corte metodológico, a tese se limita à análise de dois pontos: 1. da constitucionalidade da proteção constitucional à coisa julgada e 2. da possibilidade de eventual inconstitucionalidade de sentença transitada em julgado poder ser alegada a qualquer tempo e grau de jurisdição.[448]

Conforme essa concepção, há necessidade desta análise por "estar aberta a estação de caça à coisa julgada" chamada aqui de "derradeiro bastião em defesa das liberdades civis contra as arbitrariedades do Estado no exercício da função jurisdicional".[449]

Assim, pensar os parâmetros da coisa julgada como não protegidos pela Constituição não seria a melhor interpretação, pois as normas presentes na Carta Maior deveriam possuir a máxima efetividade e a flexibilização desses parâmetros seriam incompatíveis com o sistema constitucional atual.[450]

Se a regra constitucional for entendida como protegendo a coisa julgada apenas do legislador, o próprio instituto deixaria de existir, pois seria permitida a modificação da sentença de mérito por qualquer outra forma, senão por lei, tendo-se como exemplos o ato administrativo e a sentença judicial.

Diz que, neste caso, o referido artigo constitucional ficaria vazio, pois a proteção que permaneceria seria apenas

---

[445] Ibidem, p. 47.
[446] Ibidem, p. 92-94.
[447] NERY JÚNIOR, op. cit., p. 48.
[448] MESQUITA, op. cit., p. 95-96.
[449] Ibidem, p. 97.
[450] Ibidem, p. 98-99.

à irretroatividade da lei e a coisa julgada possui conceito mais abrangente que de apenas impedir a lei de modificar a sentença transitada em julgado. Haveria também, se acolhida a hipótese, a inversão da hierarquia das normas jurídicas, pois a Constituição não seria observada, pelo seu afastamento por mera interpretação doutrinária pró-relativização, a qual não é mencionada sequer infraconstitucionalmente. Resumindo, a Constituição não deveria ser interpretada quando expressa claramente a sua vontade.[451]

Sobre o efeito da decisão declaratória de inconstitucionalidade em relação à coisa julgada, apesar da aceitação geral do caráter declaratório da mesma, defende que não podemos utilizar o mesmo parâmetro usado para as leis para o caso da sentença passada em julgado. Por exemplo, existem os problemas da sentença já transitada em julgado, baseada em lei declarada inconstitucional, efetivada por ato de boa-fé e a possibilidade da modulação dos efeitos dessa decisão, apesar de defensável a necessidade de efetiva ressalva do Supremo em relação à coisa julgada para a sua manutenção.[452]

Entende que o efeito *ex tunc* dado à declaração de inconstitucionalidade nunca comprometeu a coisa julgada, por esta ser um limite constitucional à declaração de inconstitucionalidade em via abstrata, porque essa possibilidade de modificação da sentença não incidiria na lei e sim na interpretação da lei feita pelo juiz, em razão de ser possível a sentença estar fundada em mais de uma norma e apenas uma delas ser declarada inconstitucional, não sendo resposta cabível, neste caso, a imediata rescisão do julgado.[453]

Acerca do cabimento de ação rescisória no caso de declaração de inconstitucionalidade, defende que essa declaração não é uma forma de rescisão automática do julgado ou meio de uniformizar a interpretação constitucional, desconsiderando a coisa julgada, pois esta não deve corrigir erros dos Tribunais Superiores. Destaca que o próprio Supremo Tribunal sumulou tanto não

---

[451] Ibidem, p. 100.
[452] MARINONI, op. cit., p. 58-59.
[453] Ibidem, p. 59-61.

Direito fundamental à coisa julgada: problemas constitucionais de sua relativização | 115

caber rescisória em caso de interpretação de lei controvertida em casos infraconstitucionais,[454] quanto a impossibilidade de recurso extraordinário no caso de julgamento com interpretação possível, porém não ideal, considerando que esse recurso versasse sobre problemática estritamente constitucional.[455]

Também afirma que o zelo que o Supremo Tribunal Federal deve ter com a Constituição não deve significar a desconsideração da coisa julgada material, inclusive pela possibilidade de modulação dos efeitos da inconstitucionalidade a partir da Lei nº 9.869/99,[456] o que demonstra que o ato inconstitucional pode ser eficaz no ordenamento jurídico, sem aberturas para sua impugnação, mesmo individual.

Se cabível a rescisória aliada à eliminação da súmula nº 343, a resultante impossibilidade de limitação da discussão da sentença teria tal amplitude que não haveria hipótese resguardada.[457]

Defende que este instituto nas legislações específicas tem sua abrangência aumentada, o que tornaria essas novas determinações legais constitucionais, pois o aumento da abrangência de um direito fundamental é sempre compatível com a Constituição Federal. Exemplos são o artigo 18, da Ação Popular,[458] e o artigo 15,

---

[454] BRASIL. Supremo Tribunal Federal. Súmula nº 343. Data de aprovação: sessão plenária de 13.12.63. Publicação: Súmula da Jurisprudência Predominante do Supremo Tribunal Federal – Anexo ao Regimento Interno. Edição: Imprensa Nacional, 1964, p. 150. Disponível em: <http://www.stf.gov.br>. Acesso em: 26 set. 2005: "Não cabe ação rescisória por ofensa a literal disposição de lei, quando a decisão rescindenda se tiver baseado em texto legal de interpretação controvertida nos Tribunais"

[455] BRASIL. Supremo Tribunal Federal. Súmula nº 400. Data de aprovação: sessão plenária de 03.04.64. Publicação: *DJ*, p. 1239, 08 maio 64; *DJ*, p. 1255, 11 maio 64; *DJ*, p. 1279, 12 maio 64. Disponível em: <http://www.stf.gov.br>. Acesso em: 26 set. 2005: "Decisão que deu razoável interpretação à lei, ainda que não seja a melhor, não autoriza recurso extraordinário pela letra 'a' do artigo 101, III, da Constituição Federal".

[456] Art. 27 da Lei nº 9.868/99: "Ao declarar a inconstitucionalidade de lei ou ato normativo, e tendo em vista razões de segurança jurídica ou de excepcional interesse social, poderá o Supremo Tribunal Federal, por maioria de dois terços de seus membros, restringir os efeitos daquela declaração ou decidir que ela só tenha eficácia a partir de seu trânsito em julgado ou de outro momento que venha a ser fixado".

[457] MARINONI, op. cit., p. 63-65.

[458] Lei nº 4.717 de 29 de junho de 1965, art. 18: "A sentença terá eficácia de coisa julgada oponível *erga omines*, exceto no caso de haver sido a ação julgada improcedente por deficiência de prova; neste caso, qualquer cidadão poderá intentar outra ação, com idêntico fundamento, valendo-se de nova prova".

do Código de Defesa do Consumidor,[459] porque a ausência destes, na improcedência dessas ações, implica na ocorrência da coisa julgada apenas entre as partes, sem prejuízo de terceiros interessados, o que não ocorre, pois no caso de procedência da ação há coisa julgada para todos. Mesmo no caso da ausência do trânsito em julgado na ação de alimentos, a regra de direito processual apenas daria efetividade a uma norma material,[460] que permitiria a rediscussão da demanda.[461]

Conclui que, para a desconsideração da coisa julgada, seria necessário regra constitucional, que não confunda a rescindibilidade da sentença com sua existência, nulidade ou eficácia.[462]

Por outro lado, o argumento da inconstitucionalidade da proteção à coisa julgada afirma que esta posição resiste à ideia da coisa julgada inconstitucional nula, e que não é cabível uma "hierarquia de inconstitucionalidades", pois todos os atos inconstitucionais devem ser tratados da mesma forma, o que impediria um tratamento diferenciado para a lei inconstitucional e para a sentença inconstitucional, mesmo quando transitada em julgado.[463]

Além disso, mesmo defendendo que o efeito *ex tunc* não compromete a coisa julgada, por esta ser um limite à declaração de inconstitucionalidade em via abstrata,[464] este argumento não pondera sobre o conceito e as implicações da inconstitucionalidade, o que consideramos imprescindível para um posicionamento inovador contra a nulidade do ato inconstitucional. Portanto, a dissociação do ato inválido por inconstitucionalidade com sua nulidade e com seu efeito retroativo requer uma incursão profunda.

---

[459] Código de Defesa do Consumidor, Lei nº 8.078 de 11 de setembro de 1990, art. 103: "Nas ações coletivas de que trata este Código, a sentença fará coisa julgada: I - *erga omnes* (...), II - *inter partes*(...), III - *erga omnes*(...)".

[460] Art. 1.699 do Novo Código Civil: "Se, fixados os alimentos, sobrevier mudança na situação de quem os supre, ou na de quem os recebe, poderá o interessado reclamar ao juiz, conforme as circunstâncias, exoneração, redução ou majoração do encargo".

[461] MESQUITA, op. cit., p. 107-108.

[462] Ibidem, p. 106.

[463] THEODORO JÚNIOR; FARIA, op. cit., p. 107-109.

[464] MARINONI, op. cit., p. 59-61.

Mesmo a modulação dos efeitos da inconstitucionalidade não seria, como afirmado, uma convalidação de todos os atos inconstitucionais,[465] mas sim uma delimitação legal clara que implicaria em um pronunciamento para qualquer aplicabilidade do ato viciado. Entendemos que a chamada ampliação do conceito de coisa julgada de algumas leis especiais é apenas a determinação infraconstitucional que a norma suprema permite. Portanto, o modo como a coisa julgada se faz nesses casos se vincula a uma normatização específica fundada na Constituição.

Enfim, consideramos este argumento da constitucionalidade acertado no que tange à constitucionalidade da proteção dada à coisa julgada, sendo imprescindível regramento infraconstitucional para a determinação de seus parâmetros concretos.

3.3.2 Da cidadania processual[466]

Este argumento parte da premissa de que o instituto goza de prestígio constitucional, com quebra do julgado apenas nos casos que a lei determina, sem a possibilidade de relativização de modo atípico, ou de forma não determinada pelo sistema processual.

Trabalha com a ideia de que a aplicação do Princípio da Proporcionalidade pressupõe a inexistência de garantia constitucional absoluta, com consequente mitigação de qualquer dos valores em enfoque, pois a ponderação de custo e benefício deveria ocorrer tanto para as partes como para a ordem jurídica,[467] a qual pode ter perdas nesta ponderação.

Essas observações seriam corroboradas, conforme o argumento, pela teoria dos degraus ou das esferas sobre os direitos fundamentais, que afirma, conforme a "primeira onda" de

---

[465] Art. 27 da Lei nº 9.868/99: "Ao declarar a inconstitucionalidade de lei ou ato normativo, e tendo em vista razões de segurança jurídica ou de excepcional interesse social, poderá o Supremo Tribunal Federal, por maioria de dois terços de seus membros, restringir os efeitos daquela declaração ou decidir que ela só tenha eficácia a partir de seu trânsito em julgado ou de outro momento que venha a ser fixado".

[466] Argumento cf. artigo de PORTO, Sérgio Gilberto. Cidadania processual e relativização da coisa julgada. *Revista de Processo*, v. 28, n. 112, p. 23-32, out./dez. 2003.

[467] Ibidem, p. 23-24.

118 | Carolina de Albuquerque

relativização, que um direito obstado em esfera ou degrau mais profundo garante algum outro direito fundamental, justificando essa opção pela proteção de bens e valores comunitários de grande importância, quando prejudicados em casos concretos.[468]

A "segunda onda" permitiria esta relativização, em certos casos, pelo Legislativo, na feitura das leis infraconstitucionais.[469]

Esta tendência, conforme o autor, inevitavelmente chegou à garantia da coisa julgada, apesar de sua relativização ser possível por meio de ação rescisória. Ocorre que essa "terceira onda" admite hipóteses de relativização fora das possibilidades da ação rescisória, como nos seguintes casos concretos: injusta indenização, equívocos no processamento da demanda; e irrealidade de parentesco (DNA), por descompasso entre realidade científica e decisão judicial. Esses casos são apresentados como grandes injustiças concretas, que fundamentam a mitigação da coisa julgada por meio de nova sentença sobre o mérito e se voltam à ponderação entre a justiça concreta e a segurança social.[470]

A relevância desta discussão estaria no fato de eventual flexibilização da coisa julgada poder modificar totalmente situações individuais já consolidadas, havendo claro posicionamento pela manutenção da situação consolidada sem a invalidação anterior da sentença transitada em julgado que a determinou, não podendo o juízo simplesmente desconsiderar o anteriormente julgado sem sua rescisão, pois este ainda estaria coberto pela intangibilidade.[471]

As formas apresentadas para tal rescisão são: a ação rescisória, no caso de sentença de mérito, e a ação anulatória, na existência de vício como a falta de citação do réu, pois qualquer raciocínio diverso seria uma violação ao Princípio do Devido Processo Legal, essência do Estado Democrático de Direito.[472] Apesar de a coisa julgada não ser considerada característica fundamental da jurisdição, por haver exceções à mesma, esta é indispensável ao Estado Democrático de

---

[468] Ibidem, p. 25.
[469] Ibidem, p. 25.
[470] Ibidem, p. 26-27.
[471] Ibidem, p. 30.
[472] Ibidem, p. 31.

Direito e à garantia de acesso ao Poder Judiciário, pois "de nada adianta falar de direito de acesso à justiça sem dar ao cidadão o direito de ver o seu conflito solucionado definitivamente".[473]

O próprio sistema demonstra não ignorar as decisões injustas criando o remédio processual da ação rescisória para diminuir a permanência desses atos viciados no mundo jurídico, porém, opta por elencar hipóteses para seu cabimento, sem acabar com a garantia de imutabilidade da coisa julgada, que é o meio para que os conflitos sejam solucionados definitivamente.[474]

Sobre a utilização de ação anulatória no caso de falta de citação do réu, afirma o argumento que essa anulação se baseia em critério objetivo, no sentido de que sempre deve ser anulada a sentença no caso de falta de citação do réu, independentemente do resultado da demanda. O que não ocorre, por exemplo, com a falta de exame de DNA, pois, neste caso, seria desnecessário que todos os processos sem esta prova fossem refeitos, inexistindo parâmetro objetivo sobre o que deve ser modificado, o que implicaria na impossibilidade de mitigação.[475]

Limitando o debate às sentenças que atentam contra a Constituição,[476] que pretendem efeitos juridicamente impossíveis[477] e que são injustas e imorais por se apresentarem contra a legalidade e moralidade,[478] esta linha defende que, nesses casos, admite-se o cabimento de rescisória para a revisão da coisa julgada, considerando que outras formas de relativização iriam atacar a própria cidadania processual, que compreende a necessidade de manutenção da ordem social juridicamente organizada.[479]

Sobre a modificação legislativa dos limites da rescisória, considera que esta incidiria apenas sobre os processos em andamento e os futuros, mantendo-se a discussão, nos casos cíveis,

---

[473] MARINONI, op. cit., p. 57-58.
[474] Ibidem, p. 57-58.
[475] PORTO, op. cit., p. 30.
[476] Cf. argumento da negação.
[477] Cf. argumento da impossibilidade.
[478] Cf. argumento dos princípios.
[479] PORTO, op. cit., p. 31.

120 | Carolina de Albuquerque

anteriores à pretensa feitura da lei,[480] pela existência do Princípio da Irretroatividade.

Situações concretas que afetam o senso de justiça de alguns não podem impulsionar o caos jurídico, e sim um maior aparelhamento judicial para a correção desses problemas, com a necessária manutenção da ordem jurídica, o que seria viável em tempos de reformas processuais como o atual, havendo a possibilidade de ampliação das hipóteses de cabimento da ação rescisória e dilação de seu prazo em "hipóteses excepcionalíssimas", dentro da ordem jurídica.[481]

Percebemos que são apresentados como meios de modificação da coisa julgada a ação rescisória e a ação anulatória, na existência de vícios como a falta de citação do réu.[482] Assim, apesar de pretender que a relativização ocorra em "hipóteses excepcionalíssimas",[483] duas formas recursais são permitidas, apesar de totalmente diversas e de tratarem de dois tipos de sentenças diferentes, as rescindíveis e as anuláveis.

Além da indeterminação sobre o meio para a relativização da coisa julgada inconstitucional, as hipóteses que seriam relativizadas via ação anulatória, não são claras, havendo apenas referência sobre sua aplicação em casos semelhantes ao da falta de citação do réu, vício comparável a uma infinidade de casos, em alguns aspectos, e incompatível com esses mesmos casos, em outros aspectos.

Diante dessas considerações, concluímos que a relativização nesses termos abrangeria uma infinidade de situações, não sendo alcançada a objetividade desejada pela concepção.

3.3.3 Da incerteza do resultado justo

Afirma este argumento que a busca pela justiça não pode motivar a relativização da coisa julgada, pois a existência de

---

[480] Ibidem, p. 31.
[481] Ibidem, p. 32.
[482] Ibidem, p. 31.
[483] Ibidem, p. 32.

modificação do julgado não implica no alcance da justiça, a qual não é garantida na segunda decisão.

A discussão sobre a relativização da coisa julgada, independente das hipóteses de cabimento da ação rescisória, estaria ligada ao problema sem solução existente entre a facticidade e a validade do direito, da tensão entre segurança e justiça.

Apesar de a decisão judicial não vigorar apenas porque provém do Estado, devendo possuir certos requisitos, não há atualmente forma para alcançar sempre o resultado justo, nem em primeira decisão, nem em sede de relativização da coisa julgada.

Portanto, pela falta de critérios objetivos, esta relativização levaria à desconsideração do instituto, o que acarretaria uma situação insustentável,[484] na qual a coisa julgada deixaria de existir. Além disso, os critérios apresentados para a relativização são perigosamente indeterminados, tais como "grave injustiça", "séria injustiça", "sentença abusiva",[485] inclusive por essa adjetivação ser imprestável, visto sua porosidade e indeterminação.[486]

Em relação à possibilidade dessa relativização, argumenta que, sem dúvida, o julgado não pode suplantar a realidade, porém a discussão proposta não é sobre eventual nulidade da sentença e sim sobre a possibilidade e a conveniência de relativizar o julgado sem hipóteses elencadas para o cabimento da ação rescisória, mesmo com as teorias pró-relativização defendendo essa nova prática processual.[487]

Diz que a injustiça da decisão não pode ser fundamento para o afastamento da coisa julgada, pela dificuldade de impedir que a sentença reformada seja novamente reformada em razão desta mesma justiça, pelos parâmetros desta não serem absolutos e pela diversificação de seu conceito na sociedade atual que se diz democrática e pluralista quanto a valores.[488]

---

[484] MARINONI, op. cit., p. 55-56.
[485] SILVA, op. cit., p. 218.
[486] Ibidem, p. 220.
[487] MARINONI, op. cit., p. 56-57.
[488] Ibidem, p. 56-57.

Considera que, atualmente, o Direito Justo é o mesmo que Direito Positivo, pois impossível que os magistrados descubram o Direito Justo fora dos parâmetros estabelecidos pela lei, apesar de utilizarem uma discricionariedade não dada pelo sistema.[489] Assim, a sentença impassível de recurso faz "inexoravelmente" coisa julgada e havendo casos identificados pela doutrina como merecedores de tratamento diferente, estes devem ser instituídos por lei.[490]

Outra dificuldade estaria em definir qual Tribunal diria o que significa uma séria injustiça, ou como este separaria a lesividade normal da abusiva e julgaria de forma a impedir um outro julgamento subsequente que negasse a injustiça grave do primeiro julgamento, pelo mesmo vício da injustiça. Assim, conclui que a compatibilidade absoluta da coisa julgada com os Princípios Constitucionais é impossível, pois os princípios constituem normas abertas por sua natureza.[491]

Adverte que há, portanto, duas situações importantes nessa discussão: 1. a sentença torna-se imutável em razão da coisa julgada e 2. a apreciação da ocorrência ou não desta deve ser feita preliminarmente. Além do que existem, normalmente, dois equívocos nas teses pró-relativização: 1. a inversão lógica do fundamento, pois na incerteza quanto à justiça, pressupõe-se que a sentença a ser dada aceitaria a relativização da coisa julgada; e 2. a intangibilidade, que, afastada no caso da primeira sentença injusta, pretende ser reafirmada na segunda sentença, tornando esta impermeável, apesar de não haver fundamento para manter a intangibilidade desta segunda coisa julgada e impedir que, no dia seguinte, o sucumbente na relativização não proponha nova medida para a sua desconstituição.[492]

Portanto o sistema, considerando a existência de decisões injustas, garante esta imutabilidade, por não haver meios de garantir a justiça da segunda decisão, pela possibilidade de o juiz errar ao decidir a revisional.[493]

---

[489] SILVA, op. cit., p. 218-219.
[490] NERY JÚNIOR, op. cit., p. 59.
[491] SILVA, op. cit., p. 220.
[492] Ibidem, p. 221.
[493] MARINONI, op. cit., p. 57-58.

A coisa julgada é considerada preceito constitucional, formador do conceito de Estado Democrático de Direito, e sua relativização, uma velha tese já superada, inclusive pela impossibilidade de determinar o "juiz posterior da justiça da sentença". Por isso o risco político da insegurança seria mais grave do que o risco de sentença injusta ou inconstitucional do caso concreto, pois há possibilidade da convivência do sistema com essas últimas.[494]

Ainda, a ação rescisória pondera entre o fato do trânsito em julgado e o efeito de imutabilidade, pois, mesmo havendo rescisão, pode ser desnecessário um novo julgamento da lide, ou, no caso de este ocorrer, pode a decisão judicial não ser diversa da anterior, tendo essa ação por objeto o "controle da regularidade da atribuição de eficácia da coisa julgada à conclusão da sentença transitada em julgado".[495]

Deve-se, também, conforme a tese, ter cuidado com os "oportunistas", que, tendo seu direito rejeitado, pretendem ver seus conflitos rediscutidos.[496]

Apesar da tendência atual de aumento dos poderes do Judiciário, com o intuito da prestação ser a mais adequada possível, na busca da justiça do caso concreto, afirma o argumento que o juiz, por não alcançar estes objetivos por meio da lei, utiliza o Princípio da Proporcionalidade, por meio de adequação e necessidade. Porém, a utilização deste critério para a relativização da coisa julgada não harmoniza conceitos, apenas os pondera com o consequente afastamento total de um deles, no caso a coisa julgada, sem a certeza de se alcançar um resultado justo. Além disso, essa ponderação poderia ocorrer apenas em situações excepcionais, por método não interpretativo, visando a elaboração de critérios para se "obter a solução mais justa em um conflito de bens".[497]

---

[494] NERY JÚNIOR, Nelson. *Princípios do processo civil na Constituição Federal*. 8. ed. São Paulo: Revista dos Tribunais, 2004. p. 45.

[495] MESQUITA, p. 102-103.

[496] MARINONI, op. cit., p. 65-66. Sobre deduzido e dedutível art. 474 do CPC: "Passada em julgado a sentença de mérito, reputar-se-ão deduzidas e repelidas todas as alegações e defesas, que a parte poderia opor assim ao acolhimento como à rejeição do pedido".

[497] Ibidem, p. 67-69.

Defende que a coisa julgada difere do direito, sendo este apenas objeto da decisão jurisdicional e assim a harmonização dos direitos deveria ocorrer na decisão de cada caso, não podendo a sentença ser contraposta a algum direito concreto, pois dando este poder ao juiz, haveria a eliminação da garantia da segurança jurídica, instituindo-se um sistema aberto.[498]

O argumento caracteriza o tema como uma contraposição entre a justiça e a coisa julgada material, entretanto considera que o conceito de justiça utilizado pelas teses pró-relativização não pode prevalecer pela falta de fundamentos, pela inconsistência do argumento do homem médio, pela impossibilidade de consenso geral do que é o justo e pela impossibilidade de "destruir alicerces quando não se pode propor uma base melhor ou mais sólida".[499]

Apesar da lógica deste argumento acreditamos que a impossibilidade de alcançar um resultado justo não sustenta uma teoria contra a relativização da coisa julgada, pois este argumento, exposto de forma simplista, impediria quaisquer formas recursais, que também não alcançam o justo, mas são aceitas por todos como forma de aproximação da decisão apropriada.

3.3.4 Dos vícios transrescisórios

O atual enfraquecimento da coisa julgada é abordado por este argumento, pois sua flexibilização acarretaria uma contaminação do sistema pelo denominado "vírus do relativismo", havendo, em consequência disso, a presença repetida da impugnação do vencido com base na livre convicção do juiz de primeira instância acerca da manutenção da coisa julgada. Assim, considerando a rescisória a única forma para a relativização da coisa julgada e ponderando que esta não é considerada por muitos como meio adequado para tanto, conclui que o legislador é quem deve equacionar esses problemas, deixando claro quais as eventuais outras hipóteses de não-formação da coisa julgada.[500]

---

[498] Ibidem, p. 70.
[499] Ibidem, p. 71.
[500] ASSIS, Araken de. Eficácia da coisa julgada inconstitucional. In: NASCIMENTO, Carlos Valder do (Org.). *Coisa julgada inconstitucional.* 4. ed. Rio de Janeiro: América Jurídica, 2003. p. 208-210.

Sobre o ato inexistente, diz que o mesmo é incapaz de produzir efeitos, devendo ser declarado como tal; já sobre o ato inválido, diz que o mesmo, entrando no mundo jurídico, produz efeitos, devendo ser desfeito; e sobre o ato irregular, este tem vício não-essencial que sequer precisa de modificação. Portanto, só o vício essencial deve ser invalidado. Sobre nulidade e anulabilidade, a primeira deve ser decretada de ofício pelo juiz, além do necessário requerimento da parte e da obediência aos prazos recursais no caso da nulidade relativa. Porém, em qualquer dos casos, pode o vício ser afetado pela preclusão.[501]

O argumento ordena os vícios "transrescisórios", ou que transcendem a coisa julgada e a ação rescisória, em três grupos: 1. o da inexistência de sentença, por esta ter sido proferida por órgão sem a devida jurisdição; 2. o da nulidade da sentença, pela impossibilidade do objeto, como no caso de prisão por dívida paga ou pedido para desocupar imóvel já desocupado; e 3. o de ineficácia da sentença, como no caso de réu aparente, por exemplo, na falta de citação ou falta de procuração de advogado.[502]

Apesar de aceitar a faticidade da sentença inexistente, há que ser especificado o seu rol, por esta dispensar rescisão. Já o ato nulo produz seus efeitos até ser rescindido via judicial, pois é incorreta a confusão entre o ato nulo e o ato inexistente. A nulidade, se eficaz, pode ser convalidada pela coisa julgada material, havendo vícios transrescisórios apenas no caso de inexistência. Inclusive, dentro do rol da rescisória, não caberia a inexistência, pois, entende esta tese, que este rito destina-se à rescisão apenas do que será convalidado com o decurso do tempo. Afirma também que o parágrafo único do artigo 741 corrobora a posição pró-relativização apenas nas hipóteses legisladas, pois eventual "exceção à sanabilidade dos vícios há que decorrer de texto expresso de lei".[503]

Quando se refere ao parágrafo único do artigo 741 do Código de Processo Civil, diz que, antes deste, apenas por meio

---

[501] Ibidem, p. 211-213.
[502] Ibidem, p. 214-215.
[503] Ibidem, p. 219.

da rescisória se chegaria à desconstituição do julgado, e a sua publicação possibilita a ineficácia da coisa julgada e a discutibilidade do título posteriormente ao trânsito em julgado, contrariando o permitido pelo inciso II do mesmo artigo,[504] no qual os embargos de execução permitiam apenas a inexigibilidade do próprio título, não sua atualidade ou conformidade com o ordenamento. Assim, esse novo parágrafo acarretou situação em que "toda sentença assumirá uma transparência eventual, sempre passível de ataque via embargos".[505]

Sobre a constitucionalidade dessa norma citada, afirma que, mesmo com o caráter protetivo da norma voltado ao Estado, não há ofensa à Constituição quanto ao seu conteúdo, havendo problema apenas em sua forma, pois, embora haja conveniência da norma, não se pode vislumbrar urgência e relevância na dita Medida Provisória que inseriu o parágrafo único no artigo 741 do Código de Processo Civil, apesar da improvável manifestação do Supremo Tribunal Federal neste sentido.[506]

Considera que o juízo de inconstitucionalidade necessário para a interposição desses embargos ocorreria apenas quando da declaração de procedência na ação declaratória de inconstitucionalidade e da de improcedência na declaratória de constitucionalidade, independente da técnica usada pelo Supremo, como por exemplo, a declaração de inconstitucionalidade sem redução de texto, a não ser que haja ressalva de situação pretérita, pois seria insuficiente uma liminar ou uma declaração incidental, mesmo que reiterada, para a utilização dos embargos. Ainda, a utilização destes não excluiria o uso de outro meio para a impugnação da inconstitucionalidade, como a rescisória ou a ação anulatória, porém, somente os embargos suspenderiam o processo de execução dos casos decididos após o advento da Medida Provisória, pela impossibilidade de retroatividade da norma.[507]

---

[504] Art. 741, inc. II, CPC: "Na execução fundada em título judicial, os embargos só poderão versar sobre: I - inexigibilidade do título".

[505] ASSIS, op. cit., p. 220-222.

[506] Ibidem, p. 222-223.

[507] Ibidem, p. 224-226.

Apesar de todo o disposto, a tese diz do provável alargamento atual na possibilidade de discussão das sentenças transitadas em julgado e defende a atuação do Poder Legislativo para conter o movimento pró-relativização atual, por parecer "pouco provável que as vantagens da justiça do caso concreto se sobreponham às desvantagens da insegurança geral".[508]

Sobre a possibilidade de o artigo 741 do Código de Processo Civil ser aplicável apenas quando do pronunciamento do Supremo Tribunal Federal acerca de inconstitucionalidade, há autores que defendem que a interpretação utilizada é restritiva demais e não se coaduna com a tutela a ser dada ao sério problema da inconstitucionalidade, pois o juiz singular poderia fazer esta ponderação.[509]

Consideramos, acerca da diferenciação entre a decisão do Supremo Tribunal Federal em relação à declaração de constitucionalidade e a de inconstitucionalidade em controle abstrato,[510] que a posição da tese é ao menos complicada porque permite efeitos concretos apenas na declaração de inconstitucionalidade. Assim, a declaração da constitucionalidade da referida norma não obrigaria sua aplicação ao caso concreto, mesmo se o juiz a tivesse entendido inconstitucional e afastado em certa sentença.

Com isso, essa relativização da coisa julgada não afirma a legislação constitucional que deve ser aplicada, mas permite a modificação de coisa julgada por declaração de inconstitucionalidade, o que diminuiria a autoridade do Poder Legislativo, uma vez que apenas leis em desconformidade com o sistema seriam motivo de impugnação e, portanto, de interesse individual.

Outra dificuldade estaria em permitir a utilização dos novos Embargos à Execução apenas para casos após o advento da Medida Provisória que os instituiu, pela irretroatividade da norma,[511] pois teríamos, por exemplo, a vedação da utilização desse recurso em processo de execução distribuído um dia antes do advento desta Medida, ainda pendente de prazo para a impugnação, apesar da

---

[508] Ibidem, p. 228.
[509] THEODORO JÚNIOR; FARIA, op. cit., p. 98.
[510] ASSIS, op. cit., p. 224-226.
[511] Ibidem, p. 224-226.

obrigatoriedade da aceitação da inexigibilidade, como efeito da inconstitucionalidade declarada, por força da disposição legal.

3.3.5 Argumento da preliminaridade

Defende que a coisa julgada formal não poderia ser impugnada, pois o magistrado que a apreciasse, necessariamente, teria que fazê-lo preliminarmente, e, constatando-a, não haveria possibilidade de averiguar a justiça do caso concreto.

Considera que vivemos em uma "era da incerteza", com a negação do já tido como correto de forma entusiástica e a instituição apenas do provisório. Apresenta o exemplo da coisa julgada, que está enfocada nesta provisoriedade, apesar de já ter sido considerada indispensável na "primeira modernidade",[512] trazendo um "enigma" a ser resolvido em relação à relativização da coisa julgada, ou seja, da persistência ou não da segurança jurídica no contexto atual.[513]

Diz que a coisa julgada é fadada a produzir injustiças, pois, como faz um corte, ao menos temporal, na discussão das questões, não pode garantir a justiça absoluta, a qual, mesmo realizada no caso concreto, deixa sempre um ranço de injustiça na parte que não vê seu interesse provido no processo judicial,[514] sendo impossível alcançar a justiça absoluta para todos, inclusive pela característica de, no processo, vermos uma realidade restrita.

Para entender o problema da coisa julgada, o argumento utiliza a perspectiva do magistrado. Assim, supondo a alegação de coisa julgada, esta deveria ser apreciada em preliminar, portanto anteriormente às questões de mérito, onde estaria a justiça da decisão.[515] Dessa forma, haveria a impossibilidade de apreciar essa justiça no caso concreto.

---

[512] SILVA, op. cit., p. 213.
[513] Ibidem, p. 214.
[514] Ibidem, p. 215.
[515] Ibidem, p. 225-226.

Além disso, atenta para a necessidade de pensar a coisa julgada de forma abstrata, afirmando que não se pode pretender discutir todo o arcabouço de casos concretos, o que levaria à perda da "dimensão estática e formal" que requer o raciocínio em sua forma abstrata.

Esta corrente chega às seguintes conclusões sobre o tema: 1. a necessidade de o sistema sobre a coisa julgada ser revisado e, havendo meios para a resolução do atual impasse jurídico, o afastamento das possibilidades de relativização por meio de pedido em questão incidente, a não ser mediante lei elaborada para tanto; e 2. a permissão desta relativização por meio de "pressupostos valorativos" determinados, sem a criação de outras possibilidades para tanto.[516]

Assim, defende que a coisa julgada é pressuposto processual negativo, o que impossibilita nova apreciação do já decidido, por falta de interesse jurídico das partes para tanto, devendo o juiz indeferir a petição inicial de pronto, pois seria uma obrigação do jurista aumentar a certeza do sistema e diminuir a possibilidade de arbítrio.[517] Essa defesa advém da ideia de que a utilização de critério não objetivo alarga a tese pró-relativização, possibilitando que, no futuro, a relativização da coisa julgada deixe de ser exceção e passe a ser regra.[518]

Afirma que a coisa julgada é protegida não apenas no inciso XXXVI, do artigo 5º, da Constituição Federal, mas principalmente no artigo 1º dessa Carta,[519] nos fundamentos da República, estando inserida no Estado Democrático de Direito e protegida no cerne irredutível da Constituição Federal.[520]

Sobre o choque entre segurança e justiça, ambos valores reportados como importantes, defende que o legislador constitucional brasileiro optou pela segurança, sendo essa opção política

---

[516] Ibidem, p. 227-228.
[517] NERY JÚNIOR, op. cit., p. 58.
[518] Ibidem, p. 48
[519] Art. 1º, CF/88: "A República Federativa do Brasil, formada pela união indissolúvel dos Estados e Municípios e do Distrito Federal, constitui-se em Estado Democrático de Direito (...)".
[520] NERY JÚNIOR, op. cit., p. 49.

130 Carolina de Albuquerque

e refletida na impossibilidade de a ação rescisória corrigir a injustiça das decisões. Além disso, já existiria abrandamento legal da coisa julgada no caso da rescisória, nos embargos do devedor na execução judicial, na revisão criminal e na coisa julgada segundo o evento da lide, além dos casos da ação popular e da aplicação do Código de Defesa do Consumidor,[521] com a relativização dos termos determinados pelo sistema.

Sobre a coisa julgada ser apreciada apenas em preliminar, anteriormente a questões de mérito,[522] percebemos não haver um aprofundamento na problemática da investigação da constitucionalidade da sentença, o que consideramos extremamente importante. Por exemplo, no caso dos embargos de execução, há a possibilidade de o juiz apreciar a inconstitucionalidade da sentença, apesar de seu trânsito em julgado; o que também ocorre nas hipóteses da rescisória, possibilitando a revisão da coisa julgada, mesmo que esta não possa ser apreciada, senão preliminarmente.

3.3.6 Do controle abstrato

Este argumento defende a impossibilidade de o controle abstrato de constitucionalidade relativizar a coisa julgada inconstitucional.

Inicialmente, percebemos a necessidade de separar as premissas deste argumento, que defende que:

1. a coisa julgada é muito frágil, no direito brasileiro, havendo hoje um amplo rol de cabimentos da ação rescisória sem paralelo, avalizado pela doutrina, apesar da impropriedade do curto prazo que o procedimento possui. Além disso, esta fragilidade do instituto advém: a) do paternalismo herdado dos juízes da época imperial, quando o rei sempre podia desfazer qualquer iniquidade em razão da sua soberania, e b) da necessidade de correção dos erros judiciais atuais absurdos de uma Justiça sem credibilidade, inserida em um aparelho burocrático falido;[523]

---

[521] Ibidem, p. 49-50.
[522] SILVA, op. cit., p. 225-226.
[523] GRECO, Leonardo. Eficácia da declaração *erga omnes* de inconstitucionalidade ou inconsti-

Direito fundamental à coisa julgada: problemas constitucionais de sua relativização | 131

2. a coisa julgada é um direito fundamental, não uma simples regra de caráter processual, havendo necessidade de sua proteção na forma do direito fundamental da segurança jurídica, que determina a existência de um mínimo de previsibilidade dos atos estatais e de efetiva prestação jurisdicional. Isso porque, na sentença, está o próprio Estado dizendo o que deve ser seguido apesar dos conflitos de interesses, e se este Estado não garante a coisa julgada, nunca os direitos do cidadão serão efetivados, a despeito de a coisa julgada ser direito relativo, o que permite seu afastamento em caso de vida e liberdade, anulando-se, por exemplo, sentença criminal com base em lei inválida, por meio de revisão criminal;[524]

3. a declaração de constitucionalidade ou inconstitucionalidade do Supremo Tribunal Federal não faz coisa julgada, pois, quando for declarada a inconstitucionalidade da lei, o Legislativo pode publicar outra lei do mesmo teor da anterior, e mesmo declarada a constitucionalidade de uma lei em Ação Direta de Inconstitucionalidade, a resposta do próprio Supremo à outra ação impetrada pode afirmar a inconstitucionalidade da mesma lei. Considera a tese que o controle de constitucionalidade é ação autônoma que incide em uma norma abstrata e tem por objeto imediato a anulação de lei inconstitucional e por objeto mediato a sujeição da sociedade à norma impugnada. Ainda, as ações que controlam a constitucionalidade possuem a mesma força que possuem os precedentes no Direito Inglês, não tendo autoridade para modificar determinação estatal passada;[525]

4. a função do controle de constitucionalidade é de, imediatamente, anular efeitos de atos passados, com exceção da coisa julgada e do ato jurídico perfeito. Isso porque não

---

tucionalidade em relação à coisa julgada anterior. In: DIDIER JÚNIOR, Fredie (Org.). *Relativização da coisa julgada*: enfoque crítico. Salvador: Juspodium, 2004. p. 145-148.

[524] Ibidem, p. 148-150.

[525] Ibidem, p. 151-152.

é o Estado que fixa a aplicação dos direitos fundamentais, mas estes que, incorporados ao sistema, delimitam a atuação estatal. Apesar de ser normalmente preferida a eficácia retroativa no caso de controle de constitucionalidade, seria cabível a ponderação de efeitos dados a essa declaração, além do necessário respeito à segurança jurídica já especificado.[526]

A partir dessas premissas, o argumento defende a não-influência da ação de controle de constitucionalidade sobre sentenças transitadas em julgado, havendo, nos casos de falta de citação do réu e revisão criminal, ponderações cabíveis pelo Princípio da Proporcionalidade feitas pelo legislador. Seriam nulidades absolutas as hipóteses da rescisória nos casos de incompetência absoluta, impedimento, prevaricação, concussão ou corrupção do juiz e violação de coisa julgada anterior, pois, haveria muita amplitude em relação às outras possibilidades rescindíveis, trazidas pela doutrina a favor da relativização. Consequentemente, na falta de clara hierarquização dos direitos fundamentais, as determinações do legislador teriam que ser acatadas para assegurar a coisa julgada, apesar da existência de declaração feita em sede de controle de constitucionalidade abstrato.[527]

Há outra posição que defende o cabimento apenas da ação rescisória no caso de inconstitucionalidade com fundamento na violação de "literal disposição em lei". Dessa forma, no prazo de dois anos da rescisória, a sentença transitada em julgado poderia ser impugnada se fundada em lei inconstitucional. Este controle deveria ser feito em via incidental e a eventual declaração de inconstitucionalidade por via abstrata pelo Supremo Tribunal Federal seria mero componente de pressão para tal rescisão do magistrado, que averiguaria a possível ofensa à disposição constitucional em cada caso.[528]

---

[526] Ibidem, p. 152-155.
[527] Ibidem, p. 155-157.
[528] MESQUITA, op. cit., p. 108-110.

Portanto, a ponderação de constitucionalidade efetuada pelo Supremo Tribunal Federal em via abstrata seria indiferente para a interposição da ação rescisória, pois este problema seria apenas aparente, pela rescisão por sentença do Supremo Tribunal Federal em via principal não estar no rol da ação rescisória, ainda mais no caso de decurso do prazo para a interposição deste meio de impugnação.[529] Além disso, se o Estado não equaciona o problema por via legislativa, não haverá a possibilidade de controle das iniquidades das partes, do juiz e de peritos por meios transversos.[530]

A declaração de inconstitucionalidade tem por objeto apenas um ato, a lei, e apenas esse ato deve ser rescindido, não outro ato público ou privado, devendo eventual necessidade de modificação dos últimos ser apreciada em ação que o permita.[531] Para isso, avisa que o debate, "à falta de argumentos de índole científica, estará exposto a ser bombardeado com argumentos de ordem moral, política e até naturalista, excelentes para sensibilizar os apreciadores de novelas e para alimentar um certo patrulhamento ideológico".[532]

Ainda, acredita incorreto haver ação de nulidade imprescritível, alegando que eventual ação declaratória poderia ser impetrada e declarada a qualquer tempo, porém, sem efeito prático no caso concreto, podendo a parte aproveitar do declarado apenas no prazo da ação rescisória.[533]

Também defende que a coisa julgada é um diferencial entre a nulidade de sentenças e de outros atos legislativos e administrativos e que o processo sem coisa julgada é "mero procedimento ou processo de jurisdição voluntária, administrativa ou graciosa. De jurisdição contenciosa nunca será".[534]

Tratando desta mesma hipótese, há outra tese que, além de não aceitar a relativização da coisa julgada por meio de controle

---

[529] Ibidem, p. 111.
[530] Ibidem, p. 112.
[531] Ibidem, p. 113.
[532] Ibidem, p. 114.
[533] Ibidem, p. 117.
[534] Ibidem, p. 119.

abstrato de constitucionalidade feito pelo Supremo, defende a impossibilidade de a decisão do Supremo Tribunal Federal fazer coisa julgada, sendo impróprio o mesmo ser chamado de Tribunal Constitucional, o qual não poderia decidir causas constitucionais de forma abstrata em última instância.[535]

Além disso, afirma que: 1. os membros do Supremo são nomeados pelo Presidente da República, o que não respeita a necessária representatividade dos três poderes constituídos ou a necessária indicação suprapartidária do órgão controlador da constitucionalidade das leis; 2. não há qualquer participação dos poderes Legislativo e Judiciário na escolha dos membros nomeados, pelo total controle do Executivo sobre a indicação dos ministros deste Tribunal; e, 3. os ministros escolhidos possuem cargo vitalício, sem qualquer controle externo, apesar da possível impropriedade da postura de seus titulares com o decorrer do tempo.[536]

Assim, a irregularidade na atividade do Supremo estaria em sua característica de guardião da Constituição quando somada a sua vinculação ao Poder Judiciário, não podendo este, como faria um Tribunal Constitucional autônomo, ser competente para o controle externo da magistratura de que faz parte. Portanto, o Supremo só teria competência para o controle de situações concretas de inconstitucionalidade, pois a competência de exercício do controle abstrato seria uma atribuição irregular.[537]

Portanto, o controle abstrato só ocorreria se houvesse instituição separada dos tradicionais três poderes para tanto, pois se um deles possuir o poder de determinar qual lei é constitucional, haveria ingerência deste sobre os demais, perdendo-se a harmonia e a independência imprescindíveis. Enfim, o Supremo poderia apenas efetuar o controle concreto de constitucionalidade, por pertencer a um dos poderes constituídos.[538]

---

[535] Cf. texto de NERY JÚNIOR, op. cit., p. 25-37. Não é feita referência deste ao texto de GRECO, op. cit., sendo a recíproca também verdadeira.

[536] NERY JÚNIOR, op. cit., p. 30-31.

[537] Ibidem, p. 32-33.

[538] Ibidem, p. 34.

Consideramos problemática a afirmação de que a declaração de inconstitucionalidade feita por via abstrata pelo Supremo Tribunal Federal seria mero componente de pressão para decisão do magistrado para a sua modificação no caso concreto,[539] pois não podemos negar a competência constitucional do Supremo para tanto. Assim, devemos resolver o problema sobre a nulidade ou anulação do referido ato para depois nos posicionar acerca da sua incidência em relação à coisa julgada.

Não isentamos de problemas a afirmação de que o Estado não equaciona o problema da coisa julgada por via legislativa e impossibilita o seu controle por outros meios da iniquidade das partes, do juiz e de peritos,[540] tendo em vista a já afirmada competência constitucional do Supremo como controlador da constitucionalidade abstrata.

Além disso, a alegação de que a ação declaratória poderia ser impetrada para manifestar a inconstitucionalidade de sentença a qualquer tempo, sem efeito prático no caso concreto, podendo a parte aproveitar do declarado apenas no prazo da ação rescisória,[541] não pode ser considerada, pois seria absurdo o Judiciário proclamar uma inconstitucionalidade e não expurgá-la do sistema, uma vez que a tutela jurisdicional deve ser efetiva. Havendo corte temporal sobre a possibilidade de modificação da situação em concreto, não pode um juiz sentenciar que, apesar de certa parte ter direito a um bem jurídico em discussão, este deve ser conferido à outra parte, pelo decurso do prazo e pela impossibilidade de rediscussão da lide.

Também não concordamos que a declaração de constitucionalidade ou inconstitucionalidade do Supremo Tribunal Federal não faz coisa julgada,[542] pois parece claro que a decisão do Supremo a faz, e, no caso de controle abstrato de constitucionalidade possui efeito *erga omnes*, tendo maior amplitude que as outras coisas julgadas em casos concretos, por ser "conclusiva",[543] apesar de não poder modificar o soberanamente julgado.[544]

---

[539] Ibidem, p. 108-110.

[540] Ibidem, p. 112.

[541] Ibidem, p. 117.

[542] GRECO, op. cit., p. 151-152.

[543] BITTENCOURT, C. A. Lúcio. *O controle jurisdicional da constitucionalidade das leis*. Rio de Janeiro: Forense, 1968. p. 142.

[544] Ibidem, p. 147.

O caso de essa declaração de constitucionalidade ou de inconstitucionalidade em controle *erga omnes* poder retroagir e modificar decisões anteriores ao seu proferimento seria outra problemática relativa à possibilidade de esse controle consignar o efeito de nulidade ou de anulabilidade ao ato inconstitucional.

Outra situação complexa está na negação da legitimidade constitucional para atribuir ao Supremo a competência para a apreciação do controle abstrato da constitucionalidade das leis. Apesar de não adotarmos no Brasil um dos dois modelos clássicos do controle de constitucionalidade, quais sejam, o sistema norte-americano e o sistema kelseniano,[545] e da grande complexidade do controle híbrido adotado, não podemos pretender que a solução para os problemas do ordenamento brasileiro esteja na sua similaridade com qualquer outro modelo internacional. É necessário, por outro lado, o distanciamento e a análise do já regulamentado, acatando a situação normativa nacional atual, para a solução do problema. No entanto, temos que concordar que a mistura de atribuições recursais com o controle de constitucionalidade do Supremo é problemática, apesar da legitimidade que a Constituição confere.[546]

3.3.7 Da proporcionalidade

Este argumento defende que a própria ação rescisória é inconstitucional, e sua incidência garantida pelo Princípio da Proporcionalidade, que a torna constitucional apenas dentro de seus limites expressos.[547] Isso porque o magistrado não pode decidir posteriormente ao trânsito em julgado da sentença, pois o contrário significaria "admitir-se a incidência do totalitarismo nazista no processo civil brasileiro".[548]

---

[545] BARROS. *Simplificação do controle de constitucionalidade*, op. cit.

[546] Para maior aprofundamento sobre o tema *vide* Ibidem. O autor aborda a complexidade do tema para um posicionamento definitivo em seu trabalho, que possui objeto claramente determinado.

[547] NERY JÚNIOR, op. cit., p. 50-51.

[548] Ibidem, p. 51.

A coisa julgada seria absoluta, pois protegida pela Constituição, por conseguinte sua desconsideração seria sempre inconstitucional, prevalecendo a ação rescisória como meio desconstitutivo apenas nos casos em que, na ponderação entre a justiça do caso concreto e a necessidade institucional da segurança jurídica, a justiça prevalecer. Assim, apesar de a coisa julgada inconstitucional ser rescindível pela rescisória, a injusta não é, pois o mecanismo utilizado, sendo exceção, afasta o não descrito em suas hipóteses de cabimento, as quais não elencam a injustiça da decisão. Outro exemplo está nos embargos do artigo 741 do Código de Processo Civil que são outra forma de rescisória criada pelo sistema, assim como o *habeas corpus* e a revisão criminal, que expressamente afastam a coisa julgada em benefício do réu.[549]

A sentença judicial, conforme a tese, é passível de controle por meio de todos os recursos consagrados pelo sistema processual, por exemplo: 1. por meio de recurso ordinário, como o agravo, a apelação e o recurso ordinário constitucional, com pedido de anulação ou reforma do decidido; 2. por meio de recurso extraordinário que permite a apreciação do controvertido, em última instância, pelo Supremo Tribunal Federal; e, 3. por meio das ações autônomas de impugnação, quais sejam, a ação rescisória e a revisão criminal.[550]

Com o decurso do prazo da rescisória encerra-se a discussão e o argumento considera inconveniente a criação de outros meios para a relativização da coisa julgada, pois já existem formas para tanto em conformidade com o devido processo legal. Também, a sentença transitada em julgado não pode ter o mesmo tratamento das leis abstratas, por ser lei concreta advinda do exame de partes e situações particulares.[551]

Além disso, diz que a validade e eficácia de sentença inconstitucional em relação à sua justiça são discutidas durante o processo, pois está estratificado na doutrina que a coisa julgada tem força

---

[549] Ibidem, p. 52-53.
[550] Ibidem, p. 46-47.
[551] Ibidem, p. 46-47.

criadora, havendo indiscutibilidade e imutabilidade da sentença protegida, por ser tutelada independentemente de seu conteúdo, o qual, se viciado, deve ser discutido em recurso ou ação específica do ordenamento.[552] Isso porque a utilização de outro meio, senão o próprio, para equacionamento do conflito citado, não constituiria problema de Direito Constitucional, e sim um problema de "ignorância, negligência, imprudência, imperícia ou dolo de quem, podendo e devendo propor rescisória, deixou passar *in albis* o prazo para fazê-lo".[553]

Mesmo a ponderação através dos Princípios da Proporcionalidade e da Razoabilidade não é aceita de forma absoluta, e não poderia ser utilizada casuisticamente para o afastamento de certa lei em determinada situação. Expressa ainda que não pode haver conflito entre preceitos constitucionais quando a própria Constituição o resolve e/ou dá mecanismos para a sua resolução.[554] O mecanismo disponível para a resolução do conflito entre a coisa julgada imutável e sua mutabilidade seria a ação rescisória, pela utilização do Princípio da Proporcionalidade.[555]

Não podemos concordar com o argumento de que a ação rescisória seria inconstitucional e que sua incidência é garantida pelo Princípio da Proporcionalidade,[556] uma vez que a ação rescisória está descrita na própria Constituição como meio de impugnação da coisa julgada já formada,[557] portanto é desnecessário ponderar princípios para a sua aceitação.

---

[552] MESQUITA, op. cit., p. 45-46.

[553] Ibidem, p. 121.

[554] Art. 102, inc. I, j, da CF/88: "Compete ao Supremo Tribunal Federal, precipuamente, a guarda da Constituição, cabendo-lhe: I - processar e julgar, originariamente: j) a revisão criminal e a ação rescisória de seus julgados".

[555] MESQUITA, op. cit., p. 120.

[556] Ibidem, p. 50-51.

[557] Art. 102, inc. I, j, CF/88: "Compete ao Supremo Tribunal Federal, precipuamente, a guarda da Constituição, cabendo-lhe: I - processar e julgar, originariamente: j) a revisão criminal e a ação rescisória de seus julgados".

3.4 Críticas

Todos esses argumentos se baseiam na constitucionalidade da proteção dada à coisa julgada e eventual ponderação deve ser feita apenas pela lei, com a aplicação da proporcionalidade, com a admissão da ação rescisória e de outros meios legais para a rescisão do julgado.[558]

Apesar de esses argumentos se apresentarem contra a relativização da coisa julgada, percebemos que por vezes eles alargam o conceito de coisa julgada tradicional ou ampliam outros conceitos já estratificados na doutrina, como nos argumentos: dos vícios transrescisórios, em que a rescisória é aceita quando há declaração de inconstitucionalidade da norma em abstrato pelo Supremo Tribunal Federal, e da cidadania processual, que defende a reapreciação do julgado em investigação de paternidade na existência de novas provas. Nestes exemplos notamos a modificação de conceitos há muito utilizados pela doutrina, como as hipóteses de cabimento da ação rescisória e da coisa julgada *secundum eventum litis*.[559]

O argumento da cidadania processual, quando inclui nas "hipóteses excepcionalíssimas",[560] que permitiriam a relativização da coisa julgada, as sentenças injustas e imorais, deixa claro que tudo inclui-se neste rol, inclusive, o parâmetro parece ser empregado pela dificuldade de sua definição, apesar da imprescindibilidade de parâmetros objetivos para tanto.

Temos também o exemplo, no argumento da incerteza da justiça em segunda decisão, da modificação tanto do conceito de documento novo, descrito no rol da ação rescisória, para abranger o exame de DNA, como do termo inicial do prazo da ação rescisória para a ciência do interessado sobre a existência da nova técnica.[561]

Apesar de alguns argumentos contra a relativização da coisa julgada ampliarem conceitos, outros os restringem para afunilar

---

[558] TALAMINI, op. cit., p. 399-400.
[559] Ibidem, p. 400.
[560] PORTO, op. cit., p. 32.
[561] MARINONI, op. cit., p. 67-69.

as possibilidades de modificação legal da coisa julgada, como, por exemplo, o argumento dos vícios transrescisórios, que afirma serem cabíveis os embargos de execução, apenas nos casos posteriores ao advento da Medida Provisória que os regulam,[562] porém consideramos difícil vedar a utilização deste recurso nos casos de execução em andamento, dentro do prazo.

Outra restrição apresentada pelo argumento é a utilização da perspectiva do magistrado para a resolução do problema, supondo que a apreciação da coisa julgada ocorre apenas em fase preliminar, antes das questões de mérito, nas quais estaria a justiça da decisão.[563] Porém, defendemos que o mérito pode ser apreciado na ação rescisória e nos embargos à execução, portanto a quebra da coisa julgada pode ocorrer após a apreciação preliminar.

Consideramos incoerente o argumento da proporcionalidade afirmar que a ação rescisória é inconstitucional e só pode ser utilizada dentro de seus limites expressos se for utilizado o Princípio da Proporcionalidade,[564] porque a própria Constituição faz-lhe referência.

Percebemos restritivo também o argumento do controle concreto quando afirma que a decisão do Supremo sobre a inconstitucionalidade de lei não pode anular a coisa julgada[565] por ser mero componente de pressão para eventual rescisão do magistrado.[566]

Acreditamos que esta conclusão advém da ausência de um efetivo estudo sobre a ligação da inconstitucionalidade com o efeito da nulidade ou da anulabilidade. Além disso, seria inadequado existir uma ação de nulidade imprescritível sem qualquer efeito prático no caso concreto;[567] isso apesar de o efeito *ex tunc* não ter sido dado à coisa julgada e de esta tratar de limite à declaração de inconstitucionalidade em via abstrata;[568] porém, o cuidado do

---

[562] ASSIS, op. cit., p. 224-226.
[563] SILVA, op. cit., p. 225-226.
[564] NERY JÚNIOR, op. cit., p. 50-51.
[565] GRECO, op. cit., p. 151-152.
[566] MESQUITA, op. cit., p. 108-110.
[567] Ibidem, p. 117.
[568] MARINONI, op. cit., p. 59-61.

Supremo Tribunal Federal com a Constituição não deve implicar na desconsideração da coisa julgada material.[569]

Para a resolução do problema, faremos ponderações acerca dos efeitos da inconstitucionalidade.

Tradicionalmente, no Brasil, entende-se que o vício da inconstitucionalidade de lei, quando declarado, possui como efeito a sua anulação, porque o sistema deve ser puro e, com a declaração do Supremo no sentido da inconstitucionalidade, a esta lei não pode ser atribuída qualquer eficácia.[570]

Os fundamentos para tal alegação são: que o Princípio da Nulidade possui sede constitucional e que a norma constitucional permite que qualquer membro do Poder Judiciário faça o controle de constitucionalidade,[571] presumindo que a lei inconstitucional seja nula, sendo desnecessário que o Supremo declare essa inconstitucionalidade para seu afastamento no caso concreto.[572]

Apesar disso, esta tese da nulidade não pode ser aceita sem qualquer ressalva, pois o Supremo pode ter motivos, mesmo políticos e sociais, para não declarar determinada lei inconstitucional, pelo fato de a inconstitucionalidade ser, em certos casos, menos danosa ao sistema jurídico que a ausência de norma para regular a situação concreta.[573] Essa necessidade foi regulamentada pela Lei nº 9.868, de 11 de novembro de 1999, que permitiu ao nosso Tribunal Constitucional decidir a data do início da inconstitucionalidade da norma.[574]

---

[569] Art. 27 da Lei nº 9.868/99: "Ao declarar a inconstitucionalidade de lei ou ato normativo, e tendo em vista razões de segurança jurídica ou de excepcional interesse social, poderá o Supremo Tribunal Federal, por maioria de dois terços de seus membros, restringir os efeitos daquela declaração ou decidir que ela só tenha eficácia a partir de seu trânsito em julgado ou de outro momento que venha a ser fixado".

[570] TAVARES, op. cit., p. 229.

[571] Cf. CF/88, art 97: "Somente pelo voto da maioria absoluta de seus membros ou dos membros do respectivo órgão especial poderão os tribunais declarar a inconstitucionalidade de lei ou ato normativo do Poder Público" e art. 102, III, "a", "b" e "c": "Compete ao Supremo Tribunal Federal, precipuamente, a guarda da Constituição, cabendo-lhe: III - julgar, mediante recurso extraordinário, as causas decididas em última ou única instância, quando a decisão recorrida: a) contrariar dispositivo desta Constituição; b) declarar a inconstitucionalidade de tratado ou lei federal; c) julgar válida lei ou ato de governo local contestado em face desta Constituição".

[572] TAVARES, op. cit., p. 229-230.

[573] Ibidem, p. 230.

[574] Lei nº 9.868 de 11.11.99, art. 27: "Ao declarar a inconstitucionalidade da lei ou ato normativo, e tendo em vista razões de segurança jurídica e a de excepcional interesse social, poderá o

Além disso, nosso sistema permite: 1. a declaração de nulidade parcial sem redução do texto da lei, quando apenas algumas situações da aplicação da norma são inconstitucionais; 2. a declaração de constitucionalidade, com interpretação conforme a Constituição, pela fixação do sentido da norma para sua validade; e 3. os casos em que a inconstitucionalidade é declarada por falta de ato do Poder Legislativo, que deve sanar a sua mora, pois "não é possível declarar a nulidade do vazio normativo".[575]

Tais situações não são sequer citadas pelos argumentos, apesar de serem complicantes ponderáveis na eventual declaração de constitucionalidade ou inconstitucionalidade de lei que eventualmente afetará as sentenças transitadas em julgado.

Assim, as teses contra a relativização não resolvem o problema dos efeitos da declaração de constitucionalidade ou inconstitucionalidade da lei na sentença transitada em julgado, e as conclusões são preconcebidas, sem que haja — da mesma forma como ocorre com as teses pró-relativização quando tratam de existência, validade e eficácia — o indispensável aprofundamento teórico que fundamentaria as conclusões apresentadas.

Outro problema está nas concepções que não tratam do conceito de coisa julgada e não se preocupam com uma sistematização profunda do assunto. Estas, em síntese, trazem argumentos contra as teses pró-relativização apresentadas e limitam a discussão no casuísmo e na problemática exposta anteriormente, já apreciada e considerada insuficiente para resolução do debate teórico.

3.5 Aspectos positivos

Apesar dos pontos negativos apresentados, encontramos vários pontos positivos nos argumentos contra e a favor da relativização da coisa julgada.

Supremo Tribunal Federal, por maioria de dois terços de seus membros, restringir os efeitos daquela declaração ou decidir que ela só tenha eficácia a partir de seu trânsito em julgado ou de outro momento a ser fixado".

[575] TAVARES, op. cit., p. 231-234.

Direito fundamental à coisa julgada: problemas constitucionais de sua relativização | 143

Inicialmente, são importantes as considerações dos argumentos pró-relativização sobre a necessária ponderação da justiça,[576] inclusive por este valor ser querido por todos. Porém, é na busca desse valor que normalmente encontramos as impropriedades das teses, pois este justificaria as "medidas extraordinárias" adotadas.[577] Além da impropriedade de o juiz executar a coisa julgada inconstitucional ou de não apreciar casos de flagrante inconstitucionalidade.[578]

Citamos também a intenção dessas teses de: encarar a relativização da coisa julgada apenas excepcionalmente,[579] afastar soluções apenas em favor do Estado e defender a necessária igualdade na flexibilização dos julgados, sempre em nome da justiça e legitimidade das decisões em detrimento da certeza e da segurança.[580]

Interessante a defesa de o Princípio da Legalidade não ser a exata aplicação da lei no caso concreto, e sim esta somada à necessária utilização de princípios, doutrina, jurisprudência, etc., pois o juiz decide com base no sistema jurídico como um todo,[581] com uma postura clara a favor da interpretação das normas jurídicas, dentro de parâmetros predeterminados.

A necessidade de criação de normas para que o problema da coisa julgada inconstitucional seja sanado também nos é atraente, por exemplo com a criação de um "micro-sistema diferenciado" para certas situações.[582]

A utilização da visão clássica acerca da nulidade do ato inconstitucional também é acertada, pois a pretensão de rompimento com a tese tradicional implicaria em motivação e fundamentação. Isso, apesar de, na utilização da tese da nulidade, não se ponderar sobre o termo inicial para a eficácia dessa nulidade e sobre a constitucionalidade da proteção dada à coisa julgada.[583]

---

[576] DELGADO, op. cit., p. 30.
[577] THEODORO JÚNIOR; FARIA, op. cit., p. 96, sendo a forma admitida pela apreciação dos Princípios da Instrumentalidade e da Economia.
[578] Ibidem, p. 96-97.
[579] DINAMARCO, op. cit., p. 24-25.
[580] Ibidem, p. 41-43.
[581] WAMBIER; MEDINA, op. cit., p. 174-175.
[582] Ibidem, p. 188, 195-196.
[583] THEODORO JÚNIOR; FARIA, op. cit., p. 84 e NASCIMENTO, op. cit., p. 10-12.

Além disso, percebemos a real problemática de que, apesar da eficácia *ex tunc* dada a essa possível declaração da inconstitucionalidade, os efeitos da decisão de inconstitucionalidade da coisa julgada se vinculam a cada caso concreto, porque, mesmo se o Supremo declarar uma inconstitucionalidade em relação à lei ressalvando a coisa julgada, esta decisão não atingiria as situações não sentenciadas mas já formadas no passado,[584] o que seria complicado pelo Princípio Republicano proteger a segurança jurídica, conforme o Preâmbulo da Constituição Federal.[585]

Outra interessante posição de algumas teses está na preservação do prazo da rescisória, mesmo com o cabimento da ação anulatória sem a observação de qualquer prazo.[586]

Também não podemos esquecer que a ação rescisória é utilizada tanto para a flexibilização dos casos de sentença ilegal como para os de sentença inconstitucional, com mesmo mecanismo e mesmo prazo para as duas hipóteses, o que não seria ideal.[587]

Além disso, o argumento da ampliação das hipóteses de sentenças que não passam em julgado considera que o rol da rescisória não trata de sentenças nulas ou inexistentes e sim de sentenças rescindíveis,[588] pois "o que não existe não pode ser rescindido", o que afastaria a ação rescisória nos casos de sentenças inexistentes e nulas e dividiria as sentenças em inatacáveis, nulas e rescindíveis.

Sobre os aspectos positivos dos argumentos contra a relativização da coisa julgada, temos a ideia de que se a regra constitucional fizesse referência apenas ao legislador, a coisa julgada deixaria de existir, pois isto permitiria a mutabilidade da sentença de mérito por qualquer outro modo,[589] o que seria absurdo.

---

[584] Lei nº 9.868/99, art. 27: "Ao declarar a inconstitucionalidade de lei ou ato normativo, e tendo em vista razões de segurança jurídica ou de excepcional interesse social, poderá o Supremo Tribunal Federal, por maioria de dois terços de seus membros, restringir os efeitos daquela declaração ou decidir que ela só tenha eficácia a partir de seu trânsito em julgado ou de outro momento que venha a ser fixado".

[585] THEODORO JÚNIOR; FARIA, op. cit., p. 103-107, usam como exemplo a eficácia sempre *ex nunc* em relação a decisões sobre o Direito tributário.

[586] WAMBIER; MEDINA, op. cit., p. 208, 238-239.

[587] THEODORO JÚNIOR; FARIA, op. cit., p. 93.

[588] TESHEINER, op. cit.

[589] MESQUITA, op. cit., p. 100.

Além disso, apesar de a justiça ser importante, fala-se da inconsistência de seu conceito, que não é especificado sequer pelas teses pró-relativização, o que impediria a aceitação do argumento do homem comum e do consenso geral.[590]

Fica-nos claro que a coisa julgada produz injustiças, pois faz um corte na discussão judicial, que, de qualquer forma, não pode garantir a justiça absoluta.[591] Assim, o fundamento de sentença injusta não seria suficiente para retirar sua validade, pois a sentença não é apenas uma lei, e utilizar o mesmo parâmetro para as leis e para a sentença passada em julgado seria no mínimo complicado.[592]

Além disso, concordamos que a coisa julgada difere do direito, que é apenas o objeto da decisão jurisdicional, assim a harmonização dos direitos deve ocorrer na decisão de cada caso, pois a sentença não pode ser contraposta a um direito concreto, o que instituiria um sistema aberto e inseguro.[593]

Com o afastamento do critério justiça pela falta de sua conceituação clara, não podemos defender a relativização da coisa julgada sem critérios objetivos,[594] que devem ser preferencialmente legislados,[595] pois para equacionar este problema as eventuais hipóteses de não formação da coisa julgada devem ficar claras,[596] por meio da regulação legal.[597]

Uma opção do nosso trabalho é afastar o casuísmo, o que também é afirmado por teses que se impõem trabalhar com a coisa julgada de forma abstrata, por ser impossível discutir todo o arcabouço de casos concretos, o que levaria à perda da "dimensão estática e formal".[598]

---

[590] MARINONI, op. cit., p. 71.
[591] SILVA, op. cit., p. 215.
[592] MARINONI, op. cit., p. 58-59.
[593] Ibidem, p. 70.
[594] Ibidem, p. 55-56.
[595] Ibidem, p. 67-69.
[596] ASSIS, op. cit., p. 208-210.
[597] SILVA, op. cit., p. 227-228.
[598] MARINONI, op. cit., p. 55-56.

Sobre o cabimento de recursos, concordamos com a ideia que, se a intangibilidade for afastada no caso de sentença injusta, esta não poderia ser reafirmada na segunda sentença definitiva, o que acarretaria um possível segundo ataque à coisa julgada, por falta de fundamento para manter a intangibilidade da segunda coisa julgada e para impedir o sucumbente de propor nova medida para sua desconstituição.[599] Isso porque o juiz não pode simplesmente desconsiderar o anteriormente julgado sem sua rescisão,[600] além do que, a existência de prazo para a desconstituição da sentença é requisito indispensável à própria jurisdição, pela imprescindibilidade da regulamentação legal para que casos excepcionais tenham tratamento diferenciado.[601]

Realmente, o ato inexistente é incapaz de produzir efeitos, já o ato inválido pode produzi-los, devendo ser desfeito, e o ato irregular que possui vício não essencial sequer precisa de modificação, pois só o vício essencial deve ser invalidado. Sobre nulidade e anulabilidade, a primeira deve ser decretada de ofício e a outra deve ocorrer em resposta a requerimento da parte, dentro dos prazos recursais, com possível preclusão em ambos os casos.[602]

Apesar de aceitarmos a sentença inexistente, seu rol precisa ser especificado, por dispensar rescisão e pelo rol da rescisória não a abranger.

A sentença impassível de recurso faz "inexoravelmente" coisa julgada e, na existência de casos identificados pela doutrina como merecedores de tratamento diferente, estes devem ser instituídos por lei.[603]

A coisa julgada é um direito fundamental, não uma simples regra de caráter processual, e sua proteção ocorre na forma do direito fundamental da segurança jurídica, que prescinde da existência de um mínimo de previsibilidade dos atos estatais e de efetiva prestação jurisdicional. Se o próprio Estado, que diz o direito

---

[599] Ibidem, p. 221.
[600] PORTO, op. cit., p. 30.
[601] MARINONI, op. cit., p. 66-67.
[602] ASSIS, op. cit., p. 211-213.
[603] NERY JÚNIOR, op. cit., p. 59.

em cada sentença prolatada, não garantir a coisa julgada, nunca teremos definitivamente a efetivação dos direitos do cidadão e a pretendida segurança jurídica.[604]

Apesar de todas essas observações serem pertinentes para uma reflexão sobre a problemática da coisa julgada inconstitucional, essas ideias esparsas, quando unidas, não formam uma síntese sobre sua relativização. Diante disso, utilizaremos os fundamentos dos dois blocos de argumentos, que são a justiça e a segurança jurídica, para encontrar uma base firme para um posicionamento sobre o problema.

Fizemos a opção por estes dois elementos, pois: 1. a justiça embasa todas as teses pró-relativização, 2. a segurança jurídica é o grande valor protegido pelas teses contra a relativização da coisa julgada, e 3. estes institutos são importantes dentro de qualquer estudo jurídico, pelo direito buscar a concretização desses dois elementos antagônicos.

---

[604] GRECO, op. cit., p. 148-150.

Capítulo 4

Justiça e segurança jurídica

Sumário: **4.1** Justiça - **4.2** Segurança jurídica - **4.3** Crítica

Podemos dizer que realmente a discussão da coisa julgada inconstitucional não está simplesmente no âmbito de manter ou relativizar as sentenças de mérito, mas sim, no choque entre os valores da justiça e da segurança, que são os elementos fundamentais dos argumentos pró e contra a relativização da coisa julgada, respectivamente.

A justiça, no caso concreto, é a base de todas as teses pró-relativização e, conforme estas, a sentença inconstitucional ou injusta não prevalece se desrespeitar esse bem maior, independente dos argumentos para esta formulação básica, pois seria inaceitável proteger uma decisão, apesar de segura, viciada pela injustiça.

Em choque com esta busca à justiça, temos a segurança jurídica como fundamento dos argumentos contra a relativização da coisa julgada, que entendem que o sistema jurídico pressupõe um corte na discussão de qualquer lide, sem importar a justiça desta decisão definitiva, pois sua legitimidade está em seguir o procedimento específico para cada caso.

Dessa forma, há necessidade de fixarmos um conceito para a justiça e para a segurança jurídica, e ponderarmos se algum deles é suficiente para validar a modificação ou a manutenção das sentenças transitadas em julgado.

4.1 Justiça

Todas as concepções pró-relativização da coisa julgada baseiam-se na justiça e apontam para uma maior aproximação do Direito Processual com o "Direito justo",[605] porque, ao sentenciar, o Judiciário, atuando como Estado, possui a função ativa de busca da justiça,[606] pois hoje o "processo civil de resultados" pressupõe a justiça das decisões.[607] Portanto, resultados estáveis advindos do processo só poderiam ocorrer sem prejuízo da justiça que este deve garantir, pela primazia do conteúdo de justiça das decisões, conforme o dito pela Constituição atual quando esta se refere ao acesso à justiça.[608]

Esses argumentos ressaltam o problema da falta de trabalhos acerca da coisa julgada, em virtude de sua pretensa intangibilidade. Atualmente, há maior discussão sobre o tema, motivada pela nova doutrina que defende a relativização da coisa julgada, sem sua eliminação do sistema jurídico.[609] Este processo inovador é chamado de "racional e justo"[610] e a manutenção da autoridade da coisa julgada seria uma forma de "perenizar injustiças, com a insólita negação do direito material",[611] pois resultados estáveis advindos do processo só ocorreriam sem prejuízo da justiça que o mesmo deve garantir.

Afirmam que o procedimento infraconstitucional brasileiro é muito rigoroso e não permite repetição de qualquer ato processual, pela força da coisa julgada formal e material e pelas preclusões. Esta alusão possui o intuito de criticar a proteção vista como exagerada dos institutos em estudo e defende uma ponderação do critério segurança com a primazia do conteúdo de justiça das decisões.[612]

---

[605] THEODORO JÚNIOR; FARIA, op. cit., p. 91.

[606] DELGADO, op. cit., p. 33-34.

[607] DINAMARCO, op. cit., p. 13.

[608] Ibidem, p. 12. Cf. inc. XXXV, do art. 5º, da CF/88: "a lei não excluirá da apreciação do Poder Judiciário lesão ou ameaça a direito".

[609] NASCIMENTO, op. cit., p. 1-2.

[610] Ibidem, p. 2.

[611] Ibidem, p. 2.

[612] DINAMARCO, op. cit., p. 12. Cf. inc. XXXV, do art. 5º, da CF/88: "a lei não excluirá da apreciação do Poder Judiciário lesão ou ameaça a direito".

Mesmo a concepção que nega o conflito constitucional entre a imutabilidade da coisa julgada e a justiça, por considerá-lo aparente, demonstra preferência pela preponderância do justo ao defender que sob a discussão entre segurança e justiça pretende-se proteger apenas a segurança em detrimento da justiça.[613]

Para a concepção pró-relativização da coisa julgada que se baseia nos Princípios da Moralidade e da Legalidade, até a lei subordina-se à moralidade,[614] por meio da "descoberta do justo pela razão",[615] pois a ponderação dos princípios seria a ferramenta da busca do justo.

Assim, os argumentos a favor da relativização da coisa julgada entendem não haver espaço na atualidade para uma ciência do direito pura e que o motivo último do direito e o fundamento das teses sobre a coisa julgada inconstitucional está na ponderação da justiça. Essas ideias são muito bem demonstradas na famosa frase "não é legítimo eternizar injustiças a pretexto de evitar a eternização de incertezas".[616]

Portanto, cabível um estudo sobre a justiça por se tratar do elemento comum nas teses pró-relativização.

É importante mencionar a tradicional vinculação entre o direito e a justiça, pois a maioria das pessoas, ou o homem comum, entende o direito como a ferramenta para a prevalência da justiça, assim "a aplicação do direito torna-se, ideologicamente, sinônimo de decisão justa".[617]

O problema de aceitarmos essa relação entre o direito e a justiça é que, apesar do assunto ser muito debatido, não há uma concepção única a seu respeito, além de o justo possuir vários significados.

Vislumbramos, em relação a esta variedade de significações, os seguintes casos: 1. os que defendem uma justiça absoluta, na qual determinados valores devem ser sempre utilizados para o alcance

---

[613] THEODORO JÚNIOR; FARIA, op. cit., p. 73.
[614] DELGADO, op. cit., p. 30.
[615] Ibidem, p. 31.
[616] DINAMARCO, op. cit., p. 13.
[617] Referências em DIMOULIS, op. cit., p. 120-121.

das decisões corretas, pois estes seriam anteriores ao próprio homem, como no exemplo do Direito Natural;[618] 2. os favoráveis ao historicismo, que defendem que certos valores normalmente aceitos pela maioria dos membros de uma sociedade devem ser o critério do justo;[619] e 3. os relativistas, que entendem não haver um conteúdo fixo de justiça, pois as pessoas e seus grupos possuem tábua de valores específica e diversificada.[620]

Sobre a teoria da justiça absoluta, existe a dificuldade em definirmos o justo natural, pois a percepção humana é imperfeita para tanto, e para que alguma ordem esteja instalada é imprescindível a intervenção estatal.[621]

Por outro lado, as outras duas teorias citadas consideram que a justiça depende do tempo, do espaço e do fator social, o que acarreta grande dificuldade para encontrarmos seus valores corretos, em razão da existência de várias concepções da justiça, ou de critérios do justo, tornando-o paradoxal. Isso ocorre mesmo na tradicional concepção de "dar a cada um o que é seu", ou mesmo nas ideias de justiça como "virtude" e virtude como "o meio-termo",[622] pois essas perspectivas implicam na aceitação do pressuposto da igualdade e têm foco na ideia de tratar os iguais de forma igual e os diferentes de forma diferente,[623] como o preconizado na Revolução Francesa. Assim, o justo é entendido como sinônimo da igualdade.[624]

---

[618] Referências em ARNAUD, André-Jean et al. *Dicionário enciclopédico de teoria e de sociologia do direito.* Tradução de Patrice Charles, F. X. Willaume. Rio de Janeiro: Renovar, 1999. p. 444 e DIMOULIS, op. cit., p. 122.

[619] Um exemplo está na obra de DWORKIN, Ronald. *O império do direito.* Tradução de Jefferson Luiz Camargo. São Paulo: Martins Fontes, 2003, que preconiza a vinculação moral do juiz, o qual deve seguir critérios para alcançar a justiça, pois existe uma resposta certa e sistema de princípios determinados socialmente independente de o sistema explicitá-los, p. 257-258.

[620] Um exemplo dessa concepção está na obra de KELSEN, op. cit., em que o autor, em capítulo intitulado "relatividade do valor moral", diz não haver moral absoluta, pois para considerar a validade do sistema vinculada à observação de certa regra moral, esta deveria ser justa em todos os sistemas existentes, além do que determinado valor não pode ser aplicado sempre, em todas as circunstâncias, tendo o direito valor apenas jurídico, p. 72-76.

[621] ARNAUD et al., op. cit., p. 444.

[622] Para informações sobre a virtude como meio-termo e justiça contraposta à injustiça *vide* ARISTÓTELES. *Ética à Nicômaco.* São Paulo: Abril Cultural, 1978.

[623] ARNAUD et al., op. cit., p. 444 e DIMOULIS, op. cit., p. 123-125.

[624] ARNAUD et al., op. cit., p. 445.

Porém, não são apresentados critérios para a averiguação da igualdade ou desigualdade, ou da medida desta desigualdade, o que resulta em teorias sem critérios objetivos para sua aplicabilidade prática.[625] A igualdade só pode ser estabelecida quando apreciada em relação a um dado aspecto como: idade, sexo, cor etc., pois é impossível delimitar a igualdade ou a desigualdade de dois parâmetros em caráter geral. Assim, se utilizarmos a igualdade como critério do justo, a noção de justiça passará a ser restrita a indivíduos pertencentes à mesma classe social e apenas aos grandes proprietários seria permitido o gozo, com amplitude, de sua liberdade e de sua propriedade.[626]

Essa dificuldade de conceituar justiça ou de optar sem reservas por uma das teorias expostas, conduziu a uma busca de parâmetros para a obtenção desses critérios justos por meio da chamada justiça procedimental.

Um exemplo de teoria procedimental está em Rawls,[627] que defende a utilização de critérios de base para a definição do justo para a sociedade. Essa teoria admite que normalmente a ponderação acerca do justo ocorre apenas quando há disputa concreta sobre seu conteúdo. Neste caso cada um dos opositores, apesar de divergentes, possui uma concepção de justiça,[628] porque os indivíduos em discussão estão vinculados à sua posição dentro da disputa para determinar o justo, havendo parcialidade.

Para superar essa problemática, essa teoria traça uma concepção de justiça, chamada justiça como equidade, que generaliza a discussão e a coloca dentro de parâmetros contratuais, para uma unificação das decisões justas, mesmo quando ponderadas pelos interessados na divergência concreta.[629]

Para tanto, supõe que, numa situação hipotética de liberdade equitativa, as pessoas que determinarão os princípios dessa

---

[625] DIMOULIS, op. cit., p. 125-126.
[626] ARNAUD et al., op. cit., p. 445 e BARROS, Sérgio Resende de. *Direitos humanos*. Disponível em: <www.srbarros.com.br/artigos.php?TextID=31>. Acesso em: 20 out. 2005.
[627] Teoria da justiça como equidade ou teoria procedimental cf. RAWLS, John. *Uma teoria da justiça*. Tradução de Almiro Pisetta, Lenita M. R. Esteves. São Paulo: Martins Fontes, 1997.
[628] Ibidem, p. 5.
[629] Ibidem, p. 12-15.

154 | Carolina de Albuquerque

concepção de justiça não conhecem seu lugar dentro da sociedade, suas posses, seus dotes, suas características físicas, inteligência, força etc. É claro que nisto há problemas pela impossibilidade de qualquer pessoa ser totalmente desvinculada de sua situação particular de existência, porém essa liberdade e essa igualdade iniciais pressupostas deveriam ser aceitas voluntariamente como obrigações autoimpostas e autônomas.[630]

É óbvio que indivíduos cobertos por um "véu de ignorância" é situação puramente hipotética,[631] porém para quem busca princípios para a determinação do justo, essa situação seria um "guia natural para a intuição".[632]

Além disso, não apenas as características pessoais dos que buscam esses princípios são desconhecidas dos mesmos, mas também a geração a que pertencem, ou qualquer outra situação particular, como o nível de civilização e cultura de sua sociedade e a forma como suas opções afetarão seu caso particular. Apesar da total amplitude para a informação genérica, a única situação particular conhecida seria a de que a sociedade desses indivíduos estará sujeita às circunstâncias de justiça especificadas e as partes não possuirão meios para, posteriormente, negociarem seu sentido.[633]

Haveria, portanto, a possibilidade de pessoas racionais pactuarem uma sociedade em uma posição inicial de igualdade, para escolherem as cláusulas de sua associação, com alternativas abertas às pessoas para optarem por uma concepção de justiça.[634]

Porém, há algumas restrições formais traçadas por esta teoria para a busca do conceito de justo, quais sejam: 1. os princípios formulados devem ser gerais; 2. devem ser universais em sua aplicação; 3. devem possuir publicidade; e 4. devem impor uma ordenação em caso de situações conflitantes; 5. além de possuir caráter terminativo, o que significa que definido certo tema a questão estaria decidida.

---

[630] Ibidem, p. 13.
[631] Ibidem, p. 130.
[632] Ibidem, p. 149.
[633] Ibidem, p. 146-150.
[634] Ibidem, p. 128.

Esta teoria pressupõe que, pelas condições da posição original de ignorância, haveria logicamente a eliminação do egoísmo, mas se isso não ocorresse, um novo critério deveria ser instituído para a elaboração dos referidos princípios, pelo fato de o egoísmo ser incompatível com o ponto de vista moral "intuitivo" necessário na busca desses princípios justos.[635]

Nessa posição original sob o "véu da ignorância", os princípios escolhidos seriam idênticos aos que correspondem aos nossos juízos ponderados, e os princípios traçados pela teoria para alcançar a justiça seriam os seguintes:

> 1. cada pessoa deve ter o direito igual ao mais abrangente sistema de liberdades básicas iguais que seja compatível com um sistema semelhante de liberdades para as outras; e, 2. as desigualdades sociais e econômicas devem ser ordenadas de tal modo que sejam ao mesmo tempo (a) consideradas como vantajosas para todos dentro dos limites do razoável, e (b) vinculadas a posições e cargos acessíveis a todos.[636]

Esses princípios devem ser pensados em série, possuindo, o primeiro, prioridade em relação ao segundo e, dentro do segundo princípio, a superioridade do (a), ou princípio da diferença, para os mais "desvantajados" serem beneficiados dentro do limite do princípio da economia, sobre (b), ou princípio da igualdade de chances para todos.[637]

O problema principal dessa teoria é que seus princípios são abstratos e não possuem muita utilidade para a resolução concreta de questões, além de não serem neutros por exprimirem a ideologia dos regimes capitalistas.[638] A própria teoria admite a superação dos princípios apresentados[639] e interpretações diversas, além disso suas ambiguidades demonstram as tensões acerca do conceito justiça.[640]

---

[635] Ibidem, p. 140-146.
[636] Ibidem, p. 64.
[637] ARNAUD et al., op. cit., p. 447 e RAWLS, op. cit., p. 65-66, 95.
[638] DIMOULIS, op. cit., p. 126-127.
[639] RAWLS, op. cit., p. 132.
[640] ARNAUD et al., op. cit., p. 447.

O conhecimento da realidade do mundo e a existência da discriminação e de outros problemas sociais e políticos fazem com que a teoria apregoe a manutenção do explícito, mesmo no caso de o *evidentemente justo* advir da dominação ideológica. Essa situação de dar direitos, ou justiça, apenas para as classes dominantes remete-nos à ideologia, pois seria aceitável optarmos pela ampla liberdade e propriedade quando da feitura do juízo inicial hipotético. Porém, esses valores, evidentemente importantes individualmente, culminaram, quando positivados no século XIX, com o Capitalismo Selvagem. Notamos que a própria necessidade de direitos categoriais, em forma de superação da Questão Social, promovida em face desse Capitalismo Selvagem, permite a intervenção estatal em relações interpessoais, principalmente entre empregado e dono de fábrica, pela impossibilidade da realização da justiça exclusivamente por meio da igualdade e da propriedade.[641]

A crença na Justiça ou no dever existe e seus valores são evidentes por fazerem parte de uma ideologia que mantém e reproduz os meios de produção da sociedade capitalista, porque a verdade e o justo de cada indivíduo são valores que, tomados ou não como absolutos, podem ser chamados de "concepções de mundo" de cada um. Exemplos desses posicionamentos estão em "acreditarmos na Justiça" ou em uma religião.[642]

Se determinados valores são evidentes, nesse contexto, e as representações que o homem faz de sua situação real de existência são uma forma de manutenção da sociedade de classes e da estagnação social, a instauração do mecanismo ideológico conceitual não permite que o comportamento material do indivíduo seja liberto da influência ideológica, pois as posições, mesmo em situação inicial de ignorância, são postas conforme conceitos já tidos como corretos individualmente, independente da classe social do sujeito.[643]

---

[641] BARROS. *Simplificação do controle de constitucionalidade*, op. cit.
[642] ALTHUSSER, op. cit., p. 126.
[643] Ibidem, p. 126-127, 129.

Assim, por essas observações, não encontramos uma teoria da justiça aplicável aos casos concretos, baseada em critérios objetivos claros e estruturada para tanto. Portanto, a ideia de justiça que mais se aproximaria da realidade atual, tanto social como jurídico-política, está na concepção de justiça como aporia de Derrida.[644]

Essa teoria, que relaciona a justiça com o desconstrutivismo, afirma não haver um critério objetivo para a distinção entre direito e justiça. Entende inexistir o direito sem força e que a justiça deve ser entendida tanto como violência como autoridade justificada. O desconstrutivismo, neste sentido, traz à tona paradoxos para desestabilizar e complicar o conceito de justiça e outros a este relativo, abordando o tema, senão de modo direto, de forma "oblíqua".[645]

Assim, a justiça não seria, necessariamente, o mesmo que o direito ou que a lei, conforme a máxima: "es justo que lo que es justo sea seguido, es necessário que lo que es más fuerte sea seguido", além disso, o justo necessariamente será seguido apenas se mais forte, pois o justo sem a força não possui potência e não se realiza, apesar de, idealmente, a justiça ser forte e, vice-versa, a força ser justa.[646]

Distinguindo as leis da justiça como reivindicação e crença, demonstra a teoria que as leis não são seguidas por serem justas e sim por terem autoridade, e a crença nas leis seria seu único fundamento, o fundamento místico de sua autoridade, porque o próprio fundar o direito é um golpe de força, de "violência realizativa". Desse modo não cabe a ponderação acerca de sua justiça ou injustiça, pois há um silêncio em relação ao fundamento místico da autoridade. Assim, a lei deve, ao ser imposta, apoiar-se em si mesma, por ser uma violência sem fundamento, em que não cabem discussões sobre sua justiça.[647]

---

[644] Desconstrutivismo e justiça como aporia cf. DERRIDA, Jacques. *Fuerza de ley*: el fundamento místico de da autoridad. Tradução de Adolfo Barberá, Patricio Peñalver Gómez. Madrid: Editorial Tecnos, 2002.

[645] Ibidem, p. 13-21, 25.

[646] Ibidem, p. 25-28.

[647] Ibidem, p. 30-34.

158 | Carolina de Albuquerque

Sobre o direito, este é essencialmente desconstruível e pode, em todo o tempo, estar em descompasso com o esperado, por meio de interpretações e transformações sociais etc. Porém, essa situação não é ruim, por permitir a modificação do direito e ser a "oportunidade política de todo progresso histórico".[648]

Nesse contexto, a justiça está além do direto, ela não é desconstruível, porque é a própria desconstrução, afirmação da qual podemos retirar três proposições: 1. a desconstrutibilidade do direito permite a desconstrução, 2. assim como a indesconstrutibilidade da justiça, 3. havendo, por consequência, entre a desconstrutibilidade do direito e a indesconstrutibilidade da justiça, a desconstrução como "experiência do impossível".[649]

Isso significa que, através da justiça, olhamos o direito e o desconstruímos, pensando em uma forma mais justa de solucionar certa situação já normatizada. Ocorre que essa experiência não ocorre de forma plena, pois a justiça é uma aporia, é mística, a "justicia es una experiência de lo impossible", é incalculável. Além disso, existe a necessária diferença entre justiça e direito, pois este soluciona casos concretos, e a experiência da justiça, nestes casos, jamais pode ser expressa por uma regra, pois a mesma é uma direção, ela diz sobre o direito.[650]

A decisão do direito não conduz necessariamente a uma injustiça, e não pretende frustrar essa busca do direito, apesar de nele esta nunca ser alcançada. Essa ocorrência se dá pela incompreensão da justiça infinita e mística, sem ceticismo mas com a majoração da responsabilidade pela desconstrução, pois é a busca da justiça que incita revoluções e modificações jurídicas,[651] em uma "inestabilidade privilegiada" entre o direito e a justiça.[652]

Essa distinção entre direito e justiça seria simples se o direito não pretendesse ser justo e a justiça não pretendesse ser legislada.[653]

---

[648] Ibidem, p. 35.
[649] Ibidem, p. 35-36.
[650] Ibidem, p. 38-39.
[651] Ibidem, p. 45-48.
[652] Ibidem, p. 49.
[653] Ibidem, p. 51.

Se a decisão justa é impossível, podendo ser legítima e/ou conforme o direito, o movimento de desconstrução que acomete o direito, a política e a própria história, desemboca em infinitas possibilidades de progresso. Assim, uma decisão pode ser justa quando ajustável a certa situação e valores, pelo justo sempre estar por vir[654] e pela indissociabilidade entre a justiça e o direito. Consequentemente, em cada momento histórico, há uma necessária ponderação e reconsideração dos valores já pensados como caminhos para o justo, em uma contínua discussão do que está posto.[655]

Entendemos essa teoria nos seguintes termos: sempre pensamos em como modificar o direito posto para atingir a justiça, porém, com a eventual reforma neste sentido, o anteriormente justo deixaria de assim ser para passar a ser o direito, necessariamente imperfeito, calculável e desconstruível.[656]

Enfim, no sentido aqui proposto, o conceito de justiça não indica critérios objetivos para sanar o problema proposto e pode ser útil apenas como contraponto em casos práticos.

4.2 Segurança jurídica

A segurança jurídica é o elemento comum dos argumentos contra a relativização da coisa julgada, o que percebemos na sua leitura e nos trechos expressivos acerca dessa opção metodológica, por exemplo: "A segurança jurídica, como direito fundamental, é limite que não permite a anulação do julgamento", e o único instrumento apto para tanto é a rescisória,[657] por ser "pouco provável que as vantagens da justiça do caso concreto se sobreponham às desvantagens da insegurança geral".[658]

---

[654] Ibidem, p. 55-56, 62-64.

[655] Ibidem, p. 65-66.

[656] Podemos aqui nos referir ao texto "Diante da Lei" inserido na obra de KAFKA, Franz. *O processo*. Tradução de Torrieri Guimarães. São Paulo: Martin Claret, 2001. p. 239-241, no qual um homem do campo espera para "entrar na lei", sendo impedido por um guarda, salientando que se o camponês passasse o portão e a primeira sentinela, haveria outros portões e outras sentinelas impedindo-o. Da mesma forma, pode-se pensar na busca da justiça como uma série de portões, em que apesar das superações, não há o efetivo alcance do direito justo.

[657] GRECO, op. cit., p. 156.

[658] ASSIS, op. cit., p. 228.

160 | Carolina de Albuquerque

Há afirmação sobre: "O risco político de haver sentença injusta ou inconstitucional no caso concreto parecer ser menos grave que o risco político de instaurar-se a insegurança geral com a relativização",[659] "o problema sem solução existente entre facticidade e validade do direito", a tensão entre segurança e justiça e a falta de critérios objetivos para a relativização da coisa julgada, que poderia acarretar a desconsideração desta.[660]

Situações concretas afetarem o senso de justiça de alguns não pode impulsionar o "caos jurídico", mas sim um maior aparelhamento jurídico para a correção desses problemas, com a manutenção da ordem jurídica,[661] pois outras formas de relativização não reguladas pelo sistema atacariam a própria cidadania processual, ou a manutenção da ordem social juridicamente organizada.[662]

Os argumentos ressaltam que "a segurança jurídica do indivíduo, em face do Poder do Estado, é conquista da sociedade moderna que parece inexorável e intransigível"[663] e a coisa julgada é indispensável ao Estado Democrático de Direito e à garantia de acesso ao Poder Judiciário, pois "de nada adianta falar de direito de acesso à justiça sem dar ao cidadão o direito de ver o seu conflito solucionado definitivamente".[664]

Defendem que a apresentação pelas teses pró-relativização de casos concretos como grandes injustiças, que devem ser resolvidas pela mitigação da coisa julgada, leva inevitavelmente à ponderação entre a justiça concreta e a segurança jurídica,[665] sugerindo, portanto, que este segundo termo seja também estudado.

A segurança jurídica, em conceito inicial, é o exercício sem qualquer perturbação dos direitos individuais com o amparo do poder público,[666] e esta aplicação do direito, isenta de ponderações sobre a moral ou a justiça de seus preceitos. Assim, seu principal

---

[659] NERY JÚNIOR, op. cit., p. 45.

[660] MARINONI, op. cit., p. 55-56.

[661] PORTO, op. cit., p. 32.

[662] Ibidem, p. 31.

[663] DIDIER JÚNIOR, Fredie (Org.). *Relativização da coisa julgada*: enfoque crítico. Salvador: Juspodium, 2004. p. 1.

[664] MARINONI, op. cit., p. 57-58.

[665] PORTO, op. cit., p. 26-27.

[666] VIGO, Rodolfo Luis. *Interpretação jurídica*: do modelo positivista-legalista do século XIX às novas perspectivas. Tradução de Susana Elena Dalle Mura. São Paulo: Revista dos Tribunais, 2005. p. 266-271.

objetivo é evitar "surpresas", pois sem a utilização de critérios subjetivos, como o justo, as decisões de casos concretos não dependem das convicções pessoais do julgador, uma vez que estas obrigatoriamente precisam ser previsíveis.[667]

Por exemplo, no caso da coisa julgada inconstitucional, o importante para o respeito à segurança jurídica não está na imutabilidade da coisa julgada material, mas na necessária previsão do sistema para tanto. Poderia existir um número absurdo de recursos regulamentados pelo legislador, mesmo que estes impedissem, na prática, a formação da coisa julgada. Porém, seria inaceitável, no caso concreto, a doutrina inventar um único recurso ou ação sem licença legal com a fundamentação na possibilidade de injustiça na decisão do caso concreto.

A segurança jurídica é um termo controvertido e não pode ser o único objetivo de um sistema, pois, apesar de mais claro que o termo justiça, não está livre de confusão conceitual, sendo acusada pelos moralistas de ser termo positivista e pelos positivistas de ser imprestável pela dificuldade de sua conceituação e aplicação efetiva.[668]

Além disso, o termo não pode ser imposto dentro dos sistemas jurídicos e sim — por ser um termo quantitativo — mede o maior ou menor grau de estabilidade de cada sistema ou a tentativa de estabilidade de cada ordenamento, que será mais ou menos estável conforme a observância do preconizado pela segurança jurídica, realizada apenas "tendencialmente".[669]

Conforme Kelsen, a segurança jurídica deve ser perseguida e sua efetivação só ocorre com a observação estrita das normas postas pelos julgadores, a despeito da atual tendência à ampliação de seus poderes.[670] Porém, entende que é impossível fixar uma resposta correta para as questões jurídicas, pois a correção jurídico-política de uma decisão não pode se amparar na lei, que dá ampla discricionariedade ao seu intérprete.[671]

---

[667] DIMOULIS, Dimitri. *O positivismo jurídico*: introdução a uma teoria do direito e defesa do pragmatismo jurídico-político. São Paulo: Método, 2006. p. 138.

[668] Ibidem, p. 139.

[669] Ibidem, p. 140.

[670] Ibidem, p. 138.

[671] KELSEN, op. cit., p. 390-391.

Qualquer decisão, tomada dentro de todos os significados atribuíveis a uma norma, possuiria o mesmo valor e a aplicada efetivamente seria apenas "uma das normas individuais que podem ser produzidas dentro da moldura da norma geral".[672] A existência de uma única interpretação é considerada "uma ficção de que se serve a jurisprudência tradicional para consolidar o ideal de segurança jurídica", a qual é incompatível com parâmetro tão restrito.[673]

Apesar disso, o positivismo jurídico não se confunde com a segurança jurídica, pois uma norma porosa, que permite várias interpretações, sem a taxatividade e a previsibilidade necessárias à segurança jurídica, não deixa de ser direito posto e, conforme os parâmetros positivistas, deve ser seguida. Assim, a Teoria Pura do Direito, mesmo preocupada com a aplicação da norma, não se compromete efetivamente com a segurança jurídica.[674]

Outra concepção que aborda a segurança jurídica é a de Radbruch.

Para esta teoria, o direito possui três elementos: a utilidade, a justiça e a segurança jurídica. A justiça, apesar de preconizar a igualdade formal, afirma-a sem se preocupar com a forma de tratamento individual advindo dessa igualdade. Assim, "o direito, enquanto ordenação da vida comum, não pode ficar abandonado às diferenças de opiniões dos indivíduos, pois é necessário haver uma ordem acima de tudo e todos".[675]

A segurança jurídica é chamada exigência do direito — que requer "positividade" — porque, na impossibilidade de alcançar um resultado justo, busca-se o jurídico que permite cumprimento, e conceitua a positividade do direito como "o próprio pressuposto de justiça".[676]

Dos elementos apresentados, a segurança jurídica é considerada pelo autor a mais importante, por ser a paz e a ordem

---

[672] Ibidem, p. 390-391.
[673] Ibidem, p. 396.
[674] Cf. DIMOULIS, op. cit., p. 141.
[675] RADBRUCH, Gustav. *Filosofia do direito*. Tradução de Marlene Holzhausen. São Paulo: Martins Fontes, 2004. p. 106-107.
[676] Ibidem, p. 108.

Direito fundamental à coisa julgada: problemas constitucionais de sua relativização | 163

indispensáveis ao sistema, e sua subordinação à justiça ocorre na política, em suas discussões intermináveis. Tal consideração se deve à ideia de que a fixação do justo pressupõe a aceitação da mesma concepção de justiça por todos, porém isto depende de posicionamentos anteriores acerca do direito e do Estado. Apesar disto a justiça e a segurança possuem "validade universal", por serem uma "exigência suprapartidária".[677]

Dessa forma, as finalidades do direito — justiça, segurança e utilidade — desta concepção, apesar de se exigirem, se contradizem, havendo relativismo inclusive em relação à hierarquização das mesmas, pela tensão existente entre elas ser "irrevogável", pois a justiça pressupõe igualdade, por sempre generalizar, embora esta igualdade não seja um dado real; já a utilidade pressupõe a desigualdade, como forma de adequação a certa finalidade; e a segurança exige a positividade sem comprometimento com as intenções dos outros dois elementos, pois a positividade é fato, força combinada com o direito.[678]

Além disso, essa segurança faz exigências além da vigência da norma, como a segura aplicação do direito, que pressupõe a determinação de certas situações difíceis, por seu aspecto extremo, e a diferenciação clara de situações com sutis diferenças fáticas.

A própria segurança deve negar a positividade quando, por exemplo, institui-se que um costume derrogue uma lei e possibilite que o antijurídico seja mantido e o direito objetivo anulado, como no caso da coisa julgada, "que concede à sentença de conteúdo injusto vigência não só para este caso concreto, mas transcende, em forma de precedente à singularidade do caso concreto".[679]

Uma separação das funções desses três elementos do direito é considerada impossível, porque estes o dominam em todas as suas facetas, apesar das suas profundas contradições.[680] Assim, a antinomia entre os conceitos de justiça e segurança é clara e não

---

[677] Ibidem, p. 109.
[678] Ibidem, p. 110-111.
[679] Ibidem, p. 111-112.
[680] Ibidem, p. 113.

164 | Carolina de Albuquerque

há resposta para a questão de prevalência, mesmo eventual, de um desses dois conceitos. Portanto, conclui que "a filosofia não deve proporcionar decisões, mas sim se situar diante da decisão. Não deve tornar a vida fácil, mas exatamente problematizá-la".[681]

Podemos também entender a segurança jurídica vinculada ao conceito de justiça, como faz Vigo, que considera necessário, para que exista o direito, certo conteúdo de justiça nas normas positivadas e o fator segurança jurídica, para o estabelecimento do melhor direito. A norma, portanto seria protegida pela segurança jurídica apenas se cumprir as seguintes exigências:[682] 1. "determinação geral dos direitos, deveres e permissões", que exige a positivação de modo geral e não casuístico, havendo similar apreciação de casos semelhantes; 2. "promulgação das regras jurídicas", sobre a publicidade que obriga a observação das normas jurídicas; 3. "acesso fácil e permanente ao determinado juridicamente", sendo óbice a isto a grande quantidade de normas; 4. "compreensão das determinações jurídicas", pela necessária facilidade de entendimento e poucas dúvidas sobre a incidência do positivado; 5. "estabilidade das disposições jurídicas", as quais devem estar arraigadas na conduta do cidadão, havendo necessidade de justificação para o aplicador da norma mudar sua posição; 6. "cumprimento possível e fácil das normas", que possibilita o cumprimento do que é regrado e a punição de conduta diversa; 7. "resolução dos conflitos jurídicos por terceiros imparciais", impedindo-se aqui o arbítrio e a possibilidade de eternização das discussões; 8. "facilidade de acesso aos juízes", por meio de, por exemplo, custas baixas; 9. "resolução dos conflitos no tempo oportuno", sendo esta uma crítica à morosidade, por comprometer o direito em discussão; 10. "possibilidade de defender pretensões ante os juízes", com exercício probatório amplo e de expressão dos motivos das partes; 11. "justificação das normas", atingindo aqui a competência dos operadores do direito e a justificação dos atos dos mesmos, inclusive do legislador;

---

[681] Ibidem, p. 114.
[682] VIGO, Rodolfo Luis. *Interpretação jurídica*: do modelo positivista-legalista do século XIX às novas perspectivas. Tradução de Susana Elena Dalle Mura. São Paulo: Revista dos Tribunais, 2005. p. 271-273.

Direito fundamental à coisa julgada: problemas constitucionais de sua relativização | 165

12. "modos previstos de criação e revogação das normas", com regras de competência e de existência de explícitas formas para a introdução e a retirada da norma do sistema; 13. "eficácia das normas jurídicas", pois a não observação das normas modifica todo o sistema, devendo haver a adstrição às normas, inclusive pela sanção; 14. "existência no direito de um poder coercitivo", não podendo a ordem jurídica manter-se apenas por meio da boa vontade de seus subordinados; 15. "poder político legitimado democraticamente", sendo este o fundamento da validade do sistema, não havendo direito sem mínima aceitação de sua autoridade; 16. "tratamento jurídico igualitário", em relação a direitos e deveres, salvo necessidade de justiça material; 17. "capacidade suficiente de respostas do direito vigente", pois uma grande quantidade de lacunas permite extrema liberdade ao aplicador da norma; 18. "visão sistemática do direito vigente", determinando-se um direito único, com a consideração de suas normas e princípios; 19. "disposição do cidadão ao cumprimento de seus deveres", que vem incrementar a segurança pela observação espontânea do legislado; e 20. "existência de uma moeda estável", havendo moeda que possa exercer o papel de meio legal de pagamento.

Além dessa segurança objetiva, a subjetiva está na previsibilidade jurídica sobre a certeza de determinada resposta estatal a cada atitude, com todos os membros da sociedade cientes das sanções e responsáveis pelo alcance do objetivo do direito que é a própria segurança jurídica.[683]

O próprio autor admite que suas exigências são, por vezes, nada objetivas e de difícil sustentação simultânea, porém diz serem exigências tanto formais quanto materiais. Afirma que não há possibilidade de dizer que um sistema é absolutamente inseguro ou seguro, pois o critério segurança pressupõe um escalonamento, e define segurança como um "valor adjetivo à justiça", pois apenas com a existência desta é que temos a ponderação sobre a existência da segurança jurídica.[684]

---

[683] Ibidem, p. 285-286.
[684] Ibidem, p. 287-288.

166 | Carolina de Albuquerque

Pérez Luño possui outra concepção acerca da segurança jurídica, pois a entende como uma necessidade humana básica, satisfeita no direito, alcançável por meio de lutas políticas e determinada pela cultura de cada sociedade, não sendo voluntariamente dada. Essa segurança jurídica é pressuposto e função do direito e limita-se apenas aos direitos fundamentais da ordem constitucional.[685]

Uma das dificuldades de conceituar segurança jurídica estaria na imprecisão de grande parte da doutrina que defende ou que a segurança está em todo e qualquer direito, ou que esta só existe se também houver a justiça, pois a segurança seria uma concreção desta. Um exemplo citado dessa imprecisão é a tese de Radbruch, que defende que a condição de existência do direito é a positividade e apesar de existirem sistemas inseguros, não existe nenhum que seja despido de normas jurídicas, o que desvincula a segurança da positividade.[686]

A segurança jurídica se manifesta para este autor de duas formas: na forma objetiva, pela regularidade das instituições e das normas do sistema em enfoque; e na forma subjetiva, pela certeza do direito, de seu conhecimento pelos seus destinatários e pela projeção de sua forma objetiva nas situações individuais, que permite uma expectativa das consequências em relação ao ato praticado.[687] Assim, um sistema será seguro tanto pelo trabalho consciente de seu Judiciário e pelas leis claras de seu Poder Legislativo, quanto pelo sentimento de segurança que isso desperta individualmente nos cidadãos, por estes conhecerem a lei e o funcionamento dos corpos jurídicos e terem meios socioeconômicos e culturais para recorrer a estes.

Umas das duas exigências básicas para esta segurança jurídica é a correção estrutural, como garantia de formulação clara das normas e regularidade das instituições pertencentes ao sistema jurídico. Para tanto, a *lege* deve: 1. ser promulgada, pois lei desconhecida

---

[685] PÉREZ LUÑO, Antonio-Enrique. *La seguridad jurídica.* 2. ed. Barcelona: Ariel, 1994. p. 23-24, 27.
[686] Ibidem, p. 28-29.
[687] Ibidem, p. 29-30.

Direito fundamental à coisa julgada: problemas constitucionais de sua relativização | 167

não poderia obrigar; 2. ser manifesta, pois a lei deve ser clara e evitar a obscuridade e a ambiguidade; 3. ser plena, ou produzida antes de ter incidência, para a resolução dos conflitos, apesar das lacunas do ordenamento, resultantes de interpretação; 4. ser estrita, com generalidade e abstração no seu conteúdo e a observação da hierarquia legal; 5. ser prévia, ou irretroativa, e prever os efeitos jurídicos de cada comportamento positivado; e 6. ser perpétua, para se ligar à necessária estabilidade do direito, principalmente por meio da coisa julgada e dos direitos adquiridos.

Outra exigência é a correção funcional, que compreende: o cumprimento do direito e a regular atuação dos órgãos que o aplicam, prevenindo arbitrariedades como: a não-manifestação da administração pública, quando chamada à contenda, as dilações processuais indevidas e a falta de efetiva tutela jurisdicional.[688]

Além disso, Pérez Luño diz que a situação atual da discussão sobre a segurança jurídica refere-se à segurança dos bens jurídicos como justiça social, pois ambas pressupõem os mesmos requisitos, como a observação dos Princípios da Legalidade, da Constitucionalidade, do Acesso à Justiça, com a submissão das autoridades aos mesmos.[689] Portanto, a segurança dos bens jurídicos tem como parâmetro os direitos humanos constitucionais, assim como a justiça social, que pressupõe que tanto a liberdade e a igualdade, como os direitos sociais são protegidos constitucionalmente. Dessa forma, o objeto a ser protegido por ambos os institutos resume-se nos Direitos Humanos de uma Constituição em vigor em um Estado Democrático de Direito.

Assim, há uma aproximação entre segurança e justiça com a concreção desses dois valores no princípio da proteção dos bens jurídicos, com uma revisão das funções da segurança em relação: 1. à possibilidade de adotar base empírica para a segurança jurídica, por esta estar vinculada a bens jurídicos concretos como a vida, a liberdade etc.; 2. à permissão de determinar a eficácia do sistema

---

[688] Ibidem, p. 30-36.
[689] Determinação desses princípios como necessários à segurança jurídica como previsibilidade objetiva, em DIMOULIS, op. cit., p. 141.

em relação às consequências desses bens jurídicos; 3. à legitimação da segurança no Estado Democrático de Direito como indispensável aos objetivos constitucionais, orientando o legislador na proteção dos bens jurídicos.[690]

Apesar dessas vantagens, os perigos de tal raciocínio são: 1. a imprecisão e amplitude do conceito de bens jurídicos — tautologia —, pois é inaceitável a inserção de situações subjetivas neste, mesmo com sua amplitude; 2. esses bens jurídicos serem entendidos de forma individualista, o que os faria instrumento dos interesses dos que estão no poder; e 3. a possível posição preventiva do Estado, o qual determinaria a proteção dos bens jurídicos de agressões hipotéticas, com base em uma justiça material limitadora da liberdade do indivíduo, que passaria de sujeito de direitos para sujeito de obrigações ou de deveres fundamentais.[691]

Porém, a tese sana esses problemas através de certas exigências, quais sejam: 1. sobre a indeterminação do conceito de bens jurídicos, propõe a utilização do termo "valores constitucionalmente proclamados por los Estados de Derecho", limitando permanentemente esses bens jurídicos ao constitucionalmente determinado; 2. sobre o individualismo da concepção de bens jurídicos, encontra a solução no Estado Social de Direito, com simultânea integração dos direitos individuais e sociais, com o abandono das garantias negativas para se apegar a causas positivas para efetiva liberdade e igualdade; e 3. sobre o autoritarismo do Estado, este pode ser afastado com o pluralismo e a participação democrática, por meio de medidas preventivas conforme os direitos fundamentais consagrados pelo Estado de Direito, aplicadas com as garantias processuais de cada ordenamento.[692]

Bens ou direitos fundamentais, neste contexto, "no pueden ser lo producto de la imposición arbitraria de un grupo ideológico, sino el resultado del consenso intersubjetivo edificado sobre supuestos procedimentales imparciales y a partir del sistema de necessidades radicales humanas".[693]

---

[690] PÉREZ LUÑO, op. cit., p. 71-73.
[691] Ibidem, p. 73-74.
[692] Ibidem, p. 76-78.
[693] Ibidem, p. 78.

Isto impediria que a segurança dos bens jurídicos, ou da justiça social, se torne mecanismo de "una forma de absolutismo ético-jurídico responsable de una tiranía de valores".[694]

A segurança jurídica se confunde com o conceito de justiça, é, por vezes, uma concepção da mesma e, apesar de não possuir critérios estáticos e uniformes nos argumentos contra a relativização, permite a elaboração de preceitos de forma um pouco menos ampla que a justiça entendida como aporia.

Essa relação intrínseca dos conceitos de segurança e justiça, permite-nos pensar na segurança, não oposta à justiça e sim oposta à liberdade, porque "a liberdade e a insegurança estão em relação recíproca, uma vive da outra".[695]

Porém, a diferença básica entre essas duas abordagens está na constatação de que, no caso da segurança em contraposição à liberdade, o fundamento para a manutenção tanto da liberdade como da segurança, apesar antagônicos, corresponde a uma determinada concepção de justiça.

Diante disso, na contraposição entre liberdade e segurança, encontramos assertivas como: "mal e sofrimento fazem parte da ordem; eles não devem ser combatidos para salvar essa ordem, sob o risco de perda da liberdade. Eles bem podem ser dignos de pena, mas não são injustos em si mesmo", ou que "o uso da liberdade expõe o homem a acidentes dos quais ele não pode se liberar", e essas crises são "um apelo a uma maior prudência e previdência".[696]

Consideramos que não há como separar totalmente a segurança da justiça, e que as teorias positivistas da segurança que a determinam apenas em razão da positividade estão equivocadas, por confundirem a segurança com a positividade, apesar de a segurança não ser apenas um fato, ser também um valor, que deve ser garantido pelo Direito.[697]

---

[694] Ibidem, p. 78.
[695] ARNAUD et al., op. cit., p. 707.
[696] Ibidem, p. 707.
[697] PÉREZ LUÑO, op. cit., p. 79.

Também, não concordamos com as teses sociológicas que vinculam a segurança a estruturas sociais e negam seu valor por não conseguirem legitimá-la sem a utilização de critérios jurídicos e políticos. Além disso, a segurança jurídica não precisa necessariamente estar ligada à legalidade.[698]

Dessa forma, concluímos que a segurança é também um conceito poroso e não pode ser fundamento para a fixação de critérios objetivos para um posicionamento em face do problema da coisa julgada inconstitucional.

4.3 Crítica

Em conformidade com ausência de critérios para a determinação do justo, apesar de este ser não apenas o elemento em comum das teorias pró-relativização, mas o fundamento principal de todas as teorias sobre a coisa julgada, propomos afastar a justiça, quando utilizada sem qualquer critério, para a discussão da temática.

Mesmo a segurança jurídica se confunde com o conceito de justiça, principalmente nos casos em que defende que o "justo" significa um sistema processual estável, além disso, faltam critérios estáticos e uniformes nos argumentos contra a relativização elencados, apesar de a segurança permitir a elaboração de preceitos de forma um pouco menos ampla que a justiça como aporia.

É tradicional a discussão da coisa julgada nos parâmetros da segurança e da justiça, porém, o principal problema da mutabilidade das sentenças transitadas em julgado nesses termos é que, na maioria das vezes, justiça é entendida como valor e a segurança, como fato, e assim está posta a discussão no debate nacional sobre a coisa julgada.

A segurança jurídica exige uma resposta do direito ao caso concreto, conforme o sistema jurídico,[699] apesar das lacunas de lei, por meio da impossibilidade de o juiz decidir por não decidir, pois os mecanismos de preclusões e a inércia judicial o obrigam a se pronunciar em momento oportuno.

---

[698] ARNAUD et al., op. cit., p. 707.
[699] PÉREZ LUÑO, op. cit., p. 97.

Nas tensões axiológicas da segurança notamos um componente valorativo, ou seja, um necessário relacionamento com a justiça, como observamos em casos tradicionais, por exemplo, o da punição apesar do desconhecimento do direito, da irretroatividade da lei penal, da coisa julgada, etc.

A coisa julgada dá valor ao processo, que passa de mero procedimento para uma forma de busca da verdade, ainda que, por vezes, essa verdade faça do branco, negro. Em consequência de suas características, a coisa julgada põe fim à discussão, impede que o processo se estenda indefinidamente e que os conflitos existentes se transformem em uma sucessão infindável de processos judiciais, porém, permite que se estabeleçam sentenças injustas. Essa existência de decisões injustas motiva um dos problemas centrais dos estudiosos do direito que é a fixação de mecanismos que impeçam esse resultado, e aqui está a "antítese irredutível" do tema.[700]

Como resolução dessa antinomia acreditamos necessária uma revisão do conceito de justiça formal, para considerá-la como a existência de um sistema procedimental imparcial, ou um sistema procedimental de justiça, estabelecido em um sistema normativo tanto sobre a segurança jurídica como sobre a justiça.[701]

Mesmo na teoria da justiça procedimental de Rawls, que legitima o resultado em razão de um estágio inicial de ignorância, a justiça existe pela forma como as suas premissas são alcançadas, ou seja, pelo seu procedimento, que é suposto como uma dimensão da justiça. Este raciocínio traz como consequência a ideia de que "direitos assegurados pela justiça não estão sujeitos à negociação política ou ao cálculo de interesses sociais". Dessa forma, só podemos modificar certa ordem problemática se for possível superá-la por outra ordem melhor, pois "uma injustiça é tolerável somente quando é necessária para evitar uma injustiça ainda maior".[702]

Portanto, coisa julgada acaba tomada como uma exigência não apenas da segurança, mas também da justiça, pois o que se

---

[700] Ibidem, p. 114.
[701] Ibidem, p. 114-115.
[702] RAWLS, op. cit., p. 4.

alcança por meio processual é apenas a verdade jurídica, que não é falsa ou descomprometida com qualquer ideal, pois a verdade que se alcança por meio de um processo é uma verdade humana, que não pode ser perfeita, por prescindir de cognição e interpretar as situações e os fatos.

A diferença entre o lucubrar individualmente sobre a verdade e a síntese da situação dentro de um procedimento está no fato de este seguir critérios objetivos na busca dessa verdade. Portanto "la verdad legal es la verdad humana aquella a la que pueden llegar os hombres procediendo humanamente, con los métodos e possibilidades que son propios de la condición humana". Assim, se a lógica objetiva determinada pela ação e pela lei não for seguida haverá eventual divergência entre a verdade real e a verdade legal.[703]

O processo é um conjunto de normas que visam um certo fim, sua solução abraça qualquer conteúdo, pois este possui uma verdade própria, conforme diretrizes humanas, e em razão da elaboração dos institutos processuais no decorrer da história, estes passam a ser o melhor modo para a resolução das controvérsias, com devido respeito à liberdade e dignidade dos litigantes. Consequentemente, "la purezza dei mezzi garantisce a veritá del fine".[704]

Não negamos a possibilidade de erro judicial, mesmo quando o procedimento é seguido, porém este erro pode ocorrer por algum fato ter sido apresentado de maneira equivocada, pois os juízes se determinam em relação às situações e fatos conforme estes se manifestam, e essa forma de apreciar a verdade, apresentada em juízo, é a conforme o direito vigente. Nesta contradição, está a "miséria" do processo e de toda a atuação judicial.[705]

Assim, defendemos que a coisa julgada deve ser considerada correta nos limites de sua atuação, pois sua existência depende da precisão de sua relação com a verdade, apesar de possível a verdade processual se diferir da verdade individual. Porém, é uma questão de justiça proteger a paz social e a manutenção do julgado,

---

[703] PÉREZ LUÑO, op. cit., p. 116.
[704] CAPOGRASSI, G. *Giuduzio, processo, scienza, veritá*. Opere. Milán: Giuffrè, 1959. v. 5, p. 66. Apud PÉREZ LUÑO, op. cit., p. 116.
[705] PÉREZ LUÑO, op. cit., p. 117.

afirmando a previsibilidade, apesar de ser *injusto* manter esta paz às expensas dos injustiçados, que teriam sua situação modificada se possuíssem meio processual para tanto. Portanto, existe um "conflicto de la justicia consigo misma. La cosa juzgada es una injusticia que se admite para una realización de la justicia".[706]

Essa antinomia entre justiça e justiça — na sua concepção de segurança — é incontornável, assim como a realização da justiça por meio da injustiça, pois a história da experiência jurídica é "a lenta historia de los esfuerzos con que se intenta hacer cada vez menor la confrontación entre justicia como seguridad jurídica o justicia como verdad". Assim, "la historia de la seguridad jurídica representa la evolución de los esfuerzos de la humanidad para resolver sus injusticias de la forma menos injusta".[707]

Dessa forma, adotamos um caráter valorativo de segurança jurídica, pois, quanto mais aprofundamento há no estudo de temas que envolvem segurança, como é o caso da coisa julgada, mais percebemos a necessidade de uma opção ética, para que a valoração das normas seja mais discutida que sua positividade. Em consequência disso, desfaz-se o problema entre segurança e justiça.[708]

Encaramos a justiça como um valor multiconceitual e por todos determinável, o que implica na incerteza de sua definição, apesar de sempre se basear na pessoa humana e em suas necessidades, e pensamos a segurança em seu contexto estrutural, como formulação legal, e em seu contexto funcional, como busca dos bens jurídicos ou previsibilidade estatal.

> Portanto, tenemos que buscar la justicia, pero al mismo tiempo tenemos que mantener la seguridad jurídica, que no és más que un aspecto de la misma justicia, y reconstruir un Estado de Derecho que satisfaga a ambas ideas en la medida de lo posible.[709]

---

[706] Ibidem, p. 117.

[707] CAPOGRASSI, G. *Giuduzio, processo, scienza, verità*. Opere. Milán: Giuffrè, 1959. v. 5, p. 66. Apud ibidem, p. 118.

[708] PÉREZ LUÑO, op. cit., p. 141.

[709] RADBRUCH, Gustav. Leyes que no son derecho y derecho por encima de las leyes. In: RODRIGUES PANIAGUA, José Maria. *Derecho injusto y derecho nulo*. Madrid: Aguilar, 1971. p. 21

Contudo, há necessidade de balizarmos essa busca por critérios para evitar o arbítrio, pois "no son las expectativas particulares, que el Derecho protege, sino la paz jurídica en su totalidad".[710]

Enfim, forçoso utilizarmos os termos justiça e segurança em um sentido comum, pois ambos são abstratos. Assim, mudanças quanto à coisa julgada — ou a um bem jurídico protegido na forma legal e incluso entre os direitos e garantias fundamentais brasileiros — devem ocorrer sem que haja a quebra do Estado de Direito.

Concluímos, portanto, que a única saída para a resolução do problema da coisa julgada inconstitucional está na análise desse direito dentro da Constituição de 1988. A partir disso, talvez seja possível verificarmos a força da coisa julgada, a sua eventual constitucionalidade, o seu caráter fundamental e a proteção que a Constituição dispensa aos seus parâmetros infraconstitucionais.

---

[710] LARENZ, Karl. *Derecho justo*: fundamentos de etica jurídica. Tradução de Luis Díez-Picazo. Madrid: Editorial Civitas, 1993. p. 46.

Capítulo 5

Coisa julgada e Constituição

Sumário: 5.1 Constituição de 1988 - **5.2** Legislação infraconstitucional e doutrina - **5.3** Crítica

Utilizando os parâmetros da segurança dos bens jurídicos e da justiça procedimental, investigaremos o conceito de coisa julgada por meio de uma análise do sentido e da abrangência da norma contida na Constituição Federal do Brasil de 1988. Justificamos esta decisão pela grande importância dos direitos fundamentais e do Constitucionalismo na inteligência de todos os institutos positivados, os quais devem ser sempre entendidos na sua compatibilidade com a Constituição.

Como o parâmetro para o estudo da coisa julgada constitucional passa a ser a Constituição e os direitos garantidos pelo Estado Democrático de Direito, algumas palavras devem ser ditas a respeito do Constitucionalismo.

O Constitucionalismo[711] defende a necessidade de uma Constituição escrita para limitar o poder do Estado e garantir a liberdade do cidadão, pela efetivação dos Direitos Humanos Fundamentais e pela limitação do exercício da vontade do indivíduo e do Estado, considerando os campos de atuação de cada um e sua

---

[711] Para um estudo histórico-conceitual do Constitucionalismo e dos Direitos Humanos *vide* BARROS, Sérgio Resende de. *Direitos humanos:* paradoxo da civilização. Belo Horizonte: Del Rey, 2003.

interrelação. Também possui a característica de defender o controle de constitucionalidade das leis para a manutenção da supremacia constitucional.[712]

Esse Constitucionalismo possui "feições sociológicas inegáveis", apesar de seu alcance jurídico, porque os movimentos sociais são os pilares da limitação do poder jurídico em cada Constituição, embora esta se configure como a força máxima da norma que regulamenta inclusive a atuação dos governantes.[713]

Necessário ressaltarmos a importância do movimento das Constituições escritas, pois este traz em seu bojo a separação de poderes do Estado e a declaração de direitos fundamentais dos "súditos" desse Estado soberano.[714] Isso em um documento fundamental escrito, que atende à publicidade, à clareza e à segurança.[715]

Esse documento escrito chamado Constituição toma força no séc. XVIII, com a edição da Constituição Norte-Americana de 1787 e com a Revolução Francesa de 1789,[716] que vêm garantir os direitos fundamentais, e têm, como elementos indispensáveis, um Estado centralizado, a pessoa humana considerada como indivíduo livre e um texto escrito que regula suas relações.[717]

Com os documentos liberais do séc. XVIII, o rei passa a subordinar-se ao seu ordenamento e deve reconhecer e positivar os direitos de liberdade, chamados de primeira geração de direitos.[718] Esses direitos, neste "primeiro momento" de singularidade, são, quanto à sua origem, naturais; quanto à titularidade, individuais; quanto ao objeto, de liberdade, pressupondo uma igualdade formal

---

[712] ARNAUD et al., op. cit., p. 147. Sobre a atuação do Estado e do Indivíduo, suas esferas de atuação e interação *vide* DIMOULIS, Dimitri. Dogmática dos direitos fundamentais: conceitos básicos. *Comunicações*, n. 2, ano 5, p. 14-15, jan. 2001.

[713] TAVARES, op. cit., p. 2.

[714] BARROS, Sérgio Resende de. *Liberdade e contrato*: a crise da licitação. 2. ed. Piracicaba: UNIMEP, 1999. p. 47. A utilização da terminologia "direitos fundamentais" foi escolhida por ser a utilizada pela Constituição brasileira atual.

[715] TAVARES, op. cit., p. 10, conforme o autor, esta característica deve ser ressaltada no Constitucionalismo moderno.

[716] Ibidem, p. 10.

[717] DIMOULIS, op. cit., p. 11.

[718] BARROS. *Direitos humanos*, op. cit.

em razão do liberalismo reinante;[719] além de serem de oposição ao Estado, por não permitirem a interferência deste nas liberdades dos indivíduos.[720]

Em um "segundo momento" de parcialidade, a partir da Constituição do México de 1917 e da Constituição de Weimar de 1919, passam a ser exigidas ações concretas do legislador no intuito de tutelar efetivamente os direitos de cunho social, pela necessidade da efetivação da igualdade material, e não apenas da igualdade formal preconizada pelas ideias liberais. Essa igualdade efetiva se torna a finalidade dos direitos que passam a ser escritos nas Constituições.[721] Também, esses direitos são, em sua origem, sociais, com conteúdo econômico, social e cultural; quanto à titularidade, categoriais, pois os indivíduos que pertencem a uma determinada categoria social, por vezes, merecem um cuidado especial, uma proteção "parcial do direito", com intervenção estatal para tanto.[722]

Os direitos de solidariedade ou de fraternidade se apresentam em um "terceiro momento" na efetivação dos direitos humanos e compreendem a humanidade como um todo, em sua generalidade. Estes direitos são essencialmente difusos, vinculados à dignidade humana, e traduzem um "humanismo íntegro"; são direitos sociais, quanto à sua origem; difusos, quanto à titularidade e possuem função humanitária, constituindo poderes-deveres de "todos contra todos".[723]

No Brasil, já no Império, há Constituição escrita que enumera longa cota de direitos fundamentais,[724] o que inicia a tradição do Constitucionalismo e da defesa dos direitos fundamentais nas Constituições escritas desta nação, apesar das suas modificações ao longo dos anos.[725]

---

[719] Idem. Três gerações de direitos. Disponível em: <www.srbarros.com.br>. Acesso em: 05 jan. 06. Idem, op. cit., p. 362-365.

[720] TAVARES, op. cit., p. 2.

[721] ARNAUD et al., op. cit., p. 147.

[722] BARROS, op. cit., acesso em: 20 out. 05. Idem, op. cit., p. 428-429.

[723] Idem, op. cit., acesso em: 05 jan. 06. Idem, op. cit., p. 442-443.

[724] DIMOULIS, op. cit., p. 12.

[725] Para algumas inovações e modificações dos direitos fundamentais ao longo dos anos no Brasil, *vide* Ibidem, p. 11-12 e ARNAUD et al., op. cit., p. 147-149.

Assim, pela coisa julgada ser uma constante nas Constituições brasileiras e pela importância do Constitucionalismo e dos direitos humanos fundamentais, estudaremos tal instituto à luz da Constituição atual.

5.1 Constituição de 1988

Não temos dúvidas de que a coisa julgada, apesar de instituto de direito processual, é garantida em norma formal e materialmente constitucional no texto da Constituição de 1988. Além disso, se uma opção legislativa está expressa na Constituição, esta só a reforça, do mesmo modo que "o silêncio a enfraquece, como a torna insubsistente a recusa expressa".[726]

Este instituto é princípio constitucional de direito processual, pois as normas constitucionais que se referem a outros ramos do Direito

> (...) são, ao mesmo tempo, normas desses vários ramos e normas materialmente constitucionais, porque, no seu conjunto, emprestam expressão *directa* e imediata à *idéia* de Direito, aos valores, às escolhas políticas fundamentais da Constituição.[727]

Assim, essas normas devem ser entendidas como "princípios constitucionais do Direito civil, do Direito penal, do Direito administrativo ou do Direito fiscal".[728]

Isso ocorre pois a Constituição protege alguns direitos, como a coisa julgada, de forma ampla, tanto por afastar possíveis mudanças em relação à aplicação do instituto, pois mantém o dito nas Constituições anteriores, como por proteger genericamente a segurança no *caput* de seu artigo 5º.[729]

---

[726] SAMPAIO, op. cit., p. 172.

[727] Cf. MIRANDA, op. cit., p. 339.

[728] Ibidem, p. 339.

[729] CF/88, art. 5º, *caput*: "Todos são iguais perante a lei, sem distinção de qualquer natureza, garantindo-se aos brasileiros e aos estrangeiros residentes no País a inviolabilidade do direito à vida, à liberdade, à igualdade, à segurança e à propriedade, nos termos seguintes:" Assim, a segurança protegida não se resume à segurança pública, abrangendo também a segurança jurídica nos termos dos incisos que protegem a coisa julgada, o devido processo legal, o acesso à Justiça etc.

Atualmente, a proteção à estabilidade das sentenças não está elaborada de forma genérica, como já ocorreu em outras Constituições que protegiam a irretroatividade da lei. Hoje as formas de proteção de situações no tempo são o direito adquirido, o ato jurídico perfeito e a coisa julgada.

A coisa julgada, entendida por muitos autores como inserida no conceito de direito adquirido,[730] mereceu citação própria no artigo em que este é protegido. Esta alusão nos faz afirmar que este instituto é parte efetiva da Constituição Federal e nos permite questionar seu conceito, seu significado como norma constitucional, sua área de proteção, seus parâmetros e alcance. Para tanto utilizaremos os mecanismos da interpretação constitucional para um melhor entendimento do sentido da norma constitucional que trata da coisa julgada, apesar de estes proporem soluções para conflitos entre normas constitucionais apenas nos casos concretos.

Não pretendemos subverter a ideia de que a Constituição deve ser interpretada apenas quando há problema de aplicabilidade da norma e de que a interpretação é necessária apenas nesses termos,[731] porém com esse mecanismo buscaremos o alcance da norma constante no inciso XXXVI, do artigo 5º, da Constituição de 1988.[732] Assim, se

> o conhecimento do Direito — como todo conhecimento — procura apreender seu objeto como um todo de sentido e descrevê-lo em proposições isentas de contradição, ele parte do pressuposto de que os conflitos de normas no material normativo que lhe é dado — ou melhor, proposto — podem e devem, necessariamente, ser resolvidos pela via de interpretação.[733]

---

[730] BASTOS, op. cit., p. 229.

[731] Sobre a interpretação ser sempre necessária à aplicação da norma, *vide* BASTOS, op. cit., p. 21, 26 e MIRANDA, op. cit., p. 448.

[732] CF/88, art. 5º, inc. XXXVI: "A lei não prejudicará o direito adquirido, o ato jurídico perfeito e a coisa julgada".

[733] Cf. KELSEN, op. cit., p. 229. Aqui não há vinculação direta da interpretação ao caso concreto e sim apenas ao conflito dentro do material normativo, porém concorda-se que a utilidade efetiva da interpretação está intimamente ligada à resolução do caso concreto.

Exemplo da utilização desses mecanismos está na inteligência do Princípio da Unidade da Constituição, o qual diz que esta deve ser interpretada para a harmonização do texto "de forma a evitar contradições" internas.[734]

A aplicação do efeito integrador deve ser entendida como uma das formulações do Princípio anterior, por implicar na tentativa de unificação política e social na resolução de conflitos de normas.

Outro mecanismo importante é a interpretação sistemática, que nos faz pensar no sentido das palavras na Constituição, considerando-a como um texto que faz sentido em um todo, com partes que devem harmonizar-se.[735] Pensaremos esta forma interpretativa como um modo de efetivação dos Princípios da Unidade da Constituição e do efeito integrador.[736]

Os parâmetros legais determinantes do conceito de coisa julgada são, inevitavelmente, interpretados pelo Poder Judiciário, assim como todo o arcabouço normativo,[737] porém, apesar de tudo ser passível de interpretação, obviamente o estudioso do direito pode dar a sua opinião sobre qual delas considera correta.

Cabível, portanto, fazer uma relação entre os parâmetros da coisa julgada dados pelo legislador, por meio infraconstitucional, e pelo Judiciário, por meio de interpretação.[738]

---

[734] Cf. CANOTILHO, José Joaquim Gomes. *Direito constitucional e teoria da Constituição*. Coimbra: Livraria Almedina, 1997. p. 1096, 1097. Ainda, "(...) o Princípio da Unidade obriga o intérprete a considerar a Constituição em sua globalidade e a procurar harmonizar os espaços de tensão entre normas constitucionais a concretizar". p. 1097.

[735] BARROSO, op. cit., p. 135-136.

[736] CANOTILHO, op. cit., p. 1099. Princípios cf. p. 1096, 1097. Unidade da Constituição em BASTOS, op. cit., p. 102-104 e MIRANDA, op. cit., p. 451. Cf. BASTOS, op. cit., p. 102: "(...) na interpretação especificamente constitucional, a consideração sistêmica do texto é imperativo decorrente da supremacia constitucional na hierarquia da pirâmide jurídica".

[737] Cf. LEITE, George Salomão. *Interpretação constitucional e tópica jurídica*. São Paulo: Juarez de Oliveira, 2002. p. 20: "(...) preferimos entender que toda aplicação do direito pressupõe uma interpretação".

[738] Sobre interpretação autêntica, *vide* BARROSO, op. cit., p. 118, 119; BONAVIDES, op. cit., p. 399, 400; CANOTILHO, op. cit., p. 1103, 1104; LEITE, op. cit., p. 21-23; MIRANDA, op. cit., p. 453, 454. Remete-se a interpretação autêntica por existirem semelhanças entre os institutos, salientando-se que, cf. BONAVIDES, op. cit., p. 1103: "(...) Uma interpretação autêntica da constituição feita pelo legislador ordinário é metodicamente inaceitável.(...)". Por outro lado, cf. KELSEN, op. cit., p. 394, 395, a interpretação autêntica é aquela efetuada pelo aplicador do direito apenas, pois as outras conjecturas não são vinculativas, ou não criam o Direito.

Esta primeira interpretação, feita pelo próprio legislador, pode determinar o sentido e a abrangência de uma norma constitucional. Essa interpretação vincula ações futuras, sem abranger os casos já passados em julgado.[739]

Assim, o caráter aberto do conceito de coisa julgada fica mais claro após falarmos da interpretação, porque a própria formação da coisa julgada modifica-se conforme seu cerceamento pelo conjunto recursal e outras formas autônomas de obstar a definitividade de uma sentença proferida.

Apesar disso, o conceito de coisa julgada não pode ser totalmente determinável via legislativa pela possibilidade de modificação direta de seu conceito pelo Poder Judiciário, pois este interpreta todas as normas que definem o conteúdo de coisa julgada, apesar de sua atualização histórica[740] direta ser efetuada pelo Poder Legislativo. Portanto, conforme o expresso pela própria Constituição, não cabem críticas no sentido de fixar o entendimento judicial, cerceando a liberdade do julgador.

A interpretação permitida ao Judiciário está na atribuição de significado aos textos do sistema recursal e de preclusão. Isso porque o significado de um conceito está tanto no que ele é, quanto no que não é, ou seja, o conceito de coisa julgada determina-se tanto pelos casos em que a mesma ocorre, como nos casos em que ela não ocorre, por haver possibilidade de modificação do decidido pela ausência de preclusão, pela possibilidade recursal ou pelo cabimento de ação autônoma.[741]

---

[739] Cf. BONAVIDES, op. cit., p. 399, 400: a norma interpretativa não atinge apenas os casos passados em julgado. Cf. BARROSO, op. cit., p. 119: essa interpretação não possui caráter retroativo no nosso ordenamento, o que retiraria do mesmo grande importância, "(...) pois nem mesmo emendas constitucionais podem afetar as situações já definitivamente constituídas e incorporadas ao patrimônio de seu titular (...)".

[740] Cf. BASTOS, op. cit., p. 92, a interpretação deve atualizar as normas estatais "sem alterar-lhe o texto".

[741] Conforme Hart e Kelsen, a decisão judicial pode variar dentro da estrutura que a norma abarca. Ainda, cf. HART, Herbert L. A. *O conceito de direito*. Tradução de A. Ribeiro Mendes. Lisboa: Fundação Calouste Gulbenkian, 1996. p. 142: "Quando surge o caso não contemplado, confrontamos as soluções em jogo e podemos resolver a questão através da escolha entre os interesses concorrentes, pela forma que melhor nos satisfaz". Cf. KELSEN, op. cit., p. 393: "(...) a produção do ato jurídico dentro da moldura da norma jurídica aplicanda é livre, isto é, realiza-se segundo a livre apreciação do órgão chamado a produzir o ato".

182 | Carolina de Albuquerque

O ordenamento de um Estado Democrático de Direito deve ser o mais claro possível, com medidas previsíveis a serem tomadas pelo Estado em relação ao indivíduo, para que este possa atuar ciente de seus deveres e direitos.[742] Além disso, o sistema possui como atributo essencial a coisa julgada material.[743]

Ocorre que esse princípio, que afastaria a interpretação, está limitado pelo "facto de a maioria dos conceitos jurídicos não ser exatamente determinável em termos semânticos",[744] além de que essa fixação do conteúdo da norma, por mais específica e delimitada, não vincula a sua aplicabilidade, sem dificuldade, em todas as situações a serem apreciadas, o que impede a total liberdade interpretativa e a flexibilização absoluta dos limites do devido processo legal.[745]

Sobre a interpretação jurídica, Kelsen diz que o sentido vago das palavras e locuções utilizadas na feitura da norma jurídica, intencionalmente ou não, permite várias formas de aplicação da norma.[746]

As várias significações da norma — basta pensar no emprego da palavra "casa", no artigo 5º, da Constituição Federal, garantindo a inviolabilidade do domicílio — a serem utilizadas no caso concreto estão dentro de uma "moldura", que especifica as possíveis interpretações aplicáveis. Se a leitura feita pelo intérprete estiver em conformidade com tal moldura, a situação estará dentro da aplicação da norma, se estiver disforme, fora da norma. Dentro deste espaço o aplicador do direito tem liberdade de escolha e a norma aplicada pode ser qualquer uma das normas de dentro da moldura predeterminada, as quais possuem igual valor.[747]

Se pensarmos a coisa julgada nos termos dessa ideia kelseniana, o protegido pela Constituição de 1988, apesar de pouco

---

[742] ZIPPELIUS, Reinhold. *Teoria geral do estado*. 3. ed. Lisboa: Fundação Calouste Gulbenkian, 1997. p. 388.
[743] MARINONI, op. cit., p. 57.
[744] ZIPPELIUS, op. cit., p. 388.
[745] PORTO, op. cit., p. 31.
[746] KELSEN, op. cit., p. 389, 390.
[747] Ibidem, p. 390-392.

abrangente, seria o limite último para a especificação do que faz e do que não faz coisa julgada, assim, tudo o que a Constituição não protege seria passível de modificação.

Por outro lado, conforme Hart, sempre que temos um caso concreto, este pode coadunar-se perfeitamente a uma norma, ou podem haver motivos tanto para sua aplicação como para sua não aplicação, pois "(...) Nada pode eliminar essa dualidade de um núcleo de certeza e de uma penumbra de dúvidas, quando nos empenhamos a colocar situações concretas sob as regras gerais".[748]

O autor afirma que as regras não vêm rotuladas para sua utilização, do mesmo modo que as regras não determinam exatamente os casos concretos, pois "(...) Em todos os campos de experiência, e não só no das regras, há um limite inerente à natureza da linguagem, quanto à orientação que a linguagem geral pode oferecer",[749] e, havendo claro caráter aberto das normas em geral, por vezes, o aplicador arca com a interpretação de uma norma em espaço discricionário bastante amplo.[750]

Essa "textura aberta" sempre existe, pois, por mais que o descrito seja específico, o número de variantes das situações reais chega a ser indeterminado em algum momento, inclusive pelas dificuldades de "nossa relativa ignorância de fato" e "nossa relativa indeterminação de finalidade", uma vez que não prevemos todos os casos possíveis e sequer compreendemos a finalidade última da norma concreta.[751]

Assim, a formação da coisa julgada, em alguns casos, pode ser difícil, porém não se nega a existência de casos fáceis, nos quais a interpretação é eficiente.

A diferença fundamental entre as duas teorias é que, na primeira, há uma linha fixa que separa o que a norma abrange e o que ela não abrange. Na segunda é fácil perceber casos conforme ou disforme a norma, porém entre esses dois extremos há ambiente nebuloso em que a interpretação não é clara.

---

[748] HART, Herbert L. A. *O conceito de direito*. Tradução de A. Ribeiro Mendes. Lisboa: Fundação Calouste Gulbenkian, 1996. p. 134.
[749] Ibidem, p. 139.
[750] Ibidem, p. 137-140.
[751] Ibidem, p. 141.

Portanto, conforme as teorias interpretativas que trabalham com um espaço de liberdade relativo à linguagem e à adequação da norma ao caso concreto, sempre há possibilidade de interpretação, pelo conteúdo semântico das normas não ser unívoco, além de sua aplicabilidade variar de caso concreto a caso concreto, pois as situações podem coadunar-se à determinada norma de modo fácil ou difícil.[752]

Acreditamos ser importante a tentativa de explicitar os termos da disposição constitucional que protege a coisa julgada, na busca de seu sentido textual, para tentarmos, posteriormente, trazer mais elementos a essa formulação inicial. Com isso pretendemos alcançar algum conceito e/ou abrangência acerca dos termos estudados, para relacioná-los a outras palavras e artigos constitucionais, focando a proteção constitucional à coisa julgada.

A necessidade primordial de remeter a coisa julgada às normas infraconstitucionais vem do fato de esta não possuir um parâmetro ou conceito básico que esteja na realidade do homem ou na natureza, como ocorre com outros bens jurídicos protegidos constitucionalmente, como a honra ou a religião, que possuem parâmetros pressupostos independentes do jurídico. A existência de normas religiosas de cada culto e a honra do homem comum não dependem de legislação que trate do assunto. Este é mais um motivo para a utilização da interpretação como ferramenta para um pretenso aprendizado do direito.

Dessa forma, afastamos ao menos o problema de o sentido jurídico da coisa julgada ser diverso do normalmente utilizado pela população, pois apesar das normas constitucionais se vincularem ao seu texto, o sentido das palavras utilizadas pode não ser de uso corrente, o que atribuiria a um termo sentidos diferentes.[753]

Para conhecermos o significado do termo coisa julgada, inicialmente estudaremos as palavras contidas no instituto protegido constitucionalmente.

---

[752] Ibidem, p. 140: "(...) a subsunção e a extracção de uma conclusão silogística já não caracterizam o cerne do raciocínio implicado na determinação do que é a coisa correcta a fazer-se".

[753] DIMOULIS, op. cit., p. 160.

Apesar de não existir uma rigorosa hierarquia entre os métodos interpretativos, a interpretação deve ocorrer "dentro dos limites e possibilidades do texto legal", e a leitura textual deve, obrigatoriamente, ser levada em consideração,[754] pois "(...) Só através dela, a partir da letra, mas sem se parar na letra, se encontra a norma ou o sentido da norma. (...)".[755]

A interpretação gramatical será a primeira a ser aplicada por tratar de verdadeiro limite à utilização de outros métodos interpretativos, pois o texto da norma é parâmetro para as outras interpretações.[756] "(...) a norma constitucional não se confunde com o texto (...)",[757] contudo, "(...) o texto da norma é o sinal linguístico; a norma é o que se revela ou designa",[758] assim, a interpretação não pode ser totalmente desvinculada da letra da lei.

Utilizaremos métodos interpretativos tradicionais, quais sejam: gramatical, lógico, sistemático e histórico,[759] em maior ou menor extensão conforme os dados colhidos o permitirem. Também serão trazidos ao debate alguns princípios acerca da atividade hermenêutica constitucional, com o objetivo de aumentar os mecanismos de investigação. Pretendemos, contudo, fazer um exercício na busca de uma solução, para alargar a discussão sobre o tema, sem a intenção de fixar entendimento, inclusive porque

> Os cânones de "interpretação" não podem eliminar essas incertezas (lingüísticas), embora possam diminuí-las; porque esses cânones são eles próprios regras gerais sobre o uso da linguagem e utilizam termos gerais que, eles próprios, exigem interpretação.[760]

Como a digressão acerca da interpretação constitucional será feita fora de um conflito de normas específico e em razão do caráter aberto das normas constitucionais,[761] daremos aos termos estudados

---

[754] BARROSO, op. cit., p. 126; BASTOS, op. cit., p. 110-111.

[755] MIRANDA, op. cit., p. 448.

[756] DIMOULIS, op. cit., p. 161.

[757] CANOTILHO, op. cit., p. 1089.

[758] Ibidem, p. 1091.

[759] Sobre os métodos interpretativos, *vide* BARROSO, op. cit., p. 124-139; BONAVIDES, op. cit., p. 400-404. Cf. o último, p. 545, estes métodos são insuficientes para a interpretação de direitos fundamentais. Tema que será tratado mais à frente.

[760] HART, op. cit., p. 139.

[761] Sobre o caráter aberto das normas constitucionais, *vide* BASTOS, op. cit., p. 53, 54.

o sentido mais amplo possível, de forma que ao aplicador da norma seja legado um "espaço de conformação"[762] ou discricionariedade[763] de certa amplitude. Além disso, os termos coisa julgada e lei existem apenas na forma de legislação e dentro da mesma, o que condiciona suas significações à existência de um sistema jurídico, dentro do qual esses termos devem ser examinados.

Para isso, o termo lei será inicialmente ato advindo de regular processo legislativo típico, e coisa julgada, a soberanamente julgada, já efetuadas: a preclusão recursal, a coisa julgada formal, a determinação do mérito e a preclusão máxima, ou seja, passado o prazo para interposição da ação rescisória. Esse significado menos abrangente de coisa julgada faz-se necessário, pois, não incidindo a norma sobre coisa julgada formal e material, há mais espaço para o juiz pronunciar-se em relação ao caso concreto.

Sobre o sentido de "prejudicar", no contexto constitucional de não ser prejudicada a coisa julgada, o entendemos como a proibição de modificação ou de incidência, apesar de o termo prejuízo possuir certa conotação negativa. Essa conotação vem das ideias de que a mudança da legislação é algo prejudicial ao sistema[764] e a estabilidade confere mais eficácia ao documento normativo.[765] Dessa forma, o termo não significa apenas mudar, de maneira a deixar o instituto com contornos piores, e sim, refere-se ao ato de simplesmente modificar o instituto, no sentido de prejudicar a forma com que o mesmo é apresentado atualmente.

Apesar disso, se a coisa julgada for encarada como direito fundamental, ela possui titular determinado, portanto, apenas o prejudicado reclamará da modificação, pois quem obteve vantagem com a modificação da sentença não tem interesse em declará-la viciada.

---

[762] CANOTILHO, op. cit., p. 1082.

[763] ZIPPELIUS, op. cit., p. 389.

[764] SAMPAIO, op. cit., p. 176. Cf. FERREIRA, Aurélio Buarque de Holanda. *Dicionário aurélio básico da língua portuguesa*. São Paulo: Nova Fronteira, 1994. p. 525, Prejudicar significa: "1. Causar prejuízo ou dano a; lesar, danificar. 2. Causar transtorno a, transtornar, perturbar. 3. Diminuir o valor de; depreciar. Tornar sem efeito; anular.

[765] HESSE, Konrad. *A força normativa da Constituição*. Tradução de Gilmar Ferreira Mendes. Porto Alegre: Sergio Antonio Fabris, 1991. p. 22.

Sobre a coisa julgada na Constituição, devemos evitar a confusão entre os termos coisa julgada e direito adquirido, utilizados por esta carta. O conceito de coisa julgada está contido no conceito de direito adquirido, porque este, por sentença transitada em julgado impassível de modificação, é também coisa julgada no sentido do inciso XXXVI do artigo 5º, da Constituição.

Assim, "(..) A proteção que se dá à coisa julgada é, portanto um caso particular da proteção mais ampla dispensada ao direito adquirido",[766] pois a coisa julgada depende do trânsito em julgado para a sua ocorrência, requisito dispensável a várias outras situações englobadas pelo direito adquirido em sentido largo.[767]

Portanto, direito adquirido em sentido largo significa a consolidação de certa situação fixada pelo transcorrer do tempo; em seu sentido estrito afasta as sentenças judiciais irrecorríveis e os atos realizados de acordo com o direito vigente,[768] respectivamente, a coisa julgada e o ato jurídico perfeito.

"Coisa julgada" pode se referir à imodificabilidade das seguintes concepções: 1. ao conceito mínimo histórico de coisa julgada, 2. a forma como a mesma está determinada legislativamente, e 3. a ocorrida no caso concreto, já firmada em decisão judicial imutável.[769]

Concebemos que a coisa julgada possui um núcleo de significado, independente da concretização da lei infraconstitucional, que é o da decisão judicial impassível de modificação. Este conteúdo mínimo está protegido constitucionalmente, pois seu sentido é compatível com todos os ordenamentos estudados no capítulo histórico e com os entendimentos encontrados nos livros e Constituições estrangeiras pesquisados.

Esta significação abstrata do conceito de coisa julgada não comporta as formas pelas quais a decisão atinge essa imodificabilidade

---

[766] BASTOS, op. cit., p. 229.

[767] Direito adquirido em sentido estrito e direito adquirido em sentido largo, englobando o ato jurídico perfeito e a coisa julgada, são expressões utilizadas por SAMPAIO, op. cit., p. 84.

[768] Ibidem, p. 84.

[769] DANTAS, Ivo. Coisa julgada inconstitucional e declaração judicial de inexistência. *Fórum Administrativo*, v. 2, n. 15, p. 588-607, maio 2002.

ou a mantém.[770] Assim, as normas infraconstitucionais que descrevem recursos e ações que modificam a sentença não cabem na proteção constitucional e esses parâmetros podem ser modificados, no limite de não obstarem a existência de coisa julgada.

O artigo constitucional não define de forma clara e precisa o conceito de coisa julgada, porém o protege explicitamente, parecendo-nos óbvio que a existência de recursos infindáveis é nítida tentativa de fraude à Constituição, pois esta pressupõe que a coisa julgada exista, quando a protege.

Apesar de a Lei de Introdução ao Código Civil possuir os mesmos termos constitucionais, esta não é constitucional apenas em sentido formal, mas possui um conteúdo materialmente constitucional. Ela informa acerca do instituto nesses termos, mas oferece outros parâmetros que poderiam ser modificados, inclusive por lei ordinária,[771] mesmo com a submissão ao fixado constitucionalmente.

A Constituição de 1988 mantém o dito pelas constituições brasileiras anteriores e o termo coisa julgada é tradicionalmente delimitado conforme a lei infraconstitucional. Porém, a proteção constitucional não abrange esses parâmetros, pois isso impediria que fossem criados novos recursos necessários ou mesmo afastados recursos que não se coadunam ao sistema processual em vigor. Assim, a inovação legislativa do sistema recursal e de preclusões é livre nos limites impostos constitucionalmente à atividade de legislar e com a obediência do *quorum*, competência e forma para tal modificação.

Apesar de o artigo 6º da Lei de Introdução ao Código Civil ser similar ao instituto constitucional, apenas este artigo deve ser entendido como regra, tanto de Direito Processual como norma constitucional formal e material, por força de sua natureza dupla, que explica a noção que a Constituição pretende dar ao Direito, demonstrando os interesses e as opções políticas relativos a cada um

---

[770] Óbvio que de nada adianta remeter o conceito da coisa julgada à legislação infraconstitucional sem explicitá-la, porém este tema será tratado mais adiante.

[771] SAMPAIO, op. cit., p. 176.

de seus ramos.[772] Contudo, esse entendimento não pode estender-se às outras normas, tanto da Lei de Introdução ao Código Civil como do Código de Processo Civil em vigor, pois estas podem sim ser modificadas pelo Poder Legislativo por possuírem sede apenas infraconstitucional.

Há inequívoca referência da ordem constitucional à lei infraconstitucional e vice-versa. Isso porque, apesar de haver esse núcleo de sentido para a coisa julgada que se formou historicamente, o sistema recursal determina, de forma diversa em cada ordenamento, como a coisa julgada se forma efetivamente, o que ocorre, no caso concreto, quando não há mais recursos a serem impetrados, ou na impossibilidade de atender os pressupostos para tal interposição.

É evidente que apesar de a coisa julgada possuir o conceito de decisão imodificável, suas condições temporais subjetivas — que faticamente impedem os recursos no caso concreto — são fixadas pelo procedimento legislado e em vigor. Assim, esses parâmetros só existem dentro do ordenamento jurídico, pois a situação última se forma quando a lei diz que se formará e apenas a lei tem força para determinar os parâmetros da coisa julgada.

Portanto, a lei não pode prejudicar o que a própria lei determina como obstáculos ou efetivação da coisa julgada, até porque o termo acaba por possuir *plasticidade*, sendo possível a modificação e adequação de seus parâmetros conforme a vontade do legislador, mas somente *para o futuro*.

Dessa forma, no caso em estudo, a norma infraconstitucional é remetida ao âmbito do Direito Constitucional, pois *a Constituição protege o que a lei infraconstitucional descreve e a lei infraconstitucional descreve o que a Constituição protege*, havendo *circularidade* e *interdependência* do determinado em ambas as sedes legais.

Também, o futuramente legislado não pode tocar na coisa julgada que a legislação anterior determinou, ou ainda, o legislador não pode obstar coisa julgada que ele mesmo fixou como não prejudicável. Apesar de ser possível a mudança nos casos ainda pendentes e, seguramente, nos futuros.

---

[772] MIRANDA, op. cit., p. 339

Isso nos indica certa indeterminação constitucional, porque a Carta dá oportunidade para a regulamentação infraconstitucional, mas, a partir do momento em que se faz a opção, ela veda a modificação do estabelecido. Portanto, apesar de a norma constitucional não proteger os parâmetros dados à coisa julgada, essa imutabilidade pode ocorrer conforme o determinado pelas normas infraconstitucionais mutáveis, porém, a sentença já dada não pode ser modificada, por constituir a essência do pouco significado dado pela Constituição ao instituto, qual seja, da sua efetiva existência.

Portanto, o caso concreto é o lugar onde a coisa julgada é efetivamente protegida e nele não há possibilidade de sua modificação, pois, para tanto, seria necessário que a própria Constituição houvesse por bem assim determinar, o que ocorreu apenas em relação a eventual lei penal mais benéfica,[773] sem situação similar em sede civil.

A modificação da coisa julgada pode ocorrer formalmente ou substancialmente e, em relação aos dois âmbitos, a mudança é relevante, pois pode haver uma alteração do conteúdo constitucional sem a modificação de seu texto,[774] mediante a modificação dos requisitos infraconstitucionais dados à coisa julgada.

Dentro da significação alcançada, considerando a existência da coisa julgada no ordenamento, a proteção recai sobre o conceito de coisa julgada e sobre a coisa julgada em concreto, as quais cabem no rol de sentenças impassíveis de modificação. Assim, não há outra interpretação a ser dada ao texto constitucional senão a de que a coisa julgada, garantia constitucional expressa no artigo 5º, inciso XXXVI, da Constituição de 1988, é a própria decisão imodificável do Poder Judiciário.[775]

---

[773] Cf. BARROS, op. cit., acesso em: 30 ago. 05: "(...) qualquer exceção à irretroatividade tem de ser expressamente autorizada pela Constituição. A regra excepcionante há de ser constitucional. No Brasil, a Constituição permite retroagir a lei penal benéfica (inciso XL do art. 5º) e, afora essa exceção única, a retroatividade é proibida em qualquer de seus graus". Ainda cf. CANOTILHO; MOREIRA, op. cit., p. 800, apesar de a Constituição Portuguesa não proteger o caso julgado explicitamente, ele pode ser auferido do Estado de Direito Democrático, devendo ser respeitado mesmo havendo controle de constitucionalidade abstrato, pois "(...) um caso julgado só poderá ser revisto por via judicial, na base de uma lei geral e abstracta" dando o exemplo da lei penal mais favorável.

[774] SILVA, Gustavo Just da Costa. *Os limites da reforma constitucional*. Rio de Janeiro: Renovar, 2000. p. 54-55.

[775] DANTAS, op. cit., p. 588-607.

Acerca da palavra lei utilizada pelo texto constitucional, este defende o prejuízo da coisa julgada apenas em face da lei, porém não determina o sentido da palavra lei, se formal ou material, e quais os atos que esta abrange, além de não impedir expressamente que a coisa julgada seja modificada por sentença judicial.

Lei em sentido formal é o ato legislativo cumpridor das exigências formais, ou procedimentais, para a sua validade, que devem ser verificadas em sua origem, independente de seu conteúdo.[776] Essa delimitação da palavra lei engloba, no direito brasileiro, a lei ordinária, a lei complementar e a lei delegada.[777] Nestas três formas legislativas temos o conteúdo mínimo da palavra lei, portanto estas obviamente não podem prejudicar a coisa julgada. Dessa forma, na possibilidade de questionamento de quais espécies legislativas não prejudicam a coisa julgada, ao menos em relação às formais, não podemos ter dúvida.

Além dessas espécies normativas, existem as emendas constitucionais, as medidas provisórias, os decretos legislativos, as resoluções, os decretos, os regulamentos, as instruções, as portarias, as circulares e as ordens de serviço,[778] como outras espécies legislativas que não estão contidas no sentido de lei formal.

A impossibilidade de os decretos, regulamentos, instruções, portarias, circulares e ordens de serviço prejudicarem a coisa julgada fica clara com a observação do Princípio da Legalidade. Este princípio, combinado com o fator da hierarquia entre as normas, diz que as espécies normativas de escala inferior devem guardar compatibilidade com as normas de caráter superior.[779]

Ora, se leis ordinárias, complementares e delegadas não podem prejudicar a coisa julgada, muito menos podem as espécies citadas, vez que são inferiores e com estas devem guardar compatibilidade, não podendo possuir um poder que as normas

---

[776] TAVARES, op. cit., p. 904.

[777] DIMOULIS, op. cit., p. 186-190.

[778] Ibidem, p. 190-192.

[779] Como aqui o raciocínio apenas fixa a hierarquia entre normas infraconstitucionais, trata-se apenas da legalidade, não sendo citada a inconstitucionalidade que ocorreria no caso de incompatibilidade de norma e constituição.

192 | Carolina de Albuquerque

superiores não possuem. Além disso, a função dessas normas inferiores é a própria execução efetiva das leis a elas superiores, sem desvirtuá-las.

Sobre esta questão, "(...) a Constituição impede que os decretos extrapolem os limites presentes nas leis que regulamentam".[780] Isso decorre da leitura dos artigos 5º, inciso II e artigo 84, inciso IV,[781] pois o primeiro vincula a pessoa à lei, pelo Princípio da Legalidade e pela necessidade de a lei ser compatível com a Constituição; e o segundo determina a expedição de decretos e regulamentos para a fiel execução da lei, assim esses atos guardam compatibilidade com a lei que regulamentam e, consequentemente, com a Constituição.

Quanto ao caso das medidas provisórias, apesar de sua promulgação ser independente do Poder Legislativo, elas possuem força de lei formal,[782] inclusive pelo fato de a Constituição Federal dar-lhe força de lei.[783] Além disso, essas medidas devem ser convertidas em lei no prazo de sessenta dias sob pena de perda de eficácia,[784] o que evidencia sua competência para o tratamento apenas do permitido à legislação em sentido formal.

Assim, o que não pode a legislação formal fazer, também não podem fazer as medidas provisórias, pois, se para a sua efetivação, é necessário o advento de lei que descreva seu conteúdo, esta vincula-se ao possível legislativamente. Se a lei em sentido formal não

---

[780] TAVARES, op. cit., p. 185.

[781] Cf. nota de Ibidem, p. 185, e CF/88, art. 5º, inc. II: "ninguém será obrigado a fazer ou deixar de fazer alguma coisa senão em virtude de lei", e art. 84, inc. IV: "Compete privativamente ao Presidente da República: inc. IV - sancionar promulgar e fazer publicar as leis, bem como expedir decretos e regulamentos para a sua fiel execução".

[782] DIMOULIS, op. cit., p. 190-191.

[783] Art. 62, *caput*, CF/88: Art. 62: "Em caso de relevância e urgência, o Presidente da República poderá adotar medidas provisórias, com força de lei, devendo submetê-las de imediato ao Congresso Nacional".

[784] Art. 62, parágrafo 3º, CF/88: "As medidas provisórias, ressalvado o disposto nos §§11 e 12 perderão eficácia, desde a edição, se não forem convertidas em lei no prazo de sessenta dias, prorrogável, nos termos do §7º, uma vez por igual período, devendo o Congresso Nacional disciplinar, por decreto legislativo, as relações jurídicas delas decorrentes". Art. 62, §11, CF/88: "Não editado o decreto legislativo a que se refere o §3º até sessenta dias após a rejeição ou perda de eficácia de medida provisória, as relações jurídicas constituídas e decorrentes de atos praticados durante sua vigência conservar-se-ão por ela regidas". Art. 62, §12: "Aprovado projeto de lei de conversão alterando o texto original da medida provisória, esta manter-se-á integralmente em vigor até que seja sancionado ou vetado o projeto".

Direito fundamental à coisa julgada: problemas constitucionais de sua relativização | 193

pode prejudicar a coisa julgada, por este ser o sentido mais restrito da palavra lei, também não o pode a medida provisória, por possuir seu conteúdo vinculado ao possível à lei em sentido formal. A Constituição Federal veda às medidas provisórias a regulamentação de normas processuais, tanto civis como penais,[785] o que impede que a mesma modifique também os parâmetros processuais referentes à configuração da coisa julgada.

Dessa forma, o termo lei engloba, sem dúvida, a lei complementar e a lei ordinária, assim como a lei delegada e a medida provisória, por essas últimas serem atos normativos equiparados à lei.[786]

Em relação às emendas constitucionais, estas também estão dentro do conceito de espécie legislativa, pela sua inclusão no artigo 59 da Constituição Federal.[787] Ocorre que a problemática que envolve a utilização da palavra lei em seu sentido restrito ou amplo, nesse caso, não se resume a um problema linguístico apenas, mas a uma ponderação entre dois extremos acerca da limitação da função da interpretação, pois a mesma deve manter "o conteúdo de legitimidade da constituição" e ao mesmo tempo deve desobstruir o "desenvolvimento juridicamente regrado do direito constitucional".[788]

Assim, a coisa julgada, como cláusula pétrea e uma das vestimentas do Princípio da Irretroatividade, é uma projeção do direito à segurança e, portanto, é protegida contra a reforma mesmo por meio de emenda constitucional. A norma referente à coisa julgada não tem estrutura de princípio e sim de regra, sem espaço para a sua ponderação com outros princípios na utilização de eventual proporcionalidade.[789]

---

[785] Art. 62, parágrafo 1º, inc. I, "b", CF/88: "É vedada a edição de medidas provisórias sobre matéria: I - relativa a: b) direito penal, processual penal e processual civil".

[786] TAVARES, op. cit., p. 445.

[787] Art. 59, CF/88: "O processo legislativo compreende a elaboração de: I - emendas à Constituição; II - leis complementares; III - leis ordinárias; IV - leis delegadas; V - medidas provisórias; VI - decretos legislativos; VII - resoluções".

[788] SILVA, Ovídio A. Batista. *Curso de Processo Civil*: processo de conhecimento. 5. ed. São Paulo: Revista dos Tribunais, 2001. v. 1, p. 271.

[789] Ibidem, na p. 271, faz o raciocínio em relação ao direito adquirido e aqui foi utilizado em relação à coisa julgada, considerando-se que a mesma pode possuir mais certeza em suas

"O Congresso Nacional, quando reforma a Constituição, não atua como assembléia constituinte, mas como um órgão constituído, integrado na Constituição do Estado" e submetido às suas regras, exercendo "mera delegação, que não faculta a quem a recebe ir além do quanto lhe foi delegado".[790] Se pensarmos na coisa julgada no caso concreto "(...) nem mesmo emendas constitucionais podem afetar as situações já definitivamente constituídas e incorporadas ao patrimônio de seu titular(...)",[791] o que impossibilita que qualquer emenda constitucional "enfraqueça" qualquer direito ou garantia, inclusive no que tange aos efeitos concretos destas emendas.

A permanência da ordem constitucional é importante do ponto de vista formal, pois esta é o fundamento de validade de todo um sistema, o qual seria atingido se houvesse rupturas incessantes. Além disso, não apenas em relação à forma constitucional, mas em relação ao seu conteúdo, há necessidade de certa manutenção, pois "a constituição não se legitima e identifica apenas pela autoridade que lhe deu forma, mas também por seu conteúdo fundamental".[792]

O equilíbrio entre a permanência e a mudança em sede constitucional é importante para a estabilidade de todo o direito. Atualmente, os ramos do direito infraconstitucional possuem parâmetros constitucionais e importantes conteúdos são por vezes explicitados pela Lei Maior,[793] portanto devem as emendas constitucionais respeito a esses parâmetros.

Dessa forma, o sentido de lei no texto sob comento abrange tanto lei formal como lei material, ou seja, o sentido de lei aqui é o das espécies legislativas em geral. Inclusive, sempre que a Constituição impede que a lei faça algo, o defeso não pode ser feito nem pela lei formal e muito menos pela lei material, diante da supremacia Constitucional, pois qualquer lei se submete ao

---

delimitações que o direito adquirido em sentido estrito e, conforme dissertado, ser uma das faces do direito adquirido em sentido amplo.

[790] BARROS, op. cit., acesso em: 30 ago. 05.
[791] BARROSO, op. cit., p. 119.
[792] SILVA, op. cit., p. 55.
[793] Ibidem, p. 54

descrito na Constituição. Por outro lado, quando a Constituição manda a lei fazer algo, a ponderação de qual lei pode fazê-lo é importante, pois aqui há necessidade de verificação das condições para a feitura da lei, como a competência, o quorum de votação e a forma a ser utilizada.

Portanto, quanto à problemática específica em relação ao artigo constitucional em pauta, não há dificuldades para resolver o problema, pelo fato de a Constituição impedir que qualquer lei prejudique a coisa julgada.

Outra situação que se apresenta é o caso dos tratados internacionais.

Com o advento da Emenda constitucional 45, a redação do artigo 5º, parágrafo 3º, da Constituição Federal de 1988,[794] passou a determinar que os tratados e as convenções internacionais de direitos humanos são equivalentes às emendas constitucionais se atingirem o quorum para a aprovação desta, quando de sua votação pelas casas legislativas.[795]

Portanto, o debate sobre a possibilidade de os acordos internacionais afastarem a coisa julgada fica restrito, pois se a Constituição diz expressamente que esses tratados, se recepcionados conforme quorum requerido, "serão equivalentes às emendas constitucionais", fica expresso que estes possuem apenas o mesmo poder das emendas, que por sua vez podem apenas ampliar o rol dos direitos humanos fundamentais, não limitá-los ou excluí-los. Além disso, não pode um acordo internacional possuir mais poder que uma emenda constitucional.

Cabe aqui o registro do que muito se discutiu, anteriormente a esta emenda constitucional, sobre o fato de os tratados internacionais possuírem caráter constitucional quando sobre direitos

---

[794] Art. 5º, parágrafo 3º, CF/88: "Os tratados e convenções internacionais sobre direitos humanos que forem aprovados, em cada Casa do Congresso Nacional, em dois turnos, por três quintos dos votos dos respectivos membros, serão equivalentes às emendas constitucionais".

[795] Sem dúvida, a legislação brasileira, nas discussões acerca da efetividade dos acordos internacionais, opta pelo monismo, no qual direito interno e direito internacional estão inscritos na mesma "pirâmide" normativa. Cf. DALLARI, Pedro Bohomoletz de Abreu. Tratados internacionais na Emenda Constitucional 45. In: TAVARES, André Ramos; LENZA, Pedro; ALARCÓN, Pietro Jesús Lora (Org.). *Reforma do judiciário analisada e comentada*. São Paulo: Método, 2005. p. 88.

humanos, com posições que defenderam a hierarquia dos tratados de direitos humanos, como: supraconstitucional, constitucional,[796] onstitucional e supralegal[797] ou infraconstitucional e legal.[798]

A tese de possível tratado ser supraconstitucional refere-se apenas aos tratados de direitos humanos e não aos que obstem direitos humanos, o que ressalvaria o artigo 5º da Constituição Federal. Ocorre que, com o quorum estabelecido pela emenda 45, temos hoje tratados com, no máximo, força constitucional, conforme a opção feita pelo legislador frente ao debate instituído. Dessa forma, como a intervenção externa é a medida da soberania de um país, no Brasil, optou-se pela especificação legal da abrangência desses acordos.

---

[796] PIOVESAN, Flávia. Reforma do judiciário e direitos humanos. In: TAVARES, André Ramos; LENZA, Pedro; LORA ALARCÓN, Pietro Jesús (Org.). *Reforma do Judiciário analisada e comentada*. São Paulo: Método, 2005. p. 69, sustenta a tese de hierarquia constitucional dos tratados de proteção aos direitos humanos.

[797] BRASIL. Superior Tribunal de Justiça. Recurso em habeas corpus nº 79.785/RJ. Relator: Ministro Sepúlveda Pertence. Tribunal pleno. Data do julgamento: 29.03.00. Data da publicação/fonte: *DJ*, p. 00057, 22 nov. 02, ementa vol. nº 2.092-02, p. 00280, *RTJ* vol. 00183-03, p. 01010. Disponível em: <www.stj.gov.br>. Acesso em: 26 set. 2005. Ementa: "Duplo grau de jurisdição no Direito brasileiro, à luz da Constituição e da Convenção Americana de Direitos Humanos", Sepúlveda Pertence salienta em seu voto que: "(...) Se assim é, à primeira vista, parificar às leis ordinárias os tratados a que alude o artigo 5º, parágrafo 2º, da Constituição, seria esvaziar de muito do seu conteúdo útil a inovação, que, malgrado os termos equívocos do seu enunciado, traduziu uma abertura significativa ao movimento de internacionalização dos direitos humanos. Ainda sem certezas amadurecidas, tendo assim — aproximando-me, creio, da linha desenvolvida no Brasil por Cançado Trindade (*e. g. Memorial* cit., ibidem, p. 43) e pela ilustrada Flávia Piovesan (A Constituição Brasileira de 1988 e os Tratados Internacionais de Proteção aos Direitos Humanos, em E. Boucault e N. Araújo [órgão], Os Direitos Humanos e o Direito Interno) — a aceitar a outorga de força supra-legal às convenções de direitos humanos, de modo a dar aplicação direita às suas normas — até se necessário, contra lei ordinária — sempre que, sem ferir a Constituição, a complementem, especificando ou ampliando os direitos e garantias dela constantes. (...) É que, em relação ao ordenamento pátrio, para dar a eficácia pretendida ao Pacto de San José, de garantia de duplo grau de jurisdição, não bastaria sequer lhe conceder o poder de aditar a Constituição, acrescentando-lhe limitação oponível à lei: seria necessário emprestar à norma convencional força ab-rogatória de normas da Constituição mesma, quando não dinamitadoras de seu sistema (...)".

[798] Posição do STF, cf. BRASIL. Superior Tribunal de Justiça. Habeas corpus nº 72.131/RJ. Relator: Ministro Marco Aurélio. Tribunal pleno. Data do julgamento: 23.11.95. Data da publicação/fonte: *DJ*, p. 00103, 1º ago. 03, ementa vol. nº 02.117-40, p. 08650. Disponível em: <www.stj.gov.br>. Acesso em: 26 set. 2005. "Ementa: *Habeas corpus*. Alienação fiduciária em garantia. Prisão civil do devedor como depositário infiel. Sendo o devedor, na alienação fiduciária por garantia, depositário necessário por força de disposição legal que não desfigura essa característica, sua prisão civil, em caso de infidelidade, se enquadra na ressalva contida na parte final do artigo 5º, LXVIII, da Constituição de 1988. Nada interfere na questão do depositário infiel em matéria de alienação fiduciário o disposto no parágrafo 7º do artigo 7º da Convenção de San José da Costa Rica. Habeas corpus indeferido, cassada a liminar concedida".

Outro problema a ser abordado é a caracterização ou não da coisa julgada do artigo 5º da Constituição Federal como cláusula pétrea.

A Constituição traça limites à sua modificação, em seu artigo 60,[799] considerado em sua totalidade, pois quando determina a forma para emendar-se a Constituição, traça limites procedimentais para tanto,[800] impondo, por exemplo, necessidade de maior representatividade para a revisão constitucional necessária para a modificação de lei infraconstitucional.[801]

As limitações materiais são uma das facetas dessa rigidez constitucional, porém voltada não aos preceitos constitucionais, mas à própria Constituição.[802] Essa manutenção de certos conteúdos, independentemente do decurso do tempo, busca uma continuidade constitucional, contudo a dificuldade linguística, por vezes, impede sua clara delimitação.

Apesar de a compreensão dos limites materiais expressos ser de resolução mais fácil que os conteúdos implícitos, a coisa julgada constitucional estaria abarcada na proteção dos direitos e das garantias individuais citados pela cláusula pétrea. Entretanto, a forma como esta tutela foi enunciada dificulta o entendimento de

---

[799] Art. 60, CF/88: "A Constituição poderá ser emendada mediante proposta: I - de um terço, no mínimo, dos membros da Câmara dos Deputados ou do Senado Federal; II - do Presidente da República; III - de mais da metade das Assembléias Legislativas das unidades da Federação, manifestando-se cada uma delas, pela maioria relativa de seus membros. Parágrafo 1º: A Constituição não poderá ser emendada na vigência de intervenção federal, de estado de defesa ou de estado de sítio. Parágrafo 2º: A proposta será discutida e votada em cada Casa do Congresso Nacional, em dois turnos, considerando-se aprovada se obtiver, em ambos, três quintos dos votos dos respectivos membros. Parágrafo 3º: A emenda à Constituição será promulgada pelas Mesas da Câmara dos Deputados e do Senado Federal, com o respectivo número de ordem. Parágrafo 4º: Não será objeto de deliberação a proposta de emenda tendente a abolir: I - a forma federativa de Estado; II - o voto direto, secreto universal e periódico; III - a separação dos Poderes; IV - os direitos e garantias individuais. Parágrafo 5º: A matéria constante de proposta de emenda rejeitada ou havida por prejudicada não pode ser objeto de nova proposta na mesma sessão legislativa".

[800] Por exemplo, podemos pensar no Código de Processo Penal como uma proteção ao inocente, mas dialeticamente, seguidas as diretrizes do mesmo, ele a forma para se encarcerar pessoas.

[801] Art. 60, parágrafo 2º, CF/88: "A proposta será discutida e votada em cada Casa do Congresso Nacional, em dois turnos, considerando-se aprovada se obtiver, em ambos, três quintos dos votos dos respectivos membros".

[802] SILVA, op. cit., p. 68.

198 | Carolina de Albuquerque

como esta proteção age em relação a cada princípio e se efetiva na impossibilidade de sua modificação de fato.[803]

Além disso, o parágrafo 4º, inciso IV, do artigo 60, impossibilita a modificação dos direitos e garantias individuais, incluindo nessa proteção qualquer revisão "tendente a abolir" estes direitos.[804] Assim, a proteção restringe-se textualmente aos direitos e garantias individuais e não aos direitos fundamentais elencados na Constituição Federal como um todo.[805]

Apesar disso consideramos que:

> (...) Caso fôssemos aferrar-nos a esta exegese de cunho estritamente literal, teríamos de reconhecer que não apenas os direitos sociais (artigos 6 a 11), mas também os direitos de nacionalidade (artigos 12 e 13), bem como, de modo geral (a não ser o sufrágio secreto e universal assegurado no artigo 60, parágrafo 4º, inciso II) os direitos políticos (artigos 14 a 17) fatalmente estariam excluídos da proteção outorgada pela norma contida no artigo 60, parágrafo 4º, inciso IV, de nossa Lei Fundamental.[806]

De qualquer forma, esse núcleo protegido garante ao cidadão um mínimo intocável de direitos, e sua manutenção possibilita tanto a modificação de outras situações constitucionais, como a diferenciação entre uma modificação conforme e outra disforme o direito. Isso ocorre porque as revisões são necessárias, pois não há ordem inalterável, devido às inevitáveis modificações sociais, econômicas, etc., e a estas o direito, mesmo constitucional, deve adequar-se.

O distanciamento entre o direito e o cotidiano implica ou em mudança do direito ou em revolução, pois não há como modificar a realidade social através das leis; as quais podem apenas regulamentá-la.

A Constituição, portanto, necessita de "força normativa" sem desvinculação total com a realidade, o que acarretaria a impossibilidade de seu cumprimento, pois, "a força condicionante

---

[803] Ibidem, p. 103.

[804] Art. 60 parágrafo 4º, CF/88: "Não será objeto de deliberação a proposta de emenda tendente a abolir: inc. IV - os direitos e garantias individuais".

[805] Não serão tratados limites implícitos, para tanto *vide* SILVA, op. cit., p. 92, 104-143.

[806] Cf. SARLET, Ingo Wolfgang. Os direitos fundamentais sociais como "cláusulas pétreas". *Cadernos de Direito*, Piracicaba, v. 3, n. 5, p. 89, 2003.

da realidade e a normatividade da Constituição podem ser diferenciadas; elas não podem, todavia, ser definitivamente separadas ou confundidas".[807]

"Embora a Constituição não possa, por si só, realizar nada, ela pode impor tarefas"[808] e possuirá força a partir do momento em que essas tarefas forem realizadas. Portanto, é imprescindível que a norma encontre fundamento pelo menos em uma "realidade potencial".[809]

Isso nos faz afastar a ideia de Constituição eterna, pois as modificações sociais demandam, por vezes, a superação de uma Constituição. Contudo, no lugar da eternidade, podemos buscar uma durabilidade,[810] pois na ponderação entre a estabilidade e a manutenção há um claro intuito do Direito Constitucional em conservar-se.[811]

A tutela constitucional tem caráter conservador, inclusive, as Constituições não expressam o desejo de vigorar apenas por um curto período de tempo, e pretendem permanecer, em razão da sua "vocação à duração indefinida".[812]

> (...) Se a imutabilidade da Constituição acarreta o risco de uma ruptura da ordem constitucional, em virtude do inevitável aprofundamento do descompasso em relação à realidade social, econômica, política e cultural, a garantia de certos conteúdos essenciais protege a Constituição contra os casuísmos da política e do absolutismo das maiorias (mesmo qualificadas) parlamentares.[813]

A modificação frequente da Constituição é perigosa, pois nessas ocorrências os casos fáticos podem ser vistos como mais importantes que as normas constitucionais. Além disso, essas reformas seriam uma maneira de retirar da Constituição sua promessa de manutenção da ordem vigente, pois a "estabilidade constitui condição fundamental da eficácia da Constituição".[814]

---

[807] HESSE, op. cit., p. 15.
[808] Ibidem, p. 16.
[809] SAMPAIO, op. cit., 59.
[810] FRANCISCO, op. cit., p. 17.
[811] SILVA, op. cit., p. 50-51.
[812] FRANCISCO, op. cit., p. 15-16.
[813] SARLET, op. cit., p. 84.
[814] HESSE, op. cit., p. 22.

A Constituição protege os indivíduos a ela subordinados da própria maioria, o que significa que esta maioria não pode, por exemplo, exterminar a minoria ou enviá-la a um campo de concentração. Este é, inclusive, o motivo pelo qual a Constituição obsta a mudança de seu cerne irredutível até mesmo pela unanimidade. Essa continuidade possui a virtude de o conhecimento e a compreensão do texto constitucional ser majorado, pois sua efetiva aplicabilidade por certo período gera uma "consciência constitucional" na população, dificultando a arbitrariedade dos detentores do poder. Dessa forma, a revisão é um mecanismo que visa manter a Constituição apesar das mudanças sociais, não por meio de qualquer modificação, mas por procedimento específico com respeito a um núcleo irredutível, no caso do Brasil.[815] Isso porque "para permanecer no tempo e apesar dele, a constituição precisa internalizar — e com isso em alguma medida controlar — os elementos de tensão entre estabilidade e dinâmica".[816]

A diferença entre a revisão constitucional e legal para adequação social e a modificação como ruptura ilegal aparece nos parâmetros traçados pela própria Constituição para a sua modificação. Por isso, a Carta maior de 1988 resguarda especificamente certos direitos que considera máximos em importância.[817]

Dessa forma, os limites à mutação constitucional também dão legitimidade às mudanças efetuadas que não os agridem[818] e a Constituição brasileira protege esse cerne essencial exatamente no parágrafo 4º, do artigo 60 da Constituição de 1988.[819]

Mesmo com a dificuldade na delimitação da proteção a ser dada às cláusulas pétreas, cabe a ressalva no sentido de que a extinção de um direito protegido por essas cláusulas é claramente inconstitucional, pois modifica não o que a Constituição impõe

---

[815] FRANCISCO, op. cit., p. 19.

[816] SILVA, op. cit. p. 75.

[817] Por exemplo, nos casos de a maioria decidir por plebiscito o genocídio da minoria, inclusive para alcançar a unanimidade.

[818] Cf. BULOS, Uadi Lammêgo. *Mutação constitucional*. São Paulo: Saraiva, 1997. p. 3: sobre a manutenção de determinadas normas e possível modificação de outras, relata que "É neste diapasão que emergem duas exigências aparentemente contraditórias, mas perfeitamente conciliáveis na vida constitucional dos Estados: uma de estabilidade e outra de mudança".

[819] Art. 60 parágrafo 4º, CF/88: "Não será objeto de deliberação a proposta de emenda tendente a abolir: inc. I - a forma federativa de Estado".

Direito fundamental à coisa julgada: problemas constitucionais de sua relativização | 201

como dificuldade para a mudança, mas o que a Constituição expressamente afirma imutável.

Dada a devida importância ao rol imutável, pretendemos apurar se a coisa julgada está nele inserida, principalmente no caso da proteção dos "direitos e garantias individuais" do inciso IV. Para tanto, há necessidade de clarificar vários pontos sobre o tema, como acerca: da titularidade do direito à coisa julgada, pois o inciso pétreo protege literalmente apenas os direitos individuais; da extensão do termo tendente a abolir, para entendermos a extensão da possível proteção à coisa julgada; e da vinculação destes ao conceito de coisa julgada, para entendermos sobre o que esta possível proteção recai.

Na titularidade dos direitos protegidos pela cláusula pétrea está a figura do indivíduo; assim, obviamente, a coisa julgada que protege direito de indivíduo em face do Estado é direito individual fundamental e, portanto, trata-se de cláusula pétrea. Portanto, se a sentença prolatada e passada em julgado o fizer de forma a proteger os interesses do indivíduo, não há dúvida de que esta coisa julgada está contida na proteção pétrea. Dessa forma, tanto a lei quanto a sentença não podem afetar esse direito, além de o instituto não poder ser modificado para desconstituir coisa julgada individual já formada, nem por meio de emenda constitucional.[820]

Porém, essa interpretação literal dos direitos protegidos pela cláusula pétrea traz a questão de a coisa julgada fazer ou não parte deste rol quando seu titular for pessoa jurídica ou o Estado.[821]

Na flexibilização de coisa julgada contra direito de ente público, consideramos a ideia de segurança jurídica, que, advinda do conceito geral de segurança, está baseada em dois pilares: o Princípio da Determinabilidade das Leis e o da Proteção da Confiança. O primeiro pede leis claras, o segundo, certa estabilidade legislativa para que o cidadão saiba dos efeitos jurídicos dos atos legislativos em sua esfera de atuação.[822]

---

[820] Sobre recursos criados que possam obstar a formação da coisa julgada, *vide* mais à frente as observações sobre o termo tendente a abolir.

[821] Contudo, a coisa julgada está dentro do art. 5º da Constituição de 1988, o qual é referência para proteção à modificação.

[822] GARCIA, Maria. A Constituição desconstituída: as emendas e o cânone constitucional. *Revista de Direito Constitucional e Internacional*, ano 8, n. 33, p. 91, out./dez. 2000.

Se as leis devem ser estáveis e claras, mais devem sê-lo as sentenças individuais, pois determinada matéria não pode ser julgada, executada e transitada em julgado, para depois este regramento ser modificado, tanto em relação ao indivíduo quanto em relação ao Estado.

Ocorre que essa problemática afeta não apenas o indivíduo como parte processual, mas também o atinge como membro de pessoa jurídica. Dessa forma, o exercício de direitos individuais, no caso da coisa julgada, faz-se por vezes mediante titularidade de pessoa jurídica, a qual possui sócios individualizados que podem estar subordinados ou gozando de situação regulada por sentença.

Mesmo estando clara a divergência quando a titularidade da coisa julgada quando de entes públicos e pessoas jurídicas, principalmente em sentença que tenha apenas esses entes como partes, a segurança das determinações estatais, inequivocamente, para assegurar os indivíduos, vincula o ente estatal ao determinado judicialmente. Isso porque a forma de agir deste permite ao indivíduo saber como proteger seus direitos, pois esta estabilidade se relaciona com a confiança e a segurança.

Aceita a ausência de proteção à coisa julgada a favor de ente público, chegaríamos a uma situação de total instabilidade. Por exemplo, o indivíduo, tendo pretensão contra ente público julgada em seu desfavor e conforme a pretensão do Estado, teria a expectativa *ad eternum* de alçar seu pretenso direito. Isso faria com que o Poder Judiciário não cumprisse sua função precípua de pacificação social, além de que essa abertura excluiria do Poder Judiciário a apreciação de lesões ou ameaças a direito no sentido de que a pretensão seria apenas provisoriamente concedida, porém nunca apreciada definitivamente, excluindo a possibilidade de o indivíduo determinar-se na ausência do benefício pretendido, gerando total insegurança.[823]

Em razão disso, a coisa julgada é cláusula pétrea no caso concreto e sentenciado tanto no que se refere aos indivíduos,

---

[823] Aqui se pressupõe a existência de norma que não considera a coisa julgada existente em sentença dada contra indivíduo e a favor de ente público.

Direito fundamental à coisa julgada: problemas constitucionais de sua relativização | 203

quanto fora dos parâmetros individuais, pela razão de sua existência — em relação a pessoas jurídicas e ao Estado — interferir na esfera de atuação do indivíduo e sua quebra implicar em ataque, senão aos direitos individuais, à forma federativa de Estado. Deve, portanto, a mesma ser defendida, não apenas como direito individual, mas como garantia institucional[824] e sua manutenção deve ocorrer não só em uma concepção liberal, ou "contra o estado", mas também como medida protetiva que deve vigorar "no Estado".[825]

Outro problema está em sabermos se o inciso constitucional impede a modificação da coisa julgada já formada apenas pelo Legislativo — o que acarretaria uma confusão entre os termos coisa julgada e irretroatividade da lei —, ou se também o ato administrativo e a decisão judicial não podem modificá-la.

Tradicionalmente, conforme lei infraconstitucional e entendimento doutrinário pacífico anterior ao advento da Constituição de 1988, a coisa julgada torna imutável e indiscutível a sentença,[826] com força de lei nos limites da lide,[827] por se tornar a lei especial para o caso concreto que nenhum juiz obstaria,[828] devido à sua necessária apreciação em sede preliminar, com exceções previstas apenas em lei, por exemplo, o conceito negativo de coisa julgada, o que incluiria a atuação de todos os poderes constituídos.

Apesar da autonomia funcional do juiz e dos preceitos de conveniência e oportunidade da administração pública, estes estão vinculados ao Princípio da Eficiência, pois, mesmo com certa

---

[824] Cf. BARROS, op. cit., acesso em: 30 ago. 05: "o princípio da irretroatividade — concretizado no respeito ao direito adquirido, ao ato jurídico perfeito e à coisa julgada e sumarizado no direito adquirido — é garantia constitucional, não podendo, portanto, ser modificado por lei infraconstitucional". Ainda, cf. o mesmo: "não se pode fazer por emenda constitucional o que não é possível fazer por lei".

[825] Expressões utilizadas por BONAVIDES, op. cit., p. 488, sobre garantias institucionais e a doutrina social.

[826] CPC de 1973, art. 467: "Denomina-se coisa julgada material a eficácia, que torna imutável e indiscutível a sentença, não mais sujeita a recurso ordinário ou extraordinário".

[827] CPC de 1973, art. 468: "A sentença, que julgar total ou parcialmente a lide, tem força de lei nos limites da lide e das questões decididas".

[828] CPC de 1973, art. 471: "Nenhum juiz decidirá novamente as questões já decididas, relativas à mesma lide salvo: inc. I - se, tratando-se de relação jurídica continuativa, sobreveio modificação no estado de fato ou de direito; caso em que poderá a parte pedir a revisão do que foi estatuído na sentença; inc. II- nos demais casos prescritos em lei".

discricionariedade, os atos estatais são vinculados. Além disso, o livre espaço de conformação para a aplicação das normas se resume à época e à forma de execução e não ao ato em si e seu resultado, o que obriga a atuação racional, situação incompatível com a repetição de atividade sobre mesmo objeto.[829]

Essa impossibilidade de retroatividade, principalmente em relação ao caso concreto, advém da necessidade de confiança que deve existir no público para quem as leis são feitas, e esta deve estar relacionada com a ideia de lealdade "que se dirige do público (de todos) para a autoridade pública"[830]

A administração só pode atuar em conformidade com a lei, pelo Princípio da Legalidade, conforme artigo 37 da Constituição,[831] o que lhe impõe a observância da coisa julgada, pelo fato de esta estar explicitada neste mesmo documento, além do que, a própria vinculação à lei impede a atuação deste poder neste sentido, pois a própria lei não pode prejudicar o instituto em estudo.

Mesmo em relação à discricionariedade, esta pode ser exercida apenas quanto ao poder de praticar determinado ato, e essa margem de liberdade do administrador possui parâmetros que excluem atividade em divergência com a lei, ou arbitrariedade.[832] Não há necessidade, portanto, de o termo ato administrativo estar contido no vocábulo lei para que ao mesmo seja defeso prejudicar a coisa julgada, pois o administrador vincula-se de tal forma à legislação que para prejudicar a coisa julgada haveria impedimento lógico.

Acerca da decisão judicial, se a lei que advém de poder que possui representatividade, por seus integrantes serem eleitos pelo povo, não pode prejudicar a coisa julgada, o ato que advenha de poder que não possui representatividade popular e pretende obstar direito constitucional, também não o pode fazer.[833] Portanto,

---

[829] TALAMINI, op. cit., p. 63.

[830] SAMPAIO, op. cit., p. 180.

[831] Art. 37, CF/88: "A administração pública direta e indireta de qualquer dos Poderes da União, dos Estados, do Distrito Federal e dos Municípios obedecerá aos Princípios de legalidade, impessoalidade, moralidade, publicidade e eficiência e, também, ao seguinte":

[832] TAVARES, op. cit., p. 451.

[833] Aqui não há pretensão de estabelecer hierarquia, ou valorizar a importância de cada Poder

a Constituição não permite nem à lei, nem ao seu aplicador o desrespeito à coisa julgada, assim como obsta às partes o direito de obter essa modificação.[834]

Não haveria sentido em limitar o legislador e permitir que o Poder Judiciário decida conforme seu bel-prazer, porque o mesmo precisa respeitar o Princípio da Legalidade.[835]

Esta conclusão pode nos remeter a uma interpretação teleológica, ou ainda, ao Princípio da Máxima Efetividade da Constituição, porque o sentido atribuído à norma é mais amplo que o alcançado pela análise do texto da mesma. Além disso, a força normativa da Constituição busca uma "eficácia *óptima* da lei fundamental",[836] porque "a uma norma fundamental tem de ser atribuído o sentido que mais eficácia lhe dê".[837]

Eficácia refere-se a determinado ato ou à sanção por certo ato serem normalmente cumpridos, mesmo havendo a possibilidade do não cumprimento dessa norma, pois caso contrário a mesma seria dispensável.[838] Dessa forma, a eficácia da norma está no cumprimento espontâneo do decidido pelo Estado, denominada "eficácia do preceito ou primária"; ou na imposição de pena à conduta de preceito primário, denominada "eficácia da sanção" ou "secundária".[839] Assim, a "quota de eficácia" significa a relação entre os casos de eficácia e do número de situações típicas, ou seja, da relação entre o número de vezes em que a norma é realmente cumprida e o número de vezes em que a mesma deveria sê-lo.[840]

Pretendemos dar a essa norma a maior eficácia no sentido de seu maior cumprimento, o que se relaciona diretamente com a

---

e de suas funções, havendo a constatação de a legitimidade da atuação do legislativo ser de natureza diversa da do judiciário.

[834] DINAMARCO, op. cit., p. 25.

[835] Cf. Fórmula de Schumann: "Nenhum tribunal pode tomar por base para a sua decisão uma regra que nem sequer o legislador poderia ordenar".

[836] Princípios cf. CANOTILHO, op. cit., p. 1097-1099.

[837] MIRANDA, op. cit., p. 452. Sobre maior efetividade possível *vide* também BASTOS, op. cit., p. 104-106.

[838] TAVARES, op. cit., p. 901.

[839] SABADELL, op. cit., p. 63-64.

[840] Ibidem, p. 64-65.

possibilidade de a norma incidir no caso concreto. Assim, se a norma possuir um sentido mais abrangente em relação a sua incidência, maior a possibilidade de sua eficácia.

Apesar de o raciocínio da proteção à coisa julgada, como óbice apenas à retroatividade da lei, permitir sua modificação por outras vias, como a judiciária e a administrativa, a coisa julgada regula uma situação protegida no tempo: a situação de sentenças judiciais decididas com julgamento de mérito sem possibilidade recursal ou rescisória. Então, se a imutabilidade presente na coisa julgada mantém a situação decidida no decorrer do tempo, o óbice apenas à irretroatividade da lei não seria determinante para uma mínima existência do instituto, vez que a apreciação dos conflitos é efetuada pelo Poder Judiciário.

O conceito de coisa julgada, mesmo com sua intersecção com o sentido de irretroatividade, não se confunde com esta, pois a Constituição não usa palavras inúteis e a termos diferentes devem ser atribuídos, mormente, significados diferentes.[841] Isso significa que a coisa julgada — no sentido de impossibilidade de lei modificar sentença passada em julgado —, mesmo contida na significação de irretroatividade das leis, não é exaurida, sendo uma das formas de proteção à irretroatividade legal, apesar de não se limitar a esse papel.

Essa confusão acerca da abrangência dos termos irretroatividade e coisa julgada pode advir do fato de nossa Constituição não proteger a irretroatividade das leis de forma específica,[842] e de o conteúdo deste último instituto ser determinado pelas limitações à legislação, arroladas pela Constituição, quais sejam: a tríade já mencionada do artigo 5º, inciso XXXVI; o artigo 5º, inciso XL,[843] que impede a retroatividade maléfica ao réu em âmbito penal;

---

[841] Cf. BASTOS, op. cit., p. 117.

[842] Isso não significa que a expressão irretroatividade deveria estar no texto Constitucional, apenas constata possível motivo de confusão entre os termos, vez que não aparecem ambos em uma mesma Constituição, pois quando utiliza-se coisa julgada, ato jurídico perfeito e direito adquirido; afasta-se a expressão irretroatividade das leis e vice-versa.

[843] Art. 5º, inc. XL, CF/88: "A lei penal não retroagirá, salvo para beneficiar o réu".

o artigo 150, inciso III,[844] que impossibilita a cobrança de tributo, ou sua majoração, anterior à lei que isso instituir.[845]

Apesar de a construção utilizada permitir certa retroatividade de atos, mesmo não se entendendo desta forma em primeira leitura,[846] a concepção de coisa julgada pretende aclarar o sentido de proteção das situações no decorrer do tempo, impedindo que: "(...) leis que estabeleçam ou prevejam retroactivamente conseqüências com as quais, segundo uma prognose razoável, a pessoa afectada não podia contar no momento da prática de sua ação".[847]

Portanto, apesar de uma parte do sentido de coisa julgada emprestar significado à irretroatividade protegida constitucionalmente, o conceito de coisa julgada não está aí resumido.

A coisa julgada possui uma conceituação uniforme nos sistemas jurídicos, no sentido de ser entendida como a sentença que possui imutabilidade em relação tanto à legislação, quanto à sentença judicial que pretenda desconstituí-la e já nestas linhas amplas, a coisa julgada não pode ser limitada à irretroatividade legal.

Além de as espécies legislativas não poderem prejudicar a coisa julgada, pois a Constituição deve ser vista como unidade, é forçoso o entendimento de que o ato administrativo e a sentença judicial também não podem prejudicá-la.

Considerando o instituto da coisa julgada no caso concreto, independente das partes envolvidas na contenda, como cláusula pétrea, há necessidade de fixarmos a extensão do termo "tendente

---

[844] Art. 150, inc. III e alíneas, CF/88: "Sem prejuízo de outras garantias asseguradas ao contribuinte, é vedado à União, aos Estados, ao Distrito Federal e aos Municípios: inc. III - cobrar tributos; a) em relação a fatos geradores ocorridos antes do início da vigência da lei que os houver instituído ou aumentado; b) no mesmo exercício financeiro em que haja publicado a lei que os instituiu ou aumentou; c) antes de decorridos noventa dias da data em que haja sido publicada a lei que os instituiu ou aumentou, observado o disposto na alínea 'b'".

[845] DIMOULIS, op. cit., p. 216-218.

[846] Como exemplo está o divórcio instituído no Brasil em 1977, que permitiu a aplicação da lei a casamentos efetuados anteriormente a esta, cf. Idem, op. cit., 1977. "Regula os casos de dissolução da sociedade conjugal e do casamento, seus efeitos e respectivos processos, e dá outras providências. art. 1º: A separação judicial, a dissolução do casamento, ou a cessação de seus efeitos civis, de que trata a Emenda Constitucional nº 9, de 28 de junho de 1977, ocorrerão nos casos e segundo a forma que esta Lei regula".

[847] ZIPPELIUS, op. cit., p. 388.

a abolir",[848] para entendermos quando eventualmente esse direito será obstado, na forma do artigo 60, da Constituição.

Vale lembrar que as Constituições, para sua manutenção no passar do tempo, possuem como principal mecanismo a rigidez constitucional, com uma escala de maior ou menor rigidez, conforme a dificuldade de seu processo revisor.[849]

A Constituição de 1988 é considerada branda, porque, para sua reforma, não há concorrência necessária de política diversa do legislativo; o quorum não é impedimento significativo à mudança; há intervalo nos regimentos apenas de dias entre os turnos de votação exigidos e os mesmos políticos podem votar em ambos.[850] Além disso, o número de emendas aprovadas determina a rigidez constitucional e aqui já foram editadas sessenta e uma emendas constitucionais,[851] além das seis emendas de revisão.[852]

Nesse sistema, as cláusulas pétreas, que perfazem o núcleo irredutível[853] da Constituição Federal, são um óbice material à atuação do legislador. Assim, a feitura de lei que fere este conteúdo material imodificável é inconstitucional, tanto por ser incompatível com a norma, como por constituir exercício irregular ou excessivo de poder pelo Legislativo.[854]

Porém, a proibição não se refere à abolição do instituto, e sim a qualquer determinação tendente a abolir o elencado. Portanto, à parte a dificuldade de determinação dos termos: forma federativa, direitos e garantias individuais etc., ainda há a necessidade de explicar o que essa tendência a abolir significa, neste caso especificamente.

---

[848] Cf. BARROS, op. cit., acesso em: 30.08.05: "A expressão *tendente a abolir* foi de início entendida como significando *tendente a bulir*, o que levou a falar em núcleo ou cerne intocável, intangível, imodificável, da Constituição".

[849] SILVA, op. cit., p. 62-64.

[850] Ibidem, p. 65-67.

[851] A Emenda Constitucional nº 61, que dá nova redação ao artigo 103-B da Constituição Federal para modificar a composição do Conselho Nacional de Justiça, é de 11.11.09, conforme a internet no site: <http://www.presidencia.gov.br>. Acesso em: 02 dez. 09.

[852] Isso em menos de 20 anos de Constituição de 1988. Emendas de revisão cf. art. 3º, ADCT, CF/88: "A revisão constitucional será realizada após cinco anos, contados da promulgação da Constituição, pelo voto da maioria absoluta dos membros do Congresso Nacional, em sessão unicameral".

[853] Melhor nomenclatura cf. BARROS, op. cit., acesso em: 30 ago. 05.

[854] BULOS, op. cit., p. 48.

O termo em foco refere-se a princípios e não a artigos constitucionais. Portanto, o texto protetivo permite reformulação da norma no sentido de ampliar a sua incidência. Outra situação clara é que o instituto proíbe que sejam totalmente eliminados os institutos protegidos.[855]

Na expressão utilizada pela Constituição, a impossibilidade de modificação abrange também: eventual prejuízo do protegido; sua negação, em parte; o impedimento de seu exercício; ou mesmo uma pequena diminuição de sua incidência por meio de subterfúgios ilegítimos,[856] impossibilitando a suspensão mesmo temporária do contido nas cláusulas pétreas.[857]

A ideia de obstar a coisa julgada por lei infraconstitucional é uma forma de modificação substancial à Constituição, a qual perderia seu objeto sem nada dispor a esse respeito. O termo tendente a abolir, por claramente proteger não apenas o texto dos institutos elencados, abrange a proteção também dos efeitos concretos de certa norma que esvaziem o sentido da coisa julgada, mesmo que isso se dê não pelo sentido da regra, mas pela sua inserção no conjunto normativo ou pela prejudicialidade via reflexa.

Abolir é diferente de relativizar, portanto, a proteção está na impossibilidade, principalmente, de macular a coisa julgada já formada. Assim, a sua modificação, inclusive pela forma legislativa, após sua formação é meio de abolir efetivamente o instituto protegido pelo constituinte como cláusula pétrea.

Conforme essas premissas, a instituição de um novo recurso, ou a ampliação do prazo para impetrar ação rescisória, tenderiam a abolir a coisa julgada, na medida em que os mesmos obstariam a sua formação, protelando-a.

---

[855] FRANCISCO, op. cit., p. 83.
[856] Cf. BARROS, op. cit., acesso em: 30 ago. 05: o Constituinte "(...) usou de uma dicção que não se refere ao fim, ao término, ao resultado, mas ao meio, ao curso, à direção do processo legislativo. Ao dizer 'tender' e não 'visar', indicou um rumo e não só um ponto de chegada. Sua intenção foi evitar, não só que se findasse por abolir no todo, mas também que se tendesse a abolir em parte — ou seja, vedou prejudicar — as matérias ali preceituadas. Em suma, vedou reduzir a compreensão e a extensão dos conceitos componentes dos preceitos postos neste núcleo constitucional. É possível incrementar, mas não reduzir os elementos essenciais da Constituição ali determinados (...)".
[857] FRANCISCO, op. cit., p. 84.

Devemos separar, contudo, o caso da lei nova ampliar um prazo que está correndo, ou desconstituir a coisa julgada dando novo recurso ou prazo.[858]

A Carta Constitucional define o que é a coisa julgada, porém a concretização desta é de competência do legislador infraconstitucional, e impõe, sem óbice, que o modelo processual adotado contemple a figura da coisa julgada, e não a forma que esta deve possuir. Assim, é possível colocar nova exceção à coisa julgada através de recurso ou de ação própria, relativizando o instituto legislativamente.

Dessa forma, novos recursos podem ser criados, para dilação do prazo dos recursos existentes, assim como para supressão de formas recursais, e também para diminuição de seus prazos. Esses possíveis parâmetros são válidos apenas para processos em andamento ou para processos futuros, pois o transitado em julgado não pode se modificar, pela coisa julgada formada ser o principal objeto da proteção constitucional. Desta feita, a ação rescisória, por exemplo, não fere a coisa julgada e sim determina o seu conceito.

Portanto, mesmo que os parâmetros da coisa julgada sejam passíveis de modificação, a coisa julgada ocorrida em concreto não pode ser obstada, sequer por forma recursal ou ação autônoma retroativa, pois estas visariam à abolição do instituto.

Isso permite a modificação da coisa julgada sem que a Constituição perca suas características elementares, com a adequação dos preceitos à vida social em constante modificação. É necessário que haja manutenção legislativa para o reconhecimento e a modificação conforme o requisitado pela sociedade e as cláusulas pétreas são uma proteção a modificações irrefletidas.[859] Assim, precisamos de um debate sério e claro acerca das opções vigentes e propostas, a fim de que eventual mudança constitucional seja regrada.[860]

Outra situação problemática seria a criação de um sem número de recursos que impossibilitariam, de fato, a formação da coisa julgada.

---

[858] Um exemplo da segunda hipótese é a modificação do regime dos precatórios a partir de certa data.
[859] FRANCISCO, op. cit., p. 21-22.
[860] SILVA, op. cit., p. 72, 76.

Como as normas constitucionais devem ter eficácia, restringindo ou ampliando o próprio conceito de coisa julgada por via legislativa, não podemos impedir sua formação concreta, pois isso esvaziaria o conteúdo de norma pertencente ao cerne irredutível constitucional.[861]

Não pode ser criado recurso com intuito de desconstituir a coisa julgada no caso concreto já formada, sendo eventual novo recurso, válido apenas para processos futuros ou em andamento.

Percebemos, na forma de exemplo, o significado de tendente a abolir, pois essa situação permitiria sempre a revisão da sentença, afastando a existência da coisa julgada protegida pela imutabilidade constitucional. Neste caso, haveria a tendência à abolição do instituto, pois a norma protetiva ficaria sem objeto ou eficácia, em razão de fraude à Constituição. Apesar de não percebermos claramente tal abolição, a norma constitucional ficaria vazia e sem eficácia se sua formação fosse impedida.

Portanto, é cláusula pétrea o conceito de coisa julgada, a coisa julgada no caso concreto e a possibilidade de sua formação conforme a legislação infraconstitucional.

Além de todo o descrito, tratando agora da importância do cumprimento de determinação judicial, descreveremos algumas passagens constitucionais acerca da intervenção pela não obediência à sentença.

O artigo 34, inciso VI, da Constituição, determina que: "A União não intervirá no Estado nem no Distrito Federal, exceto para: prover a execução de lei federal, ordem ou decisão judicial"; e o artigo 35, inciso IV, da mesma, cita que:

> O Estado não intervirá em seus Municípios, nem a União nos Municípios localizados em Território Federal, exceto quando: o Tribunal de Justiça der provimento a representação para assegurar a observância de princípios indicados na Constituição Estadual, ou para prover a execução de lei, de ordem ou de decisão judicial.

---

[861] BASTOS, Celso Ribeiro. *Curso de direito constitucional*. 22. ed. São Paulo: Saraiva, 2001. p. 105.

Nesses casos, falamos necessariamente em coisa soberanamente julgada, porque, com a execução da decisão, essa só pode ser sentença ou acórdão passado em julgado, pois de outra forma o decidido não seria exigível.[862] Assim, o descumprimento do julgado permitir medida extrema de intervenção demonstra a necessidade institucional de respeito ao decidido pelo Estado e essa efetivação é tratada como racional e necessária, por existir mecanismo para que os entes federativos a protejam, apesar da sua competência e abrangência diferida.

Além disso, a Constituição impõe o respeito à coisa julgada a favor do Estado, mesmo se este não for o titular desse direito, conforme o artigo 5º da Constituição Federal. Pois, o parágrafo 3º, artigo 36, da Constituição, diz que:

> Nos casos do art. 34, VI e VII, ou do art. 35, IV, dispensada a apreciação pelo Congresso Nacional ou pela Assembléia Legislativa, o decreto limitar-se-á a suspender a execução do ato impugnado, se esta medida bastar ao estabelecimento da normalidade.

Em conformidade com a abrangência das hipóteses acima, percebemos que a execução de decisão judicial é relatada como normalidade.

Utilizando outros parâmetros já discutidos, a não pacificação social e a inefetiva execução de sentenças judiciais são mote para intervenção regulada constitucionalmente, da União sobre o Estado e do Estado sobre o Município, pois essa anormalidade atenta contra o Princípio Federativo, também protegido como cláusula pétrea.[863]

Se o instituto da coisa julgada deve ser entendido de acordo com o conceito de Estado Democrático de Direito,[864] e este existir apenas se preenchido o requisito de o Estado e os particulares

---

[862] Há casos de cognição sumária que permitem execução imediata anterior à própria sentença.

[863] Art. 60 parágrafo 4º, CF/88: "Não será objeto de deliberação a proposta de emenda tendente a abolir: inc. I - a forma federativa de Estado".

[864] Art. 1º, CF/88: "A República Federativa do Brasil, formada pela união indissolúvel dos Estados e Municípios e do Distrito Federal, constitui-se em Estado Democrático de Direito e tem como fundamentos":

Direito fundamental à coisa julgada: problemas constitucionais de sua relativização | 213

terem seus atos regulados de forma legal, há necessidade das leis serem vinculadas aos princípios constitucionais.[865]

O Princípio do Estado de Direito e o Princípio Democrático são as tentativas de harmonização do imperativo e da manutenção da ordem, e o Estado Constitucional Democrático de Direito pressupõe poder suficiente para a manutenção da paz jurídica, com a limitação da "expansão totalitária do poder do Estado".[866] Esse controle está na separação de poderes, na vinculação do executivo à lei e na subordinação estatal a procedimentos tanto legislativos e administrativos, como jurisdicionais.[867]

No Brasil, este Estado Democrático é atingido, em relação aos conflitos apreciados pelo Poder Judiciário, via observação da coisa julgada, pois esta "(...) é elemento de existência do Estado Democrático de Direito".[868]

Portanto, evocando o Princípio da Igualdade[869] relacionado às expectativas individuais, há necessidade de tratamento igualitário de todos pelo Estado,[870] inclusive no tratamento dispensado às partes processualmente, na forma da previsibilidade da atuação estatal em concreto, sob o fundamento de norma a todos cogente.[871]

5.2 Legislação infraconstitucional e doutrina

Apesar de os parâmetros constitucionais serem importantes, temos que nos voltar à legislação infraconstitucional para conceituar a coisa julgada protegida hodiernamente, pois "a inserção no texto constitucional faz com que o instituto assuma relevância jurídica ainda maior do que aquela que já possui, mas não altera os seus contornos"[872] processuais.

---

[865] NERY JUNIOR, op. cit., p. 37, 38.
[866] ZIPPELIUS, op. cit., p. 384.
[867] Ibidem, p. 385.
[868] NERY JUNIOR, op. cit., p. 38.
[869] Art. 5º, *caput*, CF/88: "Todos são iguais perante a lei, sem distinção de qualquer natureza".
[870] ZIPPELIUS, op. cit., p. 454.
[871] Ibidem, p. 388.
[872] ALVES, op. cit., p. 96.

A Lei de Introdução ao Código Civil é legislação infraconstitucional e, apesar de ter em seu bojo alguns institutos protegidos constitucionalmente, possui parâmetros modificáveis por legislação ordinária.[873]

De qualquer forma, a Lei de Introdução ao Código Civil, em seu artigo 6º,[874] apenas remete-se à Constituição de 1988, havendo a circularidade já abordada, porém a mesma lei trata a coisa julgada como decisão judicial irrecorrível,[875] o que já começa a clarificar seu conceito.

No entanto, irrecorribilidade da sentença[876] é apenas uma classificação da coisa julgada no nosso sistema processual, qual seja, a coisa julgada formal.

A coisa julgada formal é a impossibilidade de uma sentença ser modificada nos autos em que a mesma foi proferida, portanto incabível apelação, agravo, embargos infringentes, embargos de declaração, recurso especial, recurso ordinário e extraordinário.[877]

A coisa julgada formal constitui-se quando: 1. as partes não recorrem da sentença proferida; 2. há o esgotamento de todas as vias recursais para a sua modificação; ou 3. o recurso impetrado não obedece aos requisitos de admissibilidade, como por exemplo, recolhimento de custas, pré-questionamento etc.[878] Assim, esta coisa julgada põe fim à relação processual, pois nenhum outro ato modifica o já decidido naqueles autos, em razão de um fenômeno interno ao processo, uma preclusão.[879]

---

[873] SAMPAIO, op. cit., p. 176.

[874] Cf. LICC Decreto-Lei nº 4.657/42, art. 6º: "A lei terá efeito imediato e geral, respeitados o ato jurídico perfeito, o direito adquirido e a coisa julgada".

[875] Cf. LICC Decreto-Lei nº 4.657/42, art. 6º, parágrafo 3º: "Chama-se coisa julgada ou caso julgado a decisão judicial de que já não caiba recurso".

[876] SILVA, op. cit., p. 484.

[877] Cf. art. 467, CPC: "Denomina-se coisa julgada material a eficácia, que torna imutável e indiscutível a sentença, não mais sujeita a recurso ordinário ou extraordinário". Cf. GREENOVER. In: LIEBMAN, op. cit., p. 9, apesar de a distinção entre coisa julgada formal e material ser amplamente aceita no Brasil, é de "lamentar-se a redação defeituosa do art. 467, CPC, que, a pretexto de definir a coisa julgada material, acaba dando o conceito de coisa julgada formal".

[878] Cf. NERY JUNIOR, Nelson; NERY, Rosa Maria Andrade. *Código de processo civil comentado e legislação processual civil em vigor*. São Paulo: Revista dos Tribunais, 2001. p. 903.

[879] DINAMARCO, op. cit., p. 11-12.

Conforme alguns autores,[880] o termo coisa julgada formal é problemático e não está protegido constitucionalmente, pela modificação da sentença ser possível se a coisa julgada material não ocorrer simultaneamente.

A coisa julgada formal é uma preclusão, pois ela impossibilita a prática de atos processuais, por decurso de prazo, ou pelo ato não condizer com as regras de admissibilidade.[881]

Há o entendimento de que a sentença, mesmo recorrida, pode passar em julgado formalmente, pois não podemos prever objetivamente se o recurso interposto será conhecido pelo órgão superior, uma vez que o conhecimento do recurso depende do trabalho do advogado, do entendimento do órgão julgador e do fato que "nem sempre a aplicação coincide com a incidência da norma jurídica".[882]

Esta dissonância ocorre, apesar de as duas modalidades de coisa julgada normalmente acontecerem ao mesmo tempo, pela possibilidade de elas acontecerem em momentos distintos, como nos casos de recurso de ofício[883] e de sentença sem julgamento do mérito.[884]

---

[880] Coisa julgada formal como preclusão, cf. NERY JUNIOR; NERY, op. cit., p. 903; SILVA, op. cit., p. 484. Coisa julgada formal em afinidade com o instituto da preclusão, cf. WAMBIER, Luiz Rodrigues; ALMEIDA, Flávio Renato Correia de; TALAMINI, Eduardo. *Curso avançado de processo civil*. 3. ed. São Paulo: Revista dos Tribunais, 2000. v. 1, p. 615; TESHEINER, José Maria Rosa. *Elementos para uma teoria geral do processo*. São Paulo: Saraiva, 1993. p. 173 e GAZZI, op. cit., p. 93.

[881] Cf. art. 183, CPC: "Decorrido o prazo, extingue-se independentemente de declaração judicial, o direito de praticar o ato, ficando salvo, porém, à parte provar que o não realizou por justa causa". Cf. NERY JUNIOR; NERY, op. cit., p. 643-644: "Preclusão é a perda da faculdade de praticar um ato processual", sendo que a preclusão temporal "ocorre quando a perda da faculdade de praticar um ato processual se dá em virtude de haver decorrido o prazo, sem que a parte tivesse praticado o ato, ou o tenha praticado a destempo ou de forma incompleta ou irregular".

[882] MIRANDA, op. cit., p. 145.

[883] Cf. art. 475, do CPC: "Está sujeita ao duplo grau de jurisdição, não produzindo efeito senão depois de confirmada pelo tribunal, a sentença: I - que anular o casamento; II - proferida contra o Estado, a União e o Município; III - que julgar improcedente a execução de dívida ativa da Fazenda Pública. Parágrafo único. Nos casos previstos neste artigo, o juiz ordenará a remessa dos autos ao tribunal, haja ou não apelação voluntária da parte vencida; não o fazendo, poderá o presidente do tribunal avocá-los".

[884] Cf. art. 267, do CPC: "Extingue-se o processo sem julgamento do mérito: I - quando o juiz indeferir a petição inicial; II - quando ficar parado por mais de um (1) ano por negligência das partes; III - quando, por não promover os atos e diligências que lhe competir, o autor abandonar a causa por mais de trinta (30) dias; IV - quando se verificar a ausência de

No primeiro caso, a sentença de primeiro grau, independente de recurso das partes, precisa ser confirmada em segundo grau de jurisdição para fazer coisa julgada material, porém, na falta dos recursos das partes pelo decurso de prazo, ocorre a coisa julgada formal.[885]

Já no caso de sentença que extingue o processo sem julgamento do mérito, não há coisa julgada material, que só ocorre com a apreciação do mérito; todavia, há coisa julgada formal, pelo fato de as partes não poderem modificar a sentença nos autos em que esta foi proferida, via recursal.

A coisa julgada material é a "coisa julgada por excelência",[886] denominada também preclusão máxima,[887] e, conforme artigo 467 do Código de Processo Civil, ela é a "eficácia que torna imutável e indiscutível a sentença". Essa coisa julgada impede nova discussão acerca da sentença de mérito não apenas em seus próprios autos, como ocorre com a coisa julgada formal, mas também em nova ação judicial, não se sujeitando nem aos recursos ordinário e extraordinário, nem à remessa necessária à segunda instância.[888]

A divisão entre coisa julgada formal e material é determinada historicamente pela doutrina mais antiga. De qualquer forma, a coisa julgada protegida pela Constituição, sem que haja qualquer dúvida quanto a este fato, é a coisa soberanamente julgada, que ocorre após o advento da coisa julgada formal e material, passados dois anos da formação desta última, com a preclusão do direito de impetrar ação rescisória. Apenas com esses requisitos o outrora decidido se mantém, portanto, a "distinção entre coisa julgada formal e material revela somente que a imutabilidade é uma figura de duas faces, não dois institutos diferentes".[889]

---

pressupostos de constituição e de desenvolvimento válido do processo; V - quando o juiz acolher a alegação de perempção, litispendência ou de coisa julgada; VI - quando não concorrer qualquer das condições da ação, como a possibilidade jurídica do pedido, a legitimidade das partes e o interesse processual; VII - pela convenção de arbitragem; VIII - quando o autor desistir da ação; IX - quando a ação for considerada intransmissível por disposição legal; X - quando ocorrer confusão entre o autor e o réu; XI - nos demais casos previstos neste Código".

[885] Cf. NERY JUNIOR; NERY, op. cit., p. 903.

[886] Cf. WAMBIER; ALMEIDA; TALAMINI, op. cit., p. 615.

[887] BERALDO, op. cit., p. 114.

[888] NERY JUNIOR; NERY, op. cit., p. 903. WAMBIER; ALMEIDA; TALAMINI, op. cit., p. 615.

[889] BERALDO, op. cit., p. 116.

Direito fundamental à coisa julgada: problemas constitucionais de sua relativização | 217

De qualquer forma, a ação rescisória possui rol restrito e não trata da flexibilização do julgado e sim dos parâmetros legislados para sua modificação e de um limite à coisa julgada já legislada. O Código de Processo Civil, em seu artigo 467, refere-se à coisa julgada como a eficácia da sentença, mas sobre a natureza jurídica do instituto muito já foi discutido.[890] A coisa julgada pode ser tratada como um dos efeitos da sentença, ou como o próprio efeito declaratório, conforme tradição romanística.[891] Essa teoria aborda a coisa julgada como a eficácia da sentença declaratória e para haver coisa julgada material esse aspecto da sentença não precisaria preponderar, pois, para tanto, seria suficiente a "eficácia declarativa mediata ou imediata"[892] da sentença, o que tornaria este pronunciamento incontestável "no presente e no futuro".[893]

O problema dessas teses reside na existência de sentenças que possuem autoridade, sem fazerem coisa julgada,[894] como no caso de relação jurídica continuativa,[895] de sentença em ação de guarda, em ação de alimentos, em jurisdição voluntária,[896] em ação popular improcedente por falta de provas,[897] em ação coletiva[898] e em processo cautelar.[899]

---

[890] Sobre as divergências doutrinárias, *vide* ASSIS, Araken de. *Doutrina e prática do processo civil contemporâneo*. São Paulo: Revista dos Tribunais, 2001. p. 24-26; GAZZI, op. cit., p. 88-89; MIRRA, Álvaro Luiz Valery. A coisa julgada nas ações para a tutela de interesses difusos. *Revista dos Tribunais*, n. 631, p. 74-76, maio 1988; TALAMINI, op. cit., p. 32-44.

[891] LIEBMAN, op. cit., p. 2.

[892] MIRANDA, op. cit., p. 144. Ainda sobre a eficácia declaratória, afirma na mesma página que: "(...) O 'não tem razão', nas ações declarativas, imputa em 'tem razão', para a outra parte ou para as outras partes. Tem-se de atender que a ação declaratória tem como finalidade precípua, preponderante, o enunciado existencial: se perde quem disse que 'é', ganha quem disse que 'não é'; se perde quem disse que 'não é' ganha quem disse que 'é'".

[893] ASSIS, op. cit., p. 206.

[894] LIEBMAN, op. cit., p. 38.

[895] Art. 471, CPC: "Nenhum juiz decidirá novamente as questões já decididas, relativas a mesma lide, salvo: I - se, tratando-se de relação jurídica continuativa, sobreveio modificação no estado de fato ou de direito; caso em que poderá a parte pedir a revisão do que foi estatuído na sentença; II - nos demais casos previstos em lei".

[896] Art. 1.111, CPC: "A sentença poderá ser modificada, sem prejuízo dos efeitos já produzidos, se ocorrerem circunstâncias supervenientes". Inserido no título II - dos procedimentos especiais de jurisdição voluntária.

[897] Lei nº 4.717, de 29 de junho de 1965, art. 18: "A sentença terá eficácia de coisa julgada oponível erga omnes, exceto no caso de haver sido a ação julgada improcedente por deficiência de prova; neste caso, qualquer cidadão poderá intentar outra ação com idêntico fundamento, valendo-se de nova prova".

[898] Cf. Código do Consumidor Lei nº 8.078/90 c/c Lei nº 7.347/85.

[899] Art. 810, CPC: "O indeferimento da medida não obsta a que a parte intente a ação, nem influi no julgamento desta, salvo se o juiz, no procedimento cautelar, acolher a alegação de decadência ou prescrição do direito do autor".

Outra crítica está na distinção entre declaração e modificação, pois seria necessário, para conceder apenas à sentença declaratória a imutabilidade, alguma qualidade em sua natureza jurídica que a diferenciasse da sentença modificatória.[900] Pois, "Se o juiz anula um contrato, por exemplo, fica o resultado do processo, após o trânsito em julgado, menos imune à contestação do que ficaria se ele se limitasse a declarar nulo o contrato"?[901]

Outra concepção considera que os efeitos da sentença se diferenciam da autoridade da coisa julgada, pois essa autoridade se vincula à incontestabilidade da coisa julgada, sem que esta seja um efeito da sentença.

Portanto, "(...) a parte a que se denegou o bem da vida, não o pode mais reclamar; a parte a quem se reconheceu, não só tem o direito de consegui-lo praticamente, em face da outra, mas não pode sofrer, por parte desta, ulteriores contestações a êsse direito e êsse gôzo." Essa é a autoridade da coisa julgada.[902]

A coisa julgada como qualidade dos efeitos da sentença[903] se relaciona com a sua autoridade, sem coexistir com a ideia de coisa julgada como um dos efeitos da sentença, pois a mesma precisaria abarcar os outros para determinar-lhes a autoridade.[904]

A coisa julgada destituída de sua autoridade "é para quem a obteve pouco menos que inútil",[905] pois a "expressão da vontade concreta do direito pode e deve acrescer a autoridade da coisa julgada, ainda que seu conteúdo e seus efeitos não sejam meramente declaratórios, mas também de criação e de modificação da realidade jurídica".[906]

O problema com esta teoria é a impossibilidade de as partes, posteriormente à sentença, pactuarem de forma diversa sobre o bem jurídico já tutelado. Pois, defende que se a coisa julgada só

---

[900] MOREIRA, José Carlos Barbosa. *Temas de direito processual*. São Paulo: Saraiva, 1977. p. 83-91.

[901] Ibidem, p. 82.

[902] CHIOVENDA, op. cit., p. 370.

[903] LIEBMAN, op. cit., p. 6, 40.

[904] Ibidem, p. 5.

[905] Ibidem, p. 19.

[906] Ibidem, p. 30.

Direito fundamental à coisa julgada: problemas constitucionais de sua relativização | 219

servisse para que outro juiz não se manifestasse de modo diverso, haveria um "abismo entre coisa julgada (vínculo dos juízes) e a efetiva situação jurídica substancial".[907]

> (...) os efeitos da sentença não se tornam imutáveis com o trânsito em julgado: o que se torna imutável (ou, se preferir, indiscutível) é o próprio conteúdo da sentença, como norma jurídica concreta referida a situação sobre que se exerceu a atividade cognitiva do órgão judicial.[908]

Isso porque a autoridade da coisa julgada é uma "imunidade a contestações juridicamente relevantes",[909] pois, em regra, os efeitos da sentença só ocorrem após o advento da coisa julgada, uma vez que a lei os condiciona ao advento do trânsito em julgado.[910]

Também defendeu-se a coisa julgada como qualidade do conteúdo da sentença que recai apenas sobre os efeitos declaratórios da decisão, porém, neste caso, não haveria sua vinculação ao efeito declaratório da sentença e sim ao declarado pelo juiz em seu comando.[911]

De qualquer forma, essa discussão sobre a coisa julgada como efeito ou qualidade etc. é relevante apenas para o entendimento de seus limites subjetivos, pois uma opção sobre sua conceituação praticamente determina esses limites.

Isso em razão desta opção determinar a amplitude da sentença no que diz respeito à sua abrangência e possibilitar que as partes acordem de forma diversa posteriormente,[912] pois se a autoridade da coisa julgada se relaciona a seus efeitos, estes não podem ser modificados, mesmo havendo terceiro interessado. A imutabilidade do comando judicial não significa necessária vinculação de terceiro ou veto de modificação do julgado por convenção entre as partes.

---

[907] Ibidem, p. 42.

[908] MOREIRA, op. cit., p. 89.

[909] Ibidem, p. 88.

[910] Ibidem, p. 88.

[911] SILVA, op. cit., p. 486-501.

[912] Isso apesar de o Código Civil Brasileiro de 2002, em seu art. 850, preconizar que: "É nula a transação a respeito do litígio decidido por sentença passada em julgado, se dela não tinha ciência alguma dos transatores, ou quando, por título ulteriormente descoberto, se verificar que nenhum deles tinha direito sobre o objeto da transação".

Entendemos a coisa julgada como o aspecto de imutabilidade da decisão, que impede que as partes vão a juízo para modificá-la ou consigam providência judicial que lhe seja incompatível.[913]

Sem dúvida que a coisa julgada é sanatória, é o ponto mais alto da estabilidade, pois a decisão passada em julgado se desprende dos fatos e se imuniza de novas incertezas a respeito do caso concreto. Quando a coisa julgada passa a ser o direito de quem venceu a demanda, os órgãos jurisdicionais devem portar-se em conformidade com a mesma.[914]

A coisa julgada formal é pressuposto para a ocorrência da coisa julgada material porque para a sentença não ser novamente discutida no futuro, ela não pode ser discutível no processo de onde ela advém.[915]

Proposta ação idêntica[916] a outra já protegida pela coisa julgada material, essa será julgada extinta sem julgamento do mérito, alegando-se a coisa julgada em preliminar de contestação,[917] apesar da possibilidade de seu conhecimento de ofício pelo juiz da causa.[918]

Proferida sentença em ação idêntica a outra transitada em julgado materialmente, esta segunda deve ser rescindida nos termos do artigo 485, IV,[919] por ação rescisória.

A identidade de ações é determinada pela tríplice identidade, que significa a ocorrência de mesmas partes, mesmo pedido e mesma causa de pedir em ações diversas.[920]

---

[913] TALAMINI, op. cit., p. 44-45.

[914] DINAMARCO, op. cit., p. 10-11.

[915] SILVA, op. cit., p. 485.

[916] Cf. art. 301, parágrafo 1º: "Verifica-se a litispendência ou a coisa julgada, quando se reproduz ação anteriormente ajuizada". Art. 301, parágrafo 2º: "Uma ação é idêntica à outra quando tem as mesmas partes, a mesma causa de pedir e o mesmo pedido".

[917] Cf. art. 301, VI, CPC: "Compete-lhe, porém, antes de discutir o mérito, alegar: VI - coisa julgada".

[918] Parágrafo 3º do art. 267, CPC: "O juiz conhecerá de ofício, em qualquer tempo ou grau de jurisdição, enquanto não proferida a sentença de mérito, da matéria constante nos incisos IV, V (quando o juiz acolher a alegação de coisa julgada) e VI; todavia o réu que não a alegar, na primeira oportunidade em que lhe caiba falar nos autos, responderá pelas custas de retardamento". E parágrafo 4º do art. 301, CPC: "Com exceção do compromisso arbitral, o juiz conhecerá de ofício da matéria enumerada neste artigo". Sendo o inc. VI - "coisa julgada".

[919] Art. 485, IV: "A sentença de mérito, transitada em julgado, pode ser rescindida quando: IV - ofender a coisa julgada".

[920] ASSIS, op. cit., p. 28.

Parte é conceito processual, que não se confunde com titular de direito, e significa os vários sujeitos ativos e passivos constantes em determinado processo.[921]

Pedido é o que a parte pretende ver atendido, é o objeto da ação.[922] Esse instituto é dividido em pedido mediato e imediato; o pedido imediato é a tutela jurisdicional, ou seja, o autor pretende que uma sentença de mérito seja proferida; o mediato é a intenção fática do requerente ou a atitude que este deseja obrigar o réu.[923]

Causa de pedir constitui um dos motivos que levam o autor a fazer certo pedido. Esta é dividida em causa de pedir remota, próxima e necessária, as quais são, respectivamente, os fatos que determinaram o pedido; seu fundamento jurídico ou relação jurídica existente; e a pretensão resistida sem justa causa.[924]

Apesar de a tríplice identidade estar explícita no direito e ser parâmetro aceito como identificador de ações, há doutrina que, apesar de afirmar sua utilidade, ressalta que, para existir identidade de ações no caso de coisa julgada, mais importantes são os limites objetivos e subjetivos da imutabilidade do que a tríplice identidade.[925] Isso porque a coisa julgada atinge apenas as partes sem incidir em direito de terceiro, com a exceção de ação relativa a estado de pessoa, se os interessados estiverem em litisconsórcio necessário,[926] sendo este seu limite subjetivo conforme o Código de Processo Civil.

Defendemos que, inicialmente, os efeitos da sentença atingem terceiros, os quais podem discutir a decisão, pois apenas a coisa julgada não os atinge. Porém, se o direito de outrem depender do direito de parte processual, a decisão sobre esta incidirá no terceiro

---

[921] PORTO, Sérgio Gilberto. *Comentários ao Código de Processo Civil*. São Paulo: Revista dos Tribunais, 2000. 6 v, p. 143-145.

[922] Ibidem, p. 145-147.

[923] GRECCO FILHO, op. cit., p. 99 e PORTO, op. cit., p. 145-147.

[924] PORTO, op. cit., p. 147-150.

[925] Cf. GRECO FILHO, Vicente. Coisa julgada e tríplice identidade. *Revista da Faculdade de Direito das Faculdades Metropolitanas Unidas*, p. 27-28, 1991.

[926] Art. 472, CPC: "A sentença faz coisa julgada às partes entre as quais é dada, não beneficiando, nem prejudicando terceiros. Nas causas relativas ao estado de pessoa, se houverem sido citados no processo, em litisconsórcio necessário, todos os interessados, a sentença produz coisa julgada em relação a terceiros".

em razão dessa pretensão: não possuir fundamento próprio, por ser apenas interesse ou se tratar de direito subordinado.[927]

Outros que estão subordinados à coisa julgada são os sucessores das partes, o substituído e os legitimados concorrentes,[928] pois estão adstritos a eventual processo transitado em julgado, no qual figurou como parte: um legitimado concorrente, as partes posteriormente sucedidas, o substituto.

Outra hipótese de submissão de terceiro está na representação, pois, apesar de a parte ser o representado, é o representante que está no exercício do direito em ação judicial, e assim a coisa julgada mantém-se mesmo na possibilidade de o representado poder exercer seus direitos futuramente.

A coisa julgada material se forma nos limites da lide e das questões decididas.[929] Lide aqui significa mérito, pois conforme a exposição de motivos do Código de Processo Civil,[930] "O Projeto só usa a palavra lide para designar o mérito da causa". Ocorre que os limites objetivos dados ao instituto são determinados pelo que o mesmo não abarca, quais sejam, a verdade dos fatos, os motivos e as questões prejudiciais.[931] Isso significa que não é toda a sentença que faz coisa julgada e sim apenas seu dispositivo,[932] pois o investigado e predeterminado para a decisão efetiva pode ser rediscutido em outro processo.

Em razão de o Código dizer o que faz e o que não faz coisa julgada, o decidido fora do dispositivo, obrigatoriamente, fará coisa julgada se não couber nos itens excluídos.

Exceção a esses parâmetros objetivos está no caso de questão prejudicial, pois, apesar de ressalva geral, há incidência de coisa

---

[927] GRECO FILHO, op. cit., p. 251-253.

[928] Ibidem, p. 253.

[929] Art. 468, do CPC: "A sentença que julgar total ou parcialmente a lide, tem força de lei nos limites da lide e das questões já decididas".

[930] Cf. exposição de motivos do Código de Processo Civil, capítulo III, II - da terminologia do projeto, número 6.

[931] Art. 469, do CPC: "Não fazem coisa julgada: I - os motivos, ainda que importantes para determinar o alcance da parte dispositiva da sentença; II - a verdade dos fatos, estabelecida como fundamento da sentença; III - a apreciação da questão prejudicial, decidida incidentemente no processo".

[932] GRECO FILHO, op. cit., p. 249.

julgada em questão prejudicial se a mesma for pressuposto para a decisão do feito, no caso de requerimento da parte ao juiz competente.[933]

Assim, a incidência da coisa julgada em processo futuro não se resume às ações que possuem a tríplice identidade. Nestas, a ação proposta deve ser extinta sem julgamento do mérito. Entretanto, na falta deste requisito, havendo intenção de discutir o decidido em sentença anterior, dentro dos limites objetivos e subjetivos abarcados pela coisa julgada material, o juiz julga o processo coerentemente com o já julgado.[934]

Conforme exceção supracitada, o processo não se extingue sem julgamento do mérito, pois o artigo 267 do Código de Processo Civil, que regula este instituto, trata desta extinção no caso de o juiz acolher a alegação da coisa julgada, conforme o artigo 301 do mesmo Código, que diz da necessidade da preliminaridade da alegação. Porém, a coisa julgada referida é a da tríplice identidade, conforme parágrafos 1º, 2º e 3º[935] desse artigo, e, da mesma forma que não se discute o alegado e decidido,[936] não se discute novamente o já julgado.

Diante disso, a irrecorribilidade da sentença impede nova apreciação do caso, a não ser: 1. quando cabíveis os remédios da ação rescisória, nos limites do artigo 485, do Código de Processo Civil; 2. e dos embargos à execução, artigo 741, inciso I;[937] 3. no caso de pretensão do desfazimento da sentença pela revelia do

---

[933] Art. 470, CPC: "Faz, todavia, coisa julgada a resolução da questão prejudicial, se a parte o requerer, o juiz for competente em razão da matéria e constituir pressuposto necessário para o julgamento da lide".

[934] GRECO FILHO, op. cit., p. 29.

[935] Art. 301, parágrafo 3º, CPC: "Há litispendência quando se repete ação, que está em curso; há coisa julgada, quando se repete ação que já foi decidida por sentença, de que não caiba recurso".

[936] Art. 468, CPC: "A sentença que julgar total ou parcialmente a lide, tem força de lei nos limites da lide e das questões decididas".

[937] Art. 471, inc. I: "Nenhum juiz decidirá novamente as questões já decididas, relativas à mesma lide, salvo: I - se, tratando-se de relação jurídica continuativa, sobreveio modificação no estado de fato ou de direito; caso em que poderá a parte pedir a revisão do que foi estatuído na sentença".

224 | Carolina de Albuquerque

requerido; 4. ou nos casos, conforme artigo 463, inciso I,[938] de inexatidões materiais ou erros de cálculo.[939]

A coisa julgada, apesar de já ter sido vista como a expressão da verdade pelos romanos, e como o resultado da justiça, conforme os preceitos canônicos, é entendida hoje, no máximo, como a lei entre as partes — lei no caso concreto. Assim, a coisa julgada determinada infraconstitucionalmente e pela doutrina está na imodificabilidade do julgado, conforme seus requisitos subjetivos e objetivos.

5.3 Crítica

Sem dúvidas, a coisa julgada no caso concreto contra o indivíduo é cláusula pétrea, mesmo nos casos em que o titular da ação for pessoa jurídica ou ente público, sob o fundamento da proteção dos direito individuais e da forma federativa de Estado, pelo artigo 60, parágrafo 4º, da Constituição Federal.

Além disso, não podemos confundir "tendente a abolir" com "relativizar", pois a criação de exceções legislativas à formação da coisa julgada não fere o núcleo irredutível constitucional, como no caso da ação rescisória. Isso porque a Constituição fala em coisa julgada sem especificar o seu significado, portanto a lei não pode prejudicar o que a própria lei determina. Dessa forma, a ação rescisória não tende a abolir a coisa julgada, e sim, a define, pela configuração deste instituto depender do descrito infraconstitucionalmente.

Consequentemente, o legislador não pode modificar, para o passado, o que ele mesmo lacrou constitucionalmente, em razão da plasticidade entendida como: a Constituição proteger o que a legislação infraconstitucional determinar.

Haveria tendência a abolir o instituto, por exemplo, com a criação de infindáveis recursos, que impediriam a formação da coisa julgada dentro dos processos, deixando-a sem objeto.

---

[938] Art. 463, inc. I, CPC: "Ao publicar a sentença de mérito, o juiz cumpre e acaba o ofício jurisdicional, só podendo alterá-la: inc. I - para lhe corrigir, de ofício ou a requerimento de parte, inexatidões materiais, ou lhe retificar erros de cálculo".

[939] DINAMARCO, op. cit., p. 26-27.

A solução para o problema da relativização da coisa julgada inconstitucional entrelaça-se com seu significado constitucional e sua delimitação infraconstitucional.

Por meio da base teórica apresentada e do descrito neste último capítulo, concluímos que a coisa julgada não pode ser relativizada nos casos concretos já passados em julgado. Porém, para um equacionamento do problema e a busca da Justiça pelo Direito, há possibilidade de modificação dos parâmetros da coisa julgada pelo Legislador, com o aumento do rol de cabimento da ação rescisória, com a ampliação de seu prazo, ou com a criação de novas modalidades de recursos e ações autônomas para que o sistema processual modifique-se, em consideração aos apelos da doutrina que afirma que sua atual configuração é insatisfatória.

Considerações finais

A coisa julgada possui um conceito mínimo, histórico e fixo, de decisão judicial imodificável, determinado a partir do estudo histórico do direito romano, do direito canônico, do direito português e do direito brasileiro até o advento da Constituição de 1988. Apesar deste conceito poroso, a coisa julgada existe em todos os ordenamentos e, em cada um deles, possui parâmetros infraconstitucionais diferenciados, que dependem dos recursos, das instâncias judiciais etc., apesar de seu sentido constante de imutabilidade do decidido.

A fixação da duração das controvérsias judiciais é uma opção política, pois a legislação, que sistematiza a coisa julgada, é atividade política, que fixa o instituto jurídico dentro de um ordenamento complexo preexistente.

Destas observações, percebemos que a coisa julgada pode ser estudada sob o enfoque jurídico e o político, especificando que o presente estudo é eminentemente jurídico e busca a conformação do instituto dentro do arcabouço legislativo nacional, por meio de uma análise do direito processual e material.

A coisa julgada, apesar de objeto de vários estudos, sempre foi pensada nos termos do direito processual. Apenas na discussão hodierna de sua relativização, seus parâmetros constitucionais foram resgatados, o que faz o tema em pauta, em balizas constitucionais, ser atual.

Com base no conteúdo mínimo do conceito de coisa julgada e no enfoque a ser utilizado, estudamos a problemática constitucional sobre a delimitação — ou possibilidade de relativização — da coisa julgada no Brasil, pois vários doutrinadores pretendem flexibilizar a coisa julgada material após o prazo rescisório.

Para tanto, foram separados e criticados os argumentos que constituem os dois blocos doutrinários, pró e contra a relativização da coisa julgada. Posteriormente, interpretamos tais argumentos, medindo sua compatibilidade com o sistema constitucional e infraconstitucional atual.

Os argumentos sobre a possibilidade de relativização da coisa julgada inconstitucional foram: 1. a negação do caráter constitucional da coisa julgada; 2. a prevalência dos Princípios da Legalidade e da Moralidade sobre a manutenção da decisão; 3. a impossibilidade de a sentença sem efeitos substanciais fazer coisa julgada; 4. a interpretação da norma pelo homem comum implicar na justiça da decisão; 5. a sentença inexistente não transitar em julgado; 6. a fungibilidade dos meios rescisórios; 7. a possibilidade do afastamento do trânsito em julgado em razão da inconstitucionalidade ou injustiça da sentença.

As principais críticas apresentadas foram:

1. as citações bibliográficas mútuas dos partidários da relativização da coisa julgada, que ocorrem de maneira positiva, mesmo quando os argumentos possuem fundamentos diversos e/ou incompatíveis entre si;

2. a ampla utilização do casuísmo como fundamento para posicionamentos, sem a utilização sistemática do método indutivo;

3. a falta de objetividade na elaboração de critérios para a relativização da coisa julgada;

4. a confusão no sentido de termos clássicos da teoria geral do direito, como existência, validade, eficácia, nulidade, anulabilidade e rescindibilidade; e

5. o uso do termo justiça e seus sinônimos sem a especificação de seu significado.

Sobre a impossibilidade de relativização da coisa julgada, elencamos os argumentos 1. da constitucionalidade da proteção dada a este instituto; 2. da coisa julgada como indispensável à cidadania processual; 3. da incerteza do resultado justo de eventual segunda decisão; 4. dos vícios transrescisórios serem insanáveis por meio de ação rescisória; 5. da regra processual da preliminaridade da apreciação da coisa julgada; 6. da impossibilidade de o controle concreto de constitucionalidade atingir o transitado em julgado; 7. do Princípio da Proporcionalidade ser utilizado apenas na ponderação legislativa sobre esta relativização, com a exclusão de seu uso na apreciação judicial.

As principais críticas apresentadas sobre os argumentos contra a relativização foram:

1. a utilização de conceitos com significado diverso do estratificado na doutrina, modificando o entendimento da coisa julgada por meio escuso, como no caso de ampliação do conceito de sentença inexistente para abarcar as injustiças do caso concreto;

2. a falta de método ao abordar o tema dos efeitos da inconstitucionalidade, com a confusão conceitual entre nulidade e anulabilidade;

3. o caráter meramente defensivo-negativo da argumentação, por se limitar a tratar de casuísmos e rebater os argumentos apresentados pelas teses pró-relativização; e

4. a falta de determinação do significado de segurança jurídica.

Apesar disso, encontramos aspectos positivos nos argumentos pró-relativização, como:

1. a necessidade de ponderação da justiça;

2. a necessária excepcionalidade e imparcialidade de possível relativização;

3. a importância da criação de normas infraconstitucionais para que o problema da coisa julgada inconstitucional seja sanado, por exemplo, com a ampliação do prazo da ação rescisória;

4. a incoerência da utilização da ação rescisória para a flexibilização dos casos de sentença ilegal ou inconstitucional, pois se a gravidade de cada caso é diferente, sua rescisão também deveria ser;

5. a possibilidade de ampliação das hipóteses de sentenças que não passam em julgado, dificultando o processo de formação de coisa julgada.

Da mesma forma, encontramos aspectos positivos nos argumentos contra a relativização da coisa julgada, como:

1. a impossibilidade de a regra constitucional ser entendida como referente apenas ao legislador;

2. a inconsistência do conceito de justiça utilizado pelas teses pró-relativização;

3. a determinação que a coisa julgada é fadada a produzir injustiças, por fazer um corte temporal na discussão das questões;
4. a problemática de a própria decisão ser contraposta a algum direito concreto, em razão de sua complexidade;
5. a necessidade de critérios objetivos determinados pelo legislador para eventual relativização;
6. a negação do casuísmo;
7. a impossibilidade de reafirmação da definitividade da decisão em eventual segunda sentença, dada após a rescisão da coisa julgada; e
8. a fixação de que a coisa julgada é um direito fundamental, não uma simples regra de caráter processual.

Apesar de essas informações serem pertinentes ao debate, não pudemos fundamentar uma tese sobre a coisa julgada inconstitucional nesses parâmetros. Portanto, optamos por estudar os elementos em comum de cada um dos dois blocos doutrinários, quais sejam, a justiça e a segurança jurídica, pela sua incompatibilidade afirmada pelos argumentos, no sentido de que se um destes fosse afastado, o outro fundamentaria o raciocínio sobre a temática, apesar de estranharmos a constante afirmação dessa incompatibilidade sem qualquer fundamentação teórica e desconfiarmos de sua veracidade.

Estudamos as teorias 1. da justiça absoluta — que afastamos por não conseguirmos determinar o justo natural; 2. da justiça relativa — que não oferece parâmetros objetivos para nosso estudo; 3. da justiça procedimental de Rawls — encontrada através do procedimento utilizado, apesar de sua vinculação com a ideologia; e 4. da justiça como aporia de Derrida — que defende a impossibilidade de o direito ser o justo.

A despeito de considerarmos esta última teoria a mais precisa, não podemos utilizá-la como método para o estudo da coisa julgada, pela sua total imprecisão, portanto optamos pela utilização da Teoria de Rawls.

Sobre segurança, deve ficar claro que seu principal objetivo é evitar "surpresas", é dar previsibilidade ao sistema, porém, seu conceito controvertido impede que seja o único objetivo de todo o sistema, pois, apesar de menos problemática que a justiça, a segurança não está livre de confusão conceitual. Além disso, por ser quantitativo, esse termo não pode ser uma imposição dentro dos sistemas jurídicos e, sim, o maior ou menor grau de estabilidade de cada sistema.

Radbruch defende que o direito não deve se submeter às diferentes opiniões dos indivíduos, porém, mesmo Kelsen entende que é impossível encontrar apenas uma resposta correta para as questões jurídicas e que a correção jurídico-política da decisão não pode se amparar na lei, por esta dar ampla discricionariedade ao seu intérprete.

Na falta de objetividade do termo segurança jurídica, Vigo e Pérez Luño, que afirmam a aproximação entre a segurança e a justiça procedimental, defendem a concreção desses dois valores no Princípio da Proteção dos Bens Jurídicos.

Com isso, a segurança revela-se também um conceito poroso, inviável para determinar um posicionamento em face do problema da coisa julgada inconstitucional, sendo aproveitável apenas seu sentido de proteção dos bens jurídicos fundamentais de um sistema.

Em razão da impossibilidade de optarmos por um dos elementos escolhidos, resolveremos o conflito através do conceito de justiça formal, considerada como a existência de um sistema procedimental imparcial, ou procedimental de justiça. Dessa forma, estabelecemos um sistema normativo tanto sobre a segurança jurídica como sobre a justiça, o que implica em a coisa julgada ser exigência não apenas da segurança, mas também da justiça.

Assim, a única saída para a resolução do problema da coisa julgada inconstitucional foi sua análise dentro da Constituição Federal de 1988. Os parâmetros para tal opção foram a importância do constitucionalismo e a supremacia jurídica desse documento.

Com isso, chegamos às seguintes conclusões:

1. a coisa julgada constitui direito fundamental;
2. a tutela da coisa julgada — como decisão judicial imodificável, segundo a legislação em vigor, no momento de sua formação — é cláusula pétrea;

232 | Carolina de Albuquerque

3. a coisa julgada no caso concreto é cláusula pétrea, pois afastamos a sua modificação por decisão posterior do legislador infraconstitucional ou mesmo pelo poder constituinte reformador, em certos casos;

4. há possibilidade de modificação dos parâmetros infraconstitucionais da coisa julgada, porque a Constituição não determina o seu significado, que se estabelece pela legislação infraconstitucional;

5. a ação rescisória não tende a abolir a coisa julgada, e sim, a define, pela configuração de o instituto depender do descrito infraconstitucionalmente;

6. para o passado, o legislador não pode modificar o que ele protegeu constitucionalmente; para o futuro, a plasticidade do termo coisa julgada, entendida na proteção constitucional do determinado infraconstitucionalmente, permite modificações;

7. a criação de infindáveis recursos incide na tendência a abolir a coisa julgada, pois impediria a formação da coisa julgada dentro dos processos, deixando a proteção constitucional sem objeto;

8. a solução para o problema da relativização da coisa julgada inconstitucional entrelaça-se com a determinação de seu significado constitucional e sua delimitação infraconstitucional;

9. há possibilidade de aumentar o rol de cabimento da ação rescisória, aumentar seu prazo, ou criar novas modalidades de recursos e ações autônomas para que o sistema processual se modifique, considerando os apelos da doutrina que considera insatisfatória sua atual configuração; e

10. há necessidade de a atenção dos constitucionalistas se voltar a este tema tortuoso.

Enfim, pretendendo opinar acerca de uma solução ao problema da relativização da coisa julgada inconstitucional, concluímos que pode ocorrer sua relativização:

1. por meio da ação rescisória e dos novos embargos de execução, dentro do prazo legal;

2. em outros casos que eventual reforma infraconstitucional assim determine, porém apenas para processos em andamento e futuros; e

3. nas exceções infraconstitucionais que impedem a formação da coisa julgada, como no caso da ação de execução de alimentos.

Referências

ALTHUSSER, Louis. Ideologia e aparelhos ideológicos de estado: notas para uma investigação. In: ZIZEK, Slavoj (Org.). *Um mapa da ideologia*. Tradução de Vera Ribeiro. Rio de Janeiro: Contraponto, 1996. p. 105-142.

ALVARENGA, Maria Amália de Figueiredo Pereira; ROSA, Virgínia de Figueiredo Pereira de Couto. *Apontamentos de metodologia para a ciência e técnicas de redação científica*. 2. ed. Porto Alegre: Sergio Antonio Fabris, 2001.

ALVES, Elaine Cristina Bueno. Delineamentos da coisa julgada e sua garantia constitucional. *Revista dos Tribunais*, v. 827, ano 93, p. 82-101, set. 2004.

ALVES, José Carlos Moreira. *Direito romano I*. 11. ed. Rio de Janeiro: Forense, 1998.

ARISTÓTELES. *Ética à Nicômaco*. São Paulo: Abril Cultural, 1978. (Os pensadores).

ARNAUD, André-Jean et al. *Dicionário enciclopédico de teoria e de sociologia do direito*. Tradução de Patrice Charles, F. X. Willaume. Rio de Janeiro: Renovar, 1999.

ASSIS, Araken de. *Doutrina e prática do processo civil contemporâneo*. São Paulo: Revista dos Tribunais, 2001.

ASSIS, Araken de. Eficácia da coisa julgada inconstitucional. In: NASCIMENTO, Carlos Valder do (Org.). *Coisa julgada inconstitucional*. 4. ed. Rio de Janeiro: América Jurídica, 2003. p. 203-231.

AZAMBUJA, Carmen Luiza Dias de. *Rumo a uma nova coisa julgada*. Porto Alegre: Livraria do Advogado, 1994.

BARROS, Sérgio Resende de. Ciência política e teoria do Estado. *Revista Qualimetria*, número especial sobre a Faculdade de Direito da FAAP, n. 93, p. 14-15, maio 1999a. Disponível em: <http://www.srbarros.com.br/artigos.php?TextID=8>.

BARROS, Sérgio Resende de. *Como reformar constitucionalmente*. Disponível em: <http://www.srbarros.com.br/artigos.php?TextID=73&TextPart=1>. Acesso em: 30 ago. 2005.

BARROS, Sérgio Resende de. *Direitos humanos*. Disponível em: <www.srbarros.com.br/artigos.php?TextID=31>. Acesso em: 20 out. 2005.

BARROS, Sérgio Resende de. *Direitos humanos*: paradoxo da civilização. Belo Horizonte: Del Rey, 2003.

BARROS, Sérgio Resende de. *Liberdade e contrato*: a crise da licitação. 2. ed. Piracicaba: UNIMEP, 1999.

236 | Carolina de Albuquerque

BARROS, Sérgio Resende de. *Simplificação do controle de constitucionalidade*. Disponível em: <http://www.srbarros.com.br/artigos.php?textID=76>. Acesso em: 1º dez. 2005.

BARROS, Sérgio Resende de. *Três gerações de direitos*. Disponível em: <www.srbarros.com.br/artigos.php?textID=33&TextPart=1>. Acesso em: 05 jan. 2006.

BARROSO, Luís Roberto. *Interpretação e aplicação da Constituição*: fundamentos de uma dogmática constitucional transformadora. 4. ed. São Paulo: Saraiva, 2001.

BASTOS, Celso Ribeiro. *Curso de direito constitucional*. 22. ed. São Paulo: Saraiva, 2001.

BASTOS, Celso Ribeiro. *Hermenêutica e interpretação constitucional*. 2. ed. São Paulo: Celso Bastos, 1999.

BATISTA, Deocleciano. *Coisa julgada inconstitucional e prática jurídica*. Rio de Janeiro: América Jurídica, 2005.

BERALDO, Leonardo de Faria. A relativização da coisa julgada que viola a Constituição. In: NASCIMENTO, Carlos Valder do (Org.). *Coisa julgada inconstitucional*. 4. ed. Rio de Janeiro: América Jurídica, 2003. p. 113-177.

BERMUTES, Sérgio. Sindérese e coisa julgada inconstitucional. In: NASCIMENTO, Carlos Valder do (Org.). *Coisa julgada inconstitucional*. 4. ed. Rio de Janeiro: América Jurídica, 2003. p. 233-240.

BITTENCOURT, C. A. Lúcio. *O controle jurisdicional da constitucionalidade das leis*. Rio de Janeiro: Forense, 1968.

BONAVIDES, Paulo. *Curso de direito constitucional*. 11. ed. São Paulo: Malheiros, 2001.

BULOS, Uadi Lammêgo. *Mutação constitucional*. São Paulo: Saraiva, 1997.

CÂMARA, Alexandre Freitas. Relativização da coisa julgada material. In: NASCIMENTO, Carlos Valder do (Org.). *Coisa julgada inconstitucional*. 4. ed. Rio de Janeiro: América Jurídica, 2003. p. 179-202.

CÂMARA, José Gomes B. *Subsídios para a história do direito pátrio*. Rio de Janeiro: Livraria Brasiliana, 1967. t. IV.

CAMPANHOLE, Adriano; CAMPANHOLE, Milton Campos. *Constituições do Brasil*. 14. ed. São Paulo: Atlas, 2000.

CANOTILHO, José Joaquim Gomes. *Direito constitucional e teoria da Constituição*. Coimbra: Livraria Almedina, 1997.

CANOTILHO, José Joaquim Gomes; MOREIRA, Vital. *Constituição da República Portuguesa Anotada*. 3. ed. Coimbra: Coimbra Ed., 1993.

CHIOVENDA, Giuseppe. *Instituições de direito processual civil*: as relações processuais, a relação processual ordinária de cognição. Tradução de J. Guimarães Menegale. Notas de Enrico Tullio Liebman. São Paulo: Saraiva, 1969. v. 1.

COSTA, Mario Julio de Almeida. *História do direito português*. Coimbra: Coimbra Ed., 1992.

CRETELLA JÚNIOR, José. *Curso de direito romano*: o direito romano e o direito civil brasileiro. Rio de Janeiro: Forense, 1996.

DALLARI, Pedro Bohomoletz de Abreu. Tratados internacionais na Emenda Constitucional 45. In: TAVARES, André Ramos; LENZA, Pedro; ALARCÓN, Pietro Jesús Lora (Org.). *Reforma do judiciário analisada e comentada*. São Paulo: Método, 2005. p. 83-98.

DANTAS, Ivo. Coisa julgada inconstitucional e declaração judicial de inexistência. *Fórum Administrativo*, v. 2, n. 15, p. 588-607, maio 2002.

DELGADO, José Augusto. Efeitos da coisa julgada e os princípios constitucionais. In: NASCIMENTO, Carlos Valder do (Org.). *Coisa julgada inconstitucional*. 4. ed. Rio de Janeiro: América Jurídica, 2003. p. 29-67.

DERRIDA, Jacques. *Fuerza de ley*: el fundamento místico de la autoridad. Tradução de Adolfo Barberá, Patricio Peñalver Gómez. Madrid: Editorial Tecnos, 2002.

DIMOULIS, Dimitri. Argüição de descumprimento de preceito fundamental: problemas de concretização e limitação. *Revista dos Tribunais*, v. 832, ano 94, p. 11-36, fev. 2005.

DIMOULIS, Dimitri. Dogmática dos direitos fundamentais: conceitos básicos. *Comunicações*, n. 2, ano 5, p. 11-30, jan. 2001.

DIMOULIS, Dimitri. *Manual de introdução ao estudo do direito*. São Paulo: Revista dos Tribunais, 2003.

DIMOULIS, Dimitri. *O positivismo jurídico*: introdução a uma teoria do direito e defesa do pragmatismo jurídico-político. São Paulo: Método, 2006.

DINAMARCO, Cândido Rangel. Liebman e a cultura processual brasileira. *Revista de Processo*, v. 30, n. 119, p. 259-284, jan. 2005.

DINAMARCO, Cândido Rangel. Relativizar a coisa julgada material. *Revista da Escola Paulista da Magistratura*, v. 2, n. 2, p. 7-45, jul./dez. 2001.

DWORKIN, Ronald. *O império do direito*. Tradução de Jefferson Luiz Camargo. São Paulo: Martins Fontes, 2003.

ELLUL, Jacques. *Historia de las instituciones de la antigüedad*. Madrid: Aguilar, 1970.

FARIA, Antonio Bento de. O decreto 737, de 25 de novembro de 1850. In: *Codigo commercial brasileiro comentado*. 3. ed. Rio de Janeiro: Jacinto Ribeiro dos Santos, 1921. 2 v.

FARIAS, Cristiano Chaves de. Um alento ao futuro: novo tratamento da coisa julgada nas ações relativas à filiação. In: DIDIER JÚNIOR, Fredie (Org.). *Relativização da coisa julgada*: enfoque crítico. Salvador: Juspodium, 2004. p. 65-86.

FERNANDES, Adriana da Silva. *Coisa julgada nas ações coletivas*. 2000. Dissertação (Mestrado) – Universidade de São Paulo, USP, São Paulo, 2000.

Carolina de Albuquerque

FERREIRA, Aurélio Buarque de Holanda. *Dicionário aurélio básico da língua portuguesa*. São Paulo: Nova Fronteira, 1994.

FERREIRA, Pinto. *Comentários à Constituição Brasileira*. São Paulo: Saraiva, 1989. v. 1.

FRANCISCO, José Carlos. *Emendas constitucionais e limites flexíveis*. Rio de Janeiro: Forense, 2003.

FREITAS, Juarez. *O controle dos atos administrativos e os princípios fundamentais*. 2. ed. São Paulo: Malheiros, 1999.

GAIUS. *Gai Institutionum Commentarii Quatuor*. Disponível em: <http://www.gmu.edu/departments/fld/CLASSICS/gaius4.html>. Acesso em: 23 ago. 2005.

GAIUS. *Institutas do jurisconsulto Gaio*. Tradução de J. Cretella, Agnes Cretella. São Paulo: Revista dos Tribunais, 2004. (Coleção Revista dos Tribunais de Textos Fundamentais, n. 9).

GARCIA, Maria. A Constituição desconstituída: as emendas e o cânone constitucional. *Revista de Direito Constitucional e Internacional*, ano 8, n. 33, p. 79-92, out./dez. 2000.

GAZZI, Mara Sílvia. Os limites subjetivos da coisa julgada. *Revista de Processo*, v. 9, n. 36, p. 79-113, out./dez. 1984.

GILISSEN, John. *Introdução histórica ao direito*. 4. ed. Lisboa: Fundação Calouste Gulbenkian, 2003.

GRECO FILHO, Vicente. Coisa julgada e tríplice identidade. *Revista da Faculdade de Direito das Faculdades Metropolitanas Unidas*, p. 27-30, 1991.

GRECO FILHO, Vicente. *Direito processual civil brasileiro*. 14. ed. São Paulo: Saraiva, 2000. v. 2.

GRECO, Leonardo. Eficácia da declaração *erga omnes* de inconstitucionalidade ou inconstitucionalidade em relação à coisa julgada anterior. In: DIDIER JÚNIOR, Fredie (Org.). *Relativização da coisa julgada*: enfoque crítico. Salvador: Juspodium, 2004. p. 145-157.

HADDAD, Guilherme. *Ementas de direito romano*. Rio de Janeiro: Borsoi, 1964.

HART, Herbert L. A. *O conceito de direito*. Tradução de A. Ribeiro Mendes. Lisboa: Fundação Calouste Gulbenkian, 1996.

HESSE, Konrad. *A força normativa da Constituição*. Tradução de Gilmar Ferreira Mendes. Porto Alegre: Sergio Antonio Fabris, 1991.

KAFKA, Franz. *O processo*. Tradução de Torrieri Guimarães. São Paulo: Martin Claret, 2001.

KASER, Max. *Direito privado romano*. Tradução de Samuel Rodrigues, Ferdinand Hämmerle. Lisboa: Fundação Calouste Gulbenkian, 1999.

KELSEN, Hans. *Teoria pura do direito*. Tradução de João Batista Machado. 6. ed. São Paulo: Martins Fontes, 1998.

LARENZ, Karl. *Derecho justo*: fundamentos de etica jurídica. Tradução de Luis Díez-Picazo. Madrid: Editorial Civitas, 1993.

LEITE, George Salomão. *Interpretação constitucional e tópica jurídica*. São Paulo: Juarez de Oliveira, 2002.

LIEBMAN, Enrico Tulio. *Eficácia e autoridade da sentença*. Tradução de Alfredo Buzaid, Benvindo Aires. 3. ed. Rio de Janeiro: Forense, 1984.

LOPES, José Reinaldo de Lima. *O direito na história*: lições introdutórias. São Paulo: Max Limonad, 2000.

LOPES, José Reinaldo de Lima. Uma introdução a história social e política do processo. In: WOLKMER, Carlos (Org.). *Fundamentos da história do direito*. 2. ed. Belo Horizonte: Del Rey, 2003. p. 397-431.

LUHMAN, Niklas. *Legitimação pelo procedimento*. Tradução de Maria da Conceição Côrte-Real. Brasília: Ed. UnB, 1980.

PÉREZ LUÑO, Antonio-Enrique. *La seguridad jurídica*. 2. ed. Barcelona: Ariel, 1994.

MACHIAVEL. *Le prince et autres textes*. Paris: Union Générale D'éditions, 1965.

MACHIAVEL. *O príncipe*. Tradução de Torrieri Guimarães. São Paulo: Hemus, 1977.

MANCUSO, Rodolfo de Camargo. Coisa julgada, *collateral estoppel* e eficácia preclusiva *secundum eventum litis*. *Revista dos Tribunais*, n. 608, p. 23-33, jun. 1986.

MARINONI, Luiz Guilherme. O princípio da segurança dos jurisdicionais: a questão da relativização da coisa julgada material. In: DIDIER JÚNIOR, Fredie (Org.). *Relativização da coisa julgada*. Salvador: Juspodium, 2004. p. 159-186.

MARINONI, Luiz Guilherme. Relativizar a coisa julgada material?. *Revista dos Tribunais*, ano 93, n. 830, p. 55-73, dez. 2004a.

MARTINS, Argemiro Cardoso Moreira. O direito romano e seu ressurgimento no final da idade média. In: WOLKMER, Carlos (Org.). *Fundamentos da história do direito*. 2. ed. Belo Horizonte: Del Rey, 2003. p. 181-216.

MENDES, Gilmar Ferreira. Controle de constitucionalidade: hermenêutica constitucional e revisão de fatos e prognoses legislativos pelo órgão judicial. *Revista de Direito Constitucional e Internacional*, v. 31, p. 90-108, 2000.

MESQUITA, José Ignácio Botelho de. *A coisa julgada*. Rio de Janeiro: Forense, 2005.

MIRANDA, Francisco Cavalcanti Pontes de. *Comentários ao Código de Processo Civil*: art. 444 a 475. Rio de Janeiro: Forense, 1974. v. 5.

MIRANDA, Jorge. *Teoria do Estado e da Constituição*. Rio de Janeiro: Forense, 2003.

MIRRA, Álvaro Luiz Valery. A coisa julgada nas ações para a tutela de interesses difusos. *Revista dos Tribunais*, n. 631, p. 71-82, maio 1988.

MOREIRA, José Carlos Barbosa. *Temas de direito processual*. São Paulo: Saraiva, 1977.

240 | Carolina de Albuquerque

NASCIMENTO, Carlos Valder. Coisa julgada inconstitucional. In: NASCIMENTO, Carlos Valder do (Org.). *Coisa julgada inconstitucional.* 4. ed. Rio de Janeiro: América Jurídica, 2003. p. 6-27.

NASCIMENTO, Carlos Valder. *Por uma teoria da coisa julgada inconstitucional.* Rio de Janeiro: Lumen Juris, 2005.

NEKATSCHALOW, André Custódio. *Coisa julgada nas relações jurídicas continuativas.* Dissertação (Mestrado) – Universidade de São Paulo, USP, São Paulo, 1996.

NERY JÚNIOR, Nelson. *Princípios do processo civil na Constituição Federal.* 8. ed. São Paulo: Revista dos Tribunais, 2004. (Coleção de Estudos de Direito de Processo Enrico Tulio Liebman, v. 21).

NERY JUNIOR, Nelson; NERY, Rosa Maria Andrade. *Código de processo civil comentado e legislação processual civil em vigor.* São Paulo: Revista dos Tribunais, 2001.

NEVES, Celso. *Coisa julgada civil.* São Paulo: Revista dos Tribunais, 1971.

NEVES, Marcelo. *Teoria da inconstitucionalidade das leis.* São Paulo: Saraiva, 1988.

PIMENTEL, Wellington Moreira. Os limites objetivos da coisa julgada, no Brasil e em Portugal. In: *Estudos de direito processual em homenagem a José Frederico Marques no seu septuagésimo aniversário.* São Paulo: Saraiva, 1982. p. 331-347.

PIOVESAN, Flávia. Reforma do judiciário e direitos humanos. In: TAVARES, André Ramos; LENZA, Pedro; LORA ALARCÓN, Pietro Jesús (Org.). *Reforma do judiciário analisada e comentada.* São Paulo: Método, 2005. p. 67-81.

PORTO, Sérgio Gilberto. Cidadania processual e relativização da coisa julgada. *Revista de Processo,* v. 28, n. 112, p. 23-32, out./dez. 2003.

PORTO, Sérgio Gilberto. *Comentários ao Código de Processo Civil.* São Paulo: Revista dos Tribunais, 2000. 6 v.

RADBRUCH, Gustav. *Filosofia do direito.* Tradução de Marlene Holzhausen. São Paulo: Martins Fontes, 2004.

RADBRUCH, Gustav. Leyes que no son derecho y derecho por encima de las leyes. In: RODRIGUES PANIAGUA, José Maria. *Derecho injusto y derecho nulo.* Madrid: Aguilar, 1971. p. 2-22.

RANGEL, Leyla Castello Branco. *Código de Processo Civil:* quadro comparativo anotado. Brasília: Senado Federal, Subsecretaria de edições técnicas, 1975. v. 1.

RANGEL, Leyla Castello Branco. *Código de Processo Civil:* quadro comparativo anotado. Brasília: Senado Federal, Subsecretaria de edições técnicas, 1975a. v. 2.

RAWLS, John. *Uma teoria da justiça.* Tradução de Almiro Pisetta, Lenita M. R. Esteves. São Paulo: Martins Fontes, 1997.

SABADELL, Ana Lúcia. *Manual de sociologia jurídica*. 3. ed. São Paulo: Revista dos Tribunais, 2005.

SABADELL, Ana Lúcia. Reflexões sobre a metodologia na história do direito. *Cadernos de Direito*, Piracicaba, v. 2, n. 4, p. 26-39, 2003.

SAMPAIO, José Adércio Leite. *Direito adquirido e expectativa de direito*. Belo Horizonte: Del Rey, 2005.

SARLET, Ingo Wolfgang. Os direitos fundamentais sociais como "cláusulas pétreas". *Cadernos de Direito*, Piracicaba, v. 3, n. 5, p. 78-97, 2003.

SHAKESPEARE, William. *The merchant of venice*. England: Penguin Books, 1968.

SILVA, Gustavo Just da Costa. *Os limites da reforma constitucional*. Rio de Janeiro: Renovar, 2000.

SILVA, José Afonso da. *Aplicabilidade das normas constitucionais*. 4. ed. São Paulo: Malheiros, 2000.

SILVA, Ovídio A. Batista. Coisa julgada relativa?. In: DIDIER JÚNIOR, Fredie (Org.). *Relativização da coisa julgada*: enfoque crítico. Salvador: Juspodium, 2004. p. 213-228.

SILVA, Ovídio A. Batista. *Curso de Processo Civil*: processo de conhecimento. 5. ed. São Paulo: Revista dos Tribunais, 2001. v. 1.

SILVA, Ovídio A. Batista. *Curso de Processo Civil*: processo de conhecimento. 4. ed. São Paulo: Revista dos Tribunais, 1998. v. 1.

TALAMINI, Eduardo. *Coisa julgada e sua revisão*. São Paulo: Revista dos Tribunais, 2005.

TALAMINI, Eduardo. Embargos à execução de título judicial eivado de inconstitucionalidade. In: DIDIER JÚNIOR, Fredie (Org.). *Relativização da coisa julgada*: enfoque crítico. Salvador: Juspodium, 2004. p. 87-144.

TAVARES, André Ramos. *Curso de direito constitucional*. 2. ed. São Paulo: Saraiva, 2003.

TESHEINER, José Maria Rosa. *Elementos para uma teoria geral do processo*. São Paulo: Saraiva, 1993.

TESHEINER, José Maria Rosa. *Relativização da coisa julgada*. Disponível em: <www.tex.pro.br/wwwroot/33de020302/relativizacaodacoisajulgada.htm.>. Acesso em: 27 out. 2005. (Publicado na *Revista Nacional de Direito e Jurisprudência*, Ribeirão Preto, n. 23, p. 11-17, nov. 2001).

THEODORO JÚNIOR, Humberto; FARIA, Juliana Cordeiro de. A coisa julgada inconstitucional e os instrumentos processuais para o seu controle. In: NASCIMENTO, Carlos Valder do (Org.). *Coisa julgada inconstitucional*. 4. ed. Rio de Janeiro: América Jurídica, 2003. p. 68-112.

TUCCI, José Rogério Cruz e. *Jurisdição e poder*: contribuição para a história dos recursos cíveis. São Paulo: Saraiva, 1987.

TUCCI, José Rogério Cruz e; AZEVEDO, Luiz Carlos de. *Lições de processo civil canônico*: história e direito vigente. São Paulo: Revista dos Tribunais, 2001.

VIGO, Rodolfo Luis. *Interpretação jurídica*: do modelo positivista-legalista do século XIX às novas perspectivas. Tradução de Susana Elena Dalle Mura. São Paulo: Revista dos Tribunais, 2005.

WAMBIER, Luiz Rodrigues; ALMEIDA, Flávio Renato Correia de; TALAMINI, Eduardo. *Curso avançado de processo civil*. 3. ed. São Paulo: Revista dos Tribunais, 2000. v. 1.

WAMBIER, Teresa Arruda Alvim; MEDINA, José Miguel Garcia. *O dogma da coisa julgada*. São Paulo: Revista dos Tribunais, 2003.

WAMBIER, Teresa Arruda Alvim; MEDINA, José Miguel Garcia. Relativização da coisa julgada. In: DIDIER JÚNIOR, Fredie (Org.). *Relativização da coisa julgada*: enfoque crítico. Salvador: Juspodium, 2004, p. 229-257.

ZIPPELIUS, Reinhold. *Teoria geral do estado*. 3. ed. Lisboa: Fundação Calouste Gulbenkian, 1997.

Legislação e jurisprudência

BRASIL. Câmara dos Deputados e Senado Federal. Emenda constitucional n. 48. Data da aprovação 10.08.05, publicado no *DOU* em 11.08.05. Disponível em: <https://www.planalto.gov.br>. Acesso em: 10 jan. 2005.

BRASIL. *Código de Processo Civil*: notas. Brasília: Senado Federal, Subsecretaria de edições técnicas, 1974. 2 v. t. II.

BRASIL. *Código de Processo Civil*: quadro comparativo. Brasília: Senado Federal, Subsecretária de edições técnicas, 1974. 2 v. t. I.

BRASIL. *Constituição Federal, Código Civil, Código de Processo Civil*. CAHALI, Yussef Said (Org.). 5. ed. São Paulo: Revista dos Tribunais, 2003.

BRASIL. *Constituição Federal, Código Penal, Código de Processo Penal*. GOMES, Luiz Flávio (Org.). 7. ed. São Paulo: Revista dos Tribunais, 2005.

BRASIL. Superior Tribunal de Justiça. Habeas corpus nº 72.131/RJ. Relator: Ministro Marco Aurélio. Tribunal pleno. Data do julgamento: 23.11.95. Data da publicação/fonte: *DJ*, p. 00103, 1º ago. 03, ementa vol nº 02.117-40, p. 08650. Disponível em: <www.stj.gov.br>. Acesso em: 26 set. 2005.

BRASIL. Superior Tribunal de Justiça. Recurso em habeas corpus nº 79.785/RJ. Relator: Ministro Sepúlveda Pertence. Tribunal pleno. Data do julgamento: 29.03.00. Data da publicação/fonte: *DJ*, p. 00057, 22 nov. 02, ementa vol nº 02.092-02, p. 00280, *RTJ*, vol. 00183-03, p. 01010. Disponível em: <www.stj.gov.br>. Acesso em: 26 set. 2005.

BRASIL. Superior Tribunal de Justiça. Recurso especial nº 343.656/SP. Relator: Ministro Franciulli Neto. Segunda turma. Data do julgamento: 13.05.03. Data da publicação/fonte: *DJ*, p. 258, 04 ago. 03. Disponível em: <www.stj.gov.br>. Acesso em: 26 set. 2005.

BRASIL. Superior Tribunal de Justiça. Recurso especial nº 418.099/SC. Relator: Ministro Luiz Fux. Primeira turma. Data do julgamento: 06.08.02. Data da publicação/fonte: *DJ*, p. 255, 23 set. 02. Disponível em: <www.stj.gov.br>. Acesso em: 26 set. 2005.

BRASIL. Superior Tribunal de Justiça. Recurso especial nº 493.811. Ministério Público do Estado de São Paulo e Município de Santos. Relator: Ministra Eliana Calmon. 15 de março de 2004. Disponível em: <https://ww2.stj.gov.br/revistaeletronica/ita. asp>. Acesso em: 06 jan. 2006.

BRASIL. Superior Tribunal Federal. Ação direta de inconstitucionalidade nº 2-DF. Relator: Ministro Paulo Brassard. Tribunal pleno. Data do julgamento: 06.02.92. Data da publicação: *DJ*, p. 27, 21 nov. 97, ementa vol 1892-01, p. 1. Disponível em: <www. stj.gov.br>. Acesso em: 26 set. 2005.

BRASIL. Superior Tribunal Federal. Ação direta de inconstitucionalidade nº 438-DF. Relator: Ministro Sepúlveda Pertence. Tribunal pleno. Data do julgamento: 07.02.92. Data da publicação: *DJ*, p. 3800, 27 mar. 92, ementa vol nº 1655-01, p. 81, *RTJ*, vol. nº 140-02, p. 407. Disponível em: <www.stj.gov.br>. Acesso em: 26 set. 2005.

BRASIL. Superior Tribunal Federal. Recurso especial nº 212.455-DF. Relator: Ministro Marco Aurélio. Tribunal pleno. Data do julgamento: 14.11.02. Data da publicação: *DJ*, p. 27, 11 abr. 03, ementa vol nº 2,106-04, p. 701. Disponível em: <www.stj.gov. br>. Acesso em: 26 set. 05.

BRASIL. Supremo Tribunal Federal. Súmula nº 343. Data de aprovação: sessão plenária de 13.12.63. Publicação: Súmula da Jurisprudência Predominante do Supremo Tribunal Federal – Anexo ao Regimento Interno. Edição: Imprensa Nacional, 1964, p. 150. Disponível em: <http://www.stf.gov.br>. Acesso em: 26 set. 2005.

BRASIL. Supremo Tribunal Federal. Súmula nº 400. Data de aprovação: sessão plenária de 03.04.64. Publicação: *DJ*, p. 1239, 08 maio 64; *DJ*, p. 1255, 11 maio 64; *DJ*, p. 1279, 12 maio 64. Disponível em: <http://www.stf.gov.br>. Acesso em: 26 set. 2005.

BRASIL. Supremo Tribunal Federal. Súmula nº 663. Data de aprovação: sessão plenária de 24.09.03. Publicação: *DJ*, p. 3, 09 out. 03; *DJ*, p. 3, 10 out. 03; *DJ*, p. 3, 13 out. 03. Disponível em: <http://www.stf.gov.br>. Acesso em: 26 set. 2005.

BRASIL. Supremo Tribunal Federal. Súmula nº 732. Data de aprovação: sessão plenária de 26.11.03. Publicação: *DJ*, p. 2, 09 dez. 03; *DJ*, p. 2, 10 dez. 03; *DJ*, p. 2, 11 dez. 03. Disponível em: <http://www.stf.gov.br>. Acesso em: 26 set. 2005.

ESPANHA. *La Constitución Española*. Disponível em: <http://www.tribunalconstitucional.es/CONSTITUCION.htm>. Acesso em: 06 jan. 2006.

FRANÇA. *Constituição da França*. Rio de Janeiro: Edições Trabalhistas, 1987.

FRANÇA. *Declaración de los derechos del hombre y del ciudadano de 1793*. Votada por la Convención Nacional el 23 de junio de 1793, e incorporada como preámbulo a la Constitución de 24 de junio de 1793.

FRANÇA. *La Constitution du 4 octobre 1958*. Disponível em: <http://www.conseil-constitutionnel.fr/textes/c1958web.htm>. Acesso em: 06 jan. 2006.

244 | Carolina de Albuquerque

ITALIA. *Constituição da República Italiana*. Rio de Janeiro: Edições Trabalhistas, 1987.

ITALIA. *Constituzione della Repubblica Italiana*: 27 dicembre 1947. Disponível em: <http://www.giurcost.org/fonti/index.html>. Acesso em: 06 jan. 2006.

PORTUGAL. *Constituição da República Portuguesa de 02 de abril de 1976*. Disponível em: <http://www.tribunalconstitucional.pt/tc/crp.html>. Acesso em: 05 jan. 2006.

PORTUGAL. *Ordenações Afonsinas*. Livro I. 2. ed. Lisboa: Fundação Calouste Gulbenkian, 1998. (Reprodução fac-símile da edição feita na Real Imprensa da Universidade de Coimbra, em 1792).

PORTUGAL. *Ordenações Afonsinas*. Livro III. 2. ed. Lisboa: Fundação Calouste Gulbenkian, 1999. (Reprodução fac-símile da edição feita na Real Imprensa da Universidade de Coimbra, em 1792).

PORTUGAL. *Ordenações Filipinas*. Livros II e III. Lisboa: Fundação Calouste Gulbekian, 1985. (Reprodução fac-símile da edição feita por Cândido Mendes de Almeida, Rio de Janeiro, em 1870).

PORTUGAL. *Ordenações Manuelinas*. Livro III. Ordenações manuelinas on-line. Feito por: Arménio Alves Fernandes Coimbra, Pedro Manuel Amaro Santos, Joaquim Pereira Rodrigues, Manuel Fraga Castro, Hugues Wynants. Disponível em: <http://www.uc.pt/ihti/proj/manuelinas/ordemanu.htm>. Acesso em: 30 set. 2005.

VATICANO. *Código de Direito Canônico em espanhol*. Promulgado por la autoridad de Juan Pablo II, papa. Dado en Roma, el dia 25 de enero de 1983. No site: <http://www.vatican.va/archive/ESL0020/_INDEX.HTM>. Sobre o código de direito canônico. Disponível em: <http://www.vatican.va/archive/cdc/index_po.htm>. Acesso em: 12 set. 2005.

Índice de assuntos

A

Ação autônoma de declaração de inexistência
Ver *Querella nulitatis*
Ação rescisória 95-98, 118, 119, 123, 217, 220, 232

B

Bem julgado
Ver *Res judicata*

C

Carta maior
Ver Constituição Federal de 1988
Coisa julgada 15, 16, 21, 24, 26, 30, 40, 45, 46, 48-52, 55-57, 123, 145, 172, 181, 187, 224, 227
- Autoridade da coisa julgada ..218, 219
- Coisa julgada formal 87, 128, 210, 211, 220
- Coisa julgada material 78, 85, 87, 182, 216, 217, 220, 222
- Coisa julgada tradicional 76
- Conceito 20, 21
- Enfoque jurídico 53, 63-71, 227
-- Constituição (conceito)...................64
-- Norma 63-71
--- alta porosidade da norma 65
--- baixa densidade normativa 65, 66
-- Sistema jurídico (conceito) (teoria Kelseniana)....................64
- Enfoque político 53, 57-62, 227
-- Estado 60, 61
-- Ordenamentos 57, 62
Coisa julgada inconstitucional 73-147
- Relativização 15, 73, 224

-- Argumentos contra 112-138, 229
--- cidadania processual 117-120
--- constitucionalidade 112-117
--- controle abstrato 130-136
--- incerteza do resultado justo...120-124
--- preliminaridade 128-130
--- proporcionalidade 136-138
--- vícios transrescisórios 124-128
-- Argumentos favoráveis (pró-relativização) 75-100, 229
--- afastamento do trânsito em julgado 98-100
--- fungibilidade dos meios rescisórios 94-98
--- homem comum 89, 90
--- negação do caráter constitucional 75-81
--- princípio da Legalidade e da Moralidade 81-85
--- sentença inexistente 90-94
--- sentença sem efeitos substanciais 85-89
Constitucionalismo 175-178
- Constituições escritas 176
- Direitos de solidariedade 177
Constituição Federal de 1988 (Brasil) 15, 17, 64, 68, 70, 74, 77, 112, 175, 178-213, 231
- Abolição do instituto 208, 209, 210, 224, 232
- Cláusula pétrea 17, 193, 197, 201, 202, 207, 209, 211, 212, 224, 231, 232
-- Inciso IV 192
- Efeito integrador 180
- Eficácia 205, 206, 211
- Emenda constitucional 194, 195

página

- Lei (texto constitucional) 191, 194, 195
- Medidas provisórias 192-195
- Natureza da linguagem 183
-- Interpretação gramatical 185-186
--- métodos interpretativos tradicionais 185
- Normas constitucionais ... 178, 179, 190
- Normas infraconstitucionais 184, 188, 189
- Revisão constitucional 198-200
Constituição Italiana 56
Constituição Norte-Americana 176
Cousa julgada 40-43
  Ver também Coisa julgada

D

Direito brasileiro 44-51
- Código processual 45-47
- Legislação infraconstitucional (Ordenações Filipinas) 44
Direito canônico 36-39, 52
- Características 36-38
- Querella nullitatis 38
- Restitutio in integrum 39
- Textos canônicos 37
Direito português 39-44, 52
- Histórico 39
- Ordenações 40-43
-- Afonsinas 41, 42, 112
-- Filipinas 43, 44
Direito romano 21-36, 52
- Cognitio extra ordinem 31, 32, 33, 34
-- Appelatio 33,34
-- Consultatio 33
- Compilações do direito romano ...35, 36
- Litis contestatio 24, 26, 27, 28, 29, 30, 32, 33, 34, 52
-- Efeito extintivo 28
- Processo civil romano (períodos) ...21
-- Agere per formulas 25, 26
-- Legis actiones (histórico) ...22, 23,26

página

-- Manus iniectio 25
- Res judicata 21, 27, 30, 31, 33-35, 37
-- Conceito 21
-- Finalidade......................................21
-- Formas de modificação 31
--- intercessio 31
--- restitution in integrum 31
--- revocatio in duplum 31

E
Eficácia
- Eficácia jurídica 108
- Eficácia social 108
Estado Democrático de Direito ... 75, 77, 118, 129, 167, 174, 182, 213

G
Gomes, Sylvestre 45

H
Hart, Herbert 183

I
Imutabilidade 30, 33, 52, 58, 206, 207, 218, 221
Irretroatividade da lei 44, 47, 206

J
Justiça 147, 150-159, 173, 229
- Aporia de Derrida 157, 158, 169
- Direito justo 150
-- Justo 151, 152
- Igualdade 153
-Teoria da justiça absoluta 152
-Teoria procedimental (Rawls).......153, 154, 155, 156
-- Princípios 155
-- Restrições formais 154
- Vinculação entre o direito e a justiça 151, 152

K
Kelsen, Hans 161, 182, 230

Direito fundamental à coisa julgada: problemas constitucionais de sua relativização | 247

página

L
Legislação infraconstitucional ... 213-224, 232
- Tríplice identidade 220,221

N
Nova ação da lei executória
Ver também manus iniectio 25

P
Perez Luño, Antonio-Enrique 166
Poder Judiciário 77, 79, 80, 180, 181, 206
Princípio da Constitucionalidade 76, 77, 167
Princípio da Continuidade 68
Princípio da Determinabilidade das Leis 201
Princípio da Eficiência 203
Princípio da Fungibilidade 92, 111
Princípio da Igualdade 213
Princípio da Irretroatividade ...120, 193
Princípio da Legalidade 81-85, 101, 103, 106, 109, 143, 151, 167, 191, 193, 204
Princípio da Máxima Efetividade da Constituição 205
Princípio da Moralidade 81-85, 101, 103, 106, 109, 151
Princípio da Nulidade 141
Princípio da Proporcionalidade 87, 117, 132
Princípio da Razoabilidade 87
Princípio da Unidade da Constituição 180
Princípio Democrático 213
Princípio do Estado de Direito 213
Princípio Federativo 212

página

Processo das ações da lei
Ver também legis actiones 22,23
Processo extraordinário
Ver cognitio extra ordinem
Processo formular antes da sua positivação
Ver também agere per formulas ...25
Proteção da Confiança 201

R
Radbruch, Gustav 166, 231
Rawls, John 153, 171, 230
Revolução Francesa (1789) 176
Res judicata ...21, 27, 30, 31, 33-35, 37
Ver também Coisa julgada

S
Segurança jurídica 84, 113, 147, 159-170, 173, 201, 230
- Conceito 159, 160
- Forma objetiva 166
- Forma subjetiva 166
- Teoria de Radbruch 162
- Vinculação ao conceito de justiça 164, 165
Sentença 20, 30, 52, 76, 95
- Mutabilidade da sentença 38
- Mutação da sentença (direito romano) 34, 35
- Sentença inexistente ...90-94, 110, 125
-- *Querella nulitatis* 92, 93, 97
--- *querella nullitatis* (direito canônico) 38
- Sentença nula 41
- Sentença sem efeitos 85-89

V
Vigo, Rodolfo Luis 164

Índice de legislação
e atos normativos

| página | página |

A

Atos das Disposições Constitucionais
Transitórias 67
Atos Institucionais 49-50
- nº 1/1964 49
- nº 2/1965 49
- nº 5/1968 50
- nº 7/1969 50
- nº 8/1969 50

C

Código de defesa do consumidor
- Artigo 15 115
- Artigo 18 115
Código de processo civil 48, 65
- Código de processo civil (1939) 48, 51
-- Decreto-Lei nº 1.608/39 48
- Código de processo civil (1973) ...51, 63
-- Artigo 267 223
-- Artigo 301 223
-- Artigo 467 ....51, 217
-- Artigo 485 ....220, 223
-- Artigo 741 ... 81, 96, 125-127, 137, 223
Consolidação das Leis Trabalhistas ...96
Consolidação de Ribas 47
Constituição da França (1958) 56
Constituição da República dos Estados
   Unidos do Brasil (1934) 48, 49, 71
- Artigo 113 (parágrafo 3º) (coisa
   julgada) 48
Constituição da República dos Estados
   Unidos do Brasil (1937) 48, 49
Constituição da República dos Estados
   Unidos do Brasil (1946) 49
Constituição da República dos Estados
   Unidos do Brazil (1891)............47, 48

Constituição da República Portuguesa
   (1976) 55
Constituição de Weimar (1919) 177
Constituição do Brasil (1967) 50, 51
Constituição do México (1917) 177
Constituição Espanhola 56
Constituição Federal de 1988 (Brasil) ... 15,
   17, 64, 68, 70, 74, 77, 112, 175, 178-213
- Artigo 5º 15, 51, 178, 182, 197, 212
-- Inciso II 192
-- Inciso XXXVI 15, 51, 75,
                          129, 179, 187, 190
-- Inciso XL 206
- Artigo 34
-- Inciso VI 211
- Artigo 35
-- Inciso IV 211
- Artigo 36 212
- Artigo 37 204
- Artigo 59 193
- Artigo 60 197,198
- Artigo 150 207
-- Inciso III 207
Constituição Política do Império do
   Brasil (1824) 44

D

Decreto-Lei nº 4.657........................49
Decreto nº 763 (1890) 46
Decreto nº 848/ 1890 47

E

Emenda Constitucional nº1 50
Emenda Constitucional nº 45 62

página		página

L
Lei de Introdução ao Código Civil
(1942) 49, 64, 65, 188, 189, 215
- Artigo 6º 188
Lei nº 221/ 1894 47
Lei nº 261/1841 47
Lei nº 9.868/99 141

Lei nº 9.869/99 115

M
Medida provisória nº 2.180/01 98

R
Regulamento nº 737 (1850) 45, 46,
47, 71